KB202684

붓다에게는 어머니가 있었다

종교와젠더연구소 총서 1

붓다에게는 어머니가 있었다
: 불교의 위대한 여성 마하마야

2020년 4월 17일 초판 1쇄 인쇄
2020년 4월 24일 초판 1쇄 발행

지은이 | 선일스님 고승희 김신명숙 안양규
　　　　옥복연 이미령 주수완 최명희 최우혁
엮은이 | 종교와젠더연구소
펴낸이 | 김영호
펴낸곳 | 도서출판 동연
등　록 | 제1-1383호(1992. 6. 12)
주　소 | 서울시 마포구 월드컵로 163-3
전　화 | (02)335-2630
전　송 | (02)335-2640
이메일 | yh4321@gmail.com
블로그 | https://blog.naver.com/dong-yeon-press

ISBN 978-89-6447-575-1 04220
ISBN 978-89-6447-574-4 04220(세트)

이 도서의 국립중앙도서관 출판예정도서목록(CIP)은 서지정보유통지원시스템 홈페이지
(http://seoji.nl.go.kr)와 국가자료종합목록 구축시스템(http://kolis-net.nl.go.kr)에서 이
용하실 수 있습니다. (CIP제어번호 : CIP2020016575)

종교와젠더연구소 총서 1

붓다에게는 어머니가 있었다

| 불교의 위대한 여성 마하마야 |

종교와젠더연구소 **엮음**
선일스님 고승희 김신명숙 안양규 옥복연 이미령 주수완 최명희 최우혁 **함께 씀**

동연

어머니가 없는 사람은 없다. 세상에서 가장 존귀한 분인 붓다 역시 여성의 몸을 빌려 이 세상에 오셨다. 초기 경전에서 대승경전에 이르기까지 마야왕비의 이야기는 불교에서 모성이 어떻게 전환되는지 잘 보여주는 사례임에도 불구하고 오랫동안 주목받지 못했다.

이 책은 아들에 대한 사랑에서 구도의 열정으로, 다시 모든 붓다의 어머니로 그 모성을 확장해온 마야왕비의 이야기를 오늘날 붓다를 꿈꾸는 세상의 수행자들에게 그리고 자신의 삶을 온전히 살아내야만 하는 여성들에게 돋을새김하여 보여준다. 보라! 여기 한 여성을!

_ 명법스님
(해인사 국일암 감원, 대한불교조계종 전국비구니회 기획실장)

마하마야왕비에 주목하고 여성 불자의 눈으로 재해석하려는 편찬 의도를 적극적으로 지지하며 출판을 축하드린다.

그동안 부처님의 탄생에는 관심을 가지면서도 부처님을 낳으신 성모에 대해서는 무관심했던 것이 사실이다. 경에서는 부처님이 마야왕비를 선택해서 잉태된 것으로 나오지만 마야왕비 역시 부처의 어머니가 되겠다는 서원을 하신 것으로 나온다.

수천 년이 지난 지금 비록 늦었지만 이제라도 위대한 여성 마야왕비를 통해 보다 적극적이고 자애로운 여성 불자들이 많아지길 기원한다.

_ 법만스님
(불교환경연대 상임대표)

부처님의 성도 이래, 이천 육백여 년이 지난 오늘에서야, 너무나도 늦기는 하지만, 마야왕비의 생애와 수행을 알리는 책이 나왔습니다. 마야왕비를 이처럼 새롭게 만날 수 있게 해주어서 너무 기쁘고 또한 반가운 마음이 듭니다. 이 책은 위대한 여성 마야왕비의 삶을 널리 알릴 뿐만 아니라, 현대를 살아가는 여성들에게 여성으로서의 자긍심을 불러일으킬 수 있는 좋은 계기가 될 것입니다.

오래전부터 여성 불자들이 모여서 승만경을 함께 수지 독송하며 매일 한 계목씩 실천하기를 다짐하였고, 그 결과 전국의 <승만서원실천회>의 회원들이 "승만 10대원"을 실천하고 있습니다. 재가 승만들의 활동이 현재 진행형인 현실에서 여성 불자들의 여법한 신행과 모범적인 실천이 많이 발굴되어 여성 불자들에게 더욱 큰 힘이 되어주었으면 좋겠습니다. 또한 여성 불자들이 개인적인 삶에 매몰되지 않고 중생 구제에 앞장서는 삶으로 이어져, 자비와 지혜를 겸비한 제2의 마야왕비가 되기를 기원해봅니다.

불자들뿐만 아니라 이웃 종교인들도 마야왕비를 만날 수 있도록 이 책을 많이 읽었으면 좋겠습니다.

_ 이인자

(불교여성개발원 초대원장, 승만서원실천회 회장)

우리는 이성에 기반한 추론과 공감에 기반한 배려를 통해 도덕적 인간으로 살아갈 수 있다. 그런데 배려는 추론에 밀려 오랜 시간 제대로 주목받지 못했고, 그 결과 자신의 이익을 잘 계산하는 사람을 양산해내는 비극과 마주하고 있다. 배려는 모성에서 가장 잘 드러나고, 그 모성의 상징은 주로 그리스도교의 성모 마리아에 초점이 맞춰져 왔다.

이 책은 붓다의 어머니 마야왕비를 우리 시대와 사회의 관점에서 새롭게 조명함으로써 새로운 인식과 실천의 토대를 제공해주고 있다. 불교 윤리에 관심을 갖는 사람으로서 우선 반갑고, 널리 읽혀졌으면 하는 바람을 갖게 된다.

_ 박병기
(한국교원대학교 교육연수원장)

20년 전, 고타마 싯다르타가 태어난 네팔의 룸비니를 거쳐 싯다르타가 29년간 살았던 카필라성 터를 갔다가, 다시 그의 외갓집이 있던 데바다하까지 순례한 적이 있다. 마야왕비는 친정에서 왕자를 출산하기 위해 가던 길에 룸비니에서 싯다르타를 낳고 열반에 들었다. 그리고 언니를 대신해 이모 마하파자파티가 양모로서 키웠고, 외삼촌 크샨티데바는 무술 스승으로서 몸과 정신을 단련시켰다. 이처럼 외갓집 식구에 의해 길러진 싯다르타가 말을 타고 외갓집까지 달린 길 옆으로는 히말라야 설산이 펼쳐져 있다.

소년 싯다르타는 어머니에 대한 본능적 그리움과 함께 생로병사의 고苦로부터 해탈을 갈구하며, 외갓집을 오갔을 것이다. 어머니는 그 자체로 우리에게 요람이자, 대지이며, 신이자, 불보살이다.

이 책이 그 어머니를 다시 살려냄으로써, 과학이나 수학처럼 정밀하고 냉철한 진리의 추구 과정에서 자칫 방기될 수 있는 생명의 온기와 대자대비를 되살리는 계기가 될 수 있지 않을까 기대하게 된다.

_ 조현
(「한겨레신문」 종교전문기자 & 논설위원)

불교는 마야왕비가 부처인 고타마를 낳음으로서 성립이 가능했다. 비록 왕자인 고타마가 부처가 되기 전에 마야왕비는 세상을 떠났지만, 그녀는 부처가 될 '보살'을 열 달 동안 건강하게 잘 키웠다. 마야왕비는 일찍 돌아가셨지만 부처님과의 인연은 계속되었는데, 부처님이 도솔천으로 올라가서 어머니와 재회를 하기도 했다.

이 책은 불교의 성립과 발전에 기여한 위대한 여성 마야왕비, 붓다의 어머니의 이야기를 들려준다는 점에서 불교계에 매우 중요한 공헌을 하고 있다. 이 소중한 이야기들은 전 세계에 번역되어 불교인들에게 널리 알리고 또 나눌 수 있어야 한다. 마야왕비의 이야기가 더욱 강조되고 잘 인식되어서, 21세기 여성들이 교단 내 성평등뿐만 아니라 불교 발전에 보다 적극적으로 기여할 수 있도록 해야 한다.

Buddhism is possible through Queen Maya giving birth to Gautama the Buddha. Even though she passed away before the Prince to become a Buddha, she had nurtured within her the Buddha-to-be 'Bodhisattva.' The connection between Queen Maya and the Buddha was very strong. They were reconnected when the Buddha went to the Tusita heaven.

This book is a significant contribution illuminating the story of a woman, a mother's life that contributed to the Buddhism. Now these cherished stories are being reinterpreted, shared and made known around the world. More emphasis and recognition of Queen Maya's stories highlight women's active contribution to Buddhism throughout the ages into the 21st Century, in addition to honoring gender equality.

_ 솜분 충프람리 Somboon Chungprampree

(국제참여불교연대 International Network of Engaged Buddhists: INEB 사무총장)

머 리 말

"왕비시여, 기뻐하소서.
그대에게 위력이 넘치는 아이가 태어나셨습니다."

온갖 꽃이 핀 룸비니동산에서, 살라나무 가지를 한 손으로 붙잡고 선 채로 싯다르타를 낳는 순간, 하늘의 네 신이 황금 그물을 가지고 와서 아기 부처를 받고는 마야왕비에게 이렇게 말했다. 마야왕비의 출산은 미리 계획되어 있었다. 한 번만 더 세상에 태어나면 붓다가 될 수 있음을 알게 된 보살은 도솔천에서 땅 위를 살펴보다가 겸손하고 지혜롭고 또한 자애로우며 덕이 많은 마야왕비를 보게 된다. 그리하여 "이 여성의 태에 들리라. 이 여성을 나의 어머니로 삼으리라"라고 결심하였다.

마야왕비는 과거에도 수많은 부처님의 어머니였으며, 미래 세상에 중생을 구제할 미륵보살을 낳을 불모佛母이시다. 또한 붓다께서 어머니의 은혜에 보답하기 위하여 도리천으로 올라가서 법을 설하자 그 자리에서 깨달음의 성스러운 단계인 수다원과에 이르신 성스러운 어머니, 즉 성모聖母이시다. 그 뿐인가, 자신의 깨달음뿐만 아니라 함께한 대중들도 깨달음을 얻을 수 있도록 붓다께 가르침을 청하였으며, 『화엄경』에서는 구도자인 선재 동자에게 가르침을 주는 뛰어난 스승 53명 가운데 마흔두 번째 스승으로 등장한다. 마야왕비는 이미 보살의 대원과 지혜를 성취한 위대한 지도자인 것이다.

여성의 이야기가 매우 제한적으로 전해오는 불교사임에도 불구하고, 여러 경전에서 아주 부분적으로 언급되고 있는 마야왕비의 이야기를 모아보면 놀라울 정도로 대단한 여성이다. 불교사에서 이처럼 뛰어난 재가 여성을 찾기 쉽지 않은데, 그녀에 대한 연구가 너무나도 미비할 뿐만 아니라 불자들에게도 제대로 알려지지 않은 현실에 다시 한번 놀라게 된다. 다수 신도가 여성인 한국불교의 현실에서, 여성 불자들은 교단의 발전과 포교에 큰 역할을 담당하고 있음에도 불구하고, 남성 중심적인 교단 문화나 가부장성에 오염된 교리로 인해 여성 불자를 차별하는 관습이 여전히 교단에 뿌리 깊게 남아있음은 부정할 수 없는 현실이다.

이에 불교사에서 그 누구도 부정할 수 없는 위대한 여성 마야왕비를 교단 안팎에 널리 알려서 경배하도록 해야 한다. 그리고 마야왕비의 역할을 통해, 재가 여성들은 여성으로서의 자긍심을 느낄 수 있도록 하고, 오늘날까지 불교 문화에 뿌리내리고 있는 열등하고 부정적인 여성관을 극복해야 한다. 이러한 의도로 마야왕비에 대한 책을 기획하였으며, 특히 2020년 '부처님 오신 날'을 앞두고 마야왕비를 널리 알리기 위해 이 책을 출판하기에 이르렀다.

이 책은 불교학, 역사학, 심리학, 여성학 등 다양한 분야의 전문가들이 마야왕비에 대해 보다 구체적으로 분석한 글들을 엮은 것이다. 즉, 마야왕비라는 뛰어난 여성에 대해 경전적 관점, 생애사적 관점, 불교 예술적 관점에서 그리고 여성주의적 관점에서 깊이 분석하면서 현대에 맞게 재해석하고자 했다. 그런데 이 책을 시작하면서부터 예기치 않은 난관에 봉착했다. 저자로 함께 한 아홉 분의 전문가들 사이에서도 마야왕비에 대한 호칭이 통일되지 않았던 것이다. 이는 마야왕비에 대한 연구가 얼마나 부족한가를 보여주는 안타까운 현실이었다.

저자들은 마야부인, 마야, 마하마야, 마야왕비 등 나름대로 의미를 부여하며 사용하였는데, 이 중에서도 마야부인이 가장 많이 사용된 호칭이었다. 부인夫人이란, 옛날에는 왕후王后의 칭호와 혼용하면서 왕의 배우자나 어머니를 칭하는 용어였지만, 점차 사대부 집안의 남자가 자기 아내를 이르던 말로 변화했다. 그리고 오늘날은 남의 아내를 높여 이르는 말로 통용되고 있다.

불모佛母이자 성모聖母인 위대한 여성을 부인으로 부르기에는 적절하지 않기에, 이 책에서는 남편인 숫도다나왕과 위상을 맞추고 싯다르타가 왕자로 태어났다는 의미를 강조하기 위해 '마야왕비'로 호칭을 통일하였다. 또한 마야왕비의 덕을 칭송하는 대승경전인 『마하마야경』이 있는데, 이는 '위대한'이라는 의미를 가진 빠알리어 마하Mahā와 그녀의 이름인 마야Māyā의 합성어이다. 그러므로 이 책에서 '위대한 마야'라는 의미에서 "마하마야Mahāmāyā"라고도 병행해서 사용할 것이다.

이 책의 내용은 다음과 같다. 제1부는 경전에서 마야왕비에 대해 어떻게 설명하고 있는가를 알아볼 것이다. 선일스님은 초기 경전으로 특히 빠알리Pāli로 기록된 경전들을 중심으로, 생물학적 어머니인 마하마야Mahāmāyā를 부처님의 어머니, 불모佛母의 관점을 중심으로 살펴보았다. 이미령은 『지장경』, 『마하마야경』, 『화엄경』 등 대승경전에서 마야왕비를 어떻게 그리고 있는가를 경전 구절들을 근거로 제시하면서 구체적으로 분석하였다. 그리고 불성을 가진 존재라면 누구든지 수행을 통해 붓다가 될 수 있으니, 붓다를 낳은 어머니 마야왕비도 단 한 사람이 아니며 붓다 역시 단 한 사람이 아님을 주장한다. 경전이 비구 중심으로 기록되고 전승되어왔는데, 비록 아주 적은 분량이지만 경전에 기록으로 남아있다는 것은 그녀의 위대함을 결코 삭제할 수 없었기 때문이 아닌가 생각된다.

제2부는 생애사를 통해 본 마야왕비를 알아보았는데, 알려진 것처럼 마야왕비는 꼴리아국의 공주에서 숫도다나대왕의 부인으로 있다가 싯다르타를 낳고 7일만 사망했다. 짧은 그녀의 생애사에서, 싯다르타의 임신과 사망을 가장 큰 사건으로 볼 수 있는데, 최명희는 마야왕비가 싯다르타를 임신할 때의 태몽을 융심리학, 상징심리학적 관점에서 분석하였는데, 그녀는 마야왕비가 여성 영웅의 상징으로 잠재된 여성적 가치관을 수면 위로 끌어 올리는 기폭제가 될 것이라고 주장한다. 안양규는 마야왕비가 평소에도 탐욕이나 분노 등 번뇌에서 자유로웠지만 태몽을 꾼 이후에는 더욱더 몸가짐과 마음가짐을 조심하면서 고타마를 출산했고, 비록 7일 만에 이 세상을 떠났지만 붓다를 낳은 마야왕비야말로 소중하고 위대한 여성이라고 주장한다.

제3부는 불교미술이나 전설, 문학 작품 등에서 마야왕비가 어떻게 재현되었는가를 살펴보았는데, 주수완은 마야왕비가 등장하는 불교 미술 작품들을 동서양과 비교 분석하면서 옛 불교도들이 마야왕비를 어떻게 인식했는지를 재미있게 설명하고 있다. 불교미술에 나타난 마야왕비는 바람직한 어머니상을 제시할 뿐만 아니라, 붓다의 설법을 이끌어내어 적극적인 중생 구제를 위한 역할을 한 점 등을 볼 때 불교사에서 마야왕비의 위상이 결코 적지 않았음을 주장한다.

김신명숙은 한국 역사 속 마야왕비 신앙을 여신女神학적 관점에서 알아보았다. 민간신앙에서 전해오는 지리산 성모, 선덕여왕 그리고 일본과 인도의 사례를 여신 문화와 연결하여 분석하고, 특히 지리산 성모가 조선말까지 마야왕비로 인식되어왔다는 것은 마야왕비의 위상이 대여신으로 추앙받았음을 주장하고 있다. 고승희는 조선시대 불교 문헌인 『석씨원류응화사적』, 『월인석보』와 불교회화의 '팔상도'를 중심으로 당시 마야왕비를 민중들이 어떻게 인식하고 있는가를 분석하였다. 그 결과 마야왕비는 붓다의 어머니로서 뿐만이 아니라, 민중들의 염원과 힘을 규합할 수 있는 구심점 역할로 존경받았으며 또한 경배 받는 대상으로 상징적인 의미를 갖추고 있다고 주장한다.

제4부는 여성주의적 관점에서 마야왕비에 대한 현대적 재해석을 시도하였다. 옥복연은 불교여성주의적 관점에서 마야왕비를 재해석해야 함을 주장하는데, 왜냐면 불교사에서 여성이 지워진 역사는 미완의 역사이므로 여성의 관점으로 복구되어야 한다고 본다. 그리고 마야왕비를 불모佛母이자 성모聖母 그리고 뛰어난 스승으로 재해석하는데, 여성주의적 관점에서 볼 때 그녀야말로 가부장적 여성관을 극복하고 지혜와 자비를 실천하면서 여성 지도자의 롤모델을 제시해주는 뛰어난 여성이라고 본다. 또한 남성들에게는 존경할 수 있는 여성상을 제시해주고, 여성들에게는 여성으로서의 자부심과 긍지를 심어주며, 출가자들에게는 수행을 격려할 수 있기에, 위대한 여성으로 경배받아야 마땅하다고 주장한다.

최우혁은 불교와 가톨릭은 성모에 의해 시작되었으며, 이천년의 신앙 안에서 마리아는 하느님의 어머니이자 하늘에 현존하는 여신적인 존재로서 도움이 필요한 인간에게 위로를 주는 교회의 어머니로 자리하였음을 주장한다. 나아가 오늘의 여성들에게 마리아는 어머니 이전에 한 인간으로서 신의 부르심에 응답한 젊은 여성이며, 새로운 역사를 시작한 혁명적인 여성이며, 생명의 힘을 북돋우는 성숙한 인간의 모델로 규정한다.

부록에는 마야왕비를 경배하는 행사인 마하마야 페스티벌을 소개하고 있다. 2017년 설립된 '성평등불교연대'는 현재 9개 불교시민사회단체가 연대해서 성평등한 불교를 구축하기 위해 노력하고 있는, 일종의 불교시민사회 네트워크이다. '성평등불교연대'는 2017년 "제1회 위대한 여성, 마하마야페스티벌"을 시작으로 매년 '부처님 오신 날'을 지난 토요일에 마야왕비를 경배하는 페스티벌을 개최하고 있다.

놀라울 정도로 위대한 여성이었던 마야왕비에게 다양한 방식으로 말을 걸어주고, 또 현대 여성들에게 마야왕비를 오래전의 역사로부터 소환해주었던 모든 저자에게 감사드린다. 모든 저자들이 바쁜 와중에도 마야왕비를 알리는 일에 적극 동참해 주었고, 이 책을 엮어가는 동안 마야왕비와의 만남을 통해 환희심을 느낄 수 있었다. 이 책이 출판되기까지 옆에서 격려를 아끼지 않았던 종교와젠더연구소 샘들, 성평등불교연대 활동가들, 아카데미 할미 샘들 그리고 이웃종교들의 지지에 고개 숙여 감사드린다. 교정을 도와주었던 박채은 간사와 출판을 허락해주신 도서출판 동연 김영호 대표님께도 깊은 감사를 드리며, 모든 분에게 마하마야의 지혜와 자비가 항상 함께하기를 바란다.

2020년 03월 봄바람에 옷깃을 여미며
옥복연

차 례

추천의 글 / 5

머리말 / 9

제1부 ｜ 경전에 나타난 마야왕비   19

마하마야(MahāMāyā), 그녀는 누구인가?
  ㅡ 초기 경전을 중심으로 / 선일스님   21
  I. 붓다가 될 보살을 인도한 보살은 어디에?   21
  II. 부처님의 부모   23
  III. 마하마야(Mahāmāyā)의 생애   27
    1. 마하마야(Mahāmāyā)   27
    2. 불모(佛母)로 선택받은 마하마야   30
    3. 아살하(Āsāḷhā) 보름, 마하마야의 임신   34
    4. 정해진 법칙, 담마따(Dhammatā)의 마하마야   37
    5. 위사카(Visākhā) 보름, 마하마야의 출산   41
    6. 마하마야의 죽음   44
    7. 사후(死後)의 마하마야   45
  IV. 붓다로 인도한 보살, 마하마야   47

대승경전이 들려주는 마야왕비 이야기 / 이미령   53
  I. 붓다의 어머니를 말한다는 것   53
  II. 마야왕비를 말하는 대승경전 세 가지   55
    1. 지옥의 괴로움을 묻는 『지장경』   55
    2. 슬픔으로 가득 찬 『마하마야경』   58
    3. 구도자를 일깨우는 『대방광불화엄경』 속의 『입법계품』   71
  III. 마야왕비, 구도자에서 선지식으로   83

제2부 ┃ 생애사를 통해 본 마야왕비　　　　　　　　　　87

심리학적 관점으로 바라본 마야왕비의 꿈 / 최명희　　　　　89
　Ⅰ. 여성적 가치관의 시대를 열다　　　　　　　　　　　89
　Ⅱ. 마야왕비의 꿈 해석하기　　　　　　　　　　　　　91
　　1. 마야왕비의 이름에 나타나는 심리적 상징성　　　　91
　　2. 마야왕비의 꿈으로 나타나는 상징들　　　　　　　94
　　3. 코끼리의 상징　　　　　　　　　　　　　　　　99
　　4. 하얀 코끼리는 무엇을 의미하는가?　　　　　　　102
　　5. 숫자가 나타내는 상징　　　　　　　　　　　　103
　　6. '땅'은 존재의 뿌리 영역을 상징한다　　　　　　　105
　　7. 어머니의 상징　　　　　　　　　　　　　　　106
　　8. 마야왕비의 죽음은 무엇을 의미하는가?　　　　　110
　Ⅲ. 마야왕비, 여성 영웅의 상징　　　　　　　　　　　112

보살의 탄생과 마야(摩耶, Māyā)왕비의 죽음 / 안양규　　117
　Ⅰ. 보살이 선택한 어머니 마야왕비　　　　　　　　　117
　Ⅱ. 마야왕비의 임신과 출산　　　　　　　　　　　　120
　　1. 보살의 어머니 선택　　　　　　　　　　　　　120
　　2. 마야왕비의 수태와 태몽　　　　　　　　　　　123
　　3. 임신 중 마야왕비의 건강 상태　　　　　　　　　127
　　4. 마야왕비의 출산　　　　　　　　　　　　　　132
　Ⅲ. 마야왕비의 죽음 원인에 관한 논의　　　　　　　　140
　Ⅳ. 보살의 잉태를 서원한 마야왕비　　　　　　　　　147

제3부 ┃ 불교문학에 나타난 마야왕비　　　　　　　　151

인도 미술에 등장하는 마야왕비의 도상학 / 주수완　　　153
　Ⅰ. 마야왕비, 석가의 탄생을 세심하게 준비하다　　　　153
　Ⅱ. 불교미술에 등장하는 마야왕비의 다양한 모습들　　156
　　1. 회임　　　　　　　　　　　　　　　　　　156
　　2. 출산　　　　　　　　　　　　　　　　　　165
　　3. 카필라성으로의 귀환(종원환성從園還城)　　　　176
　　4. 상사점간相師占看　　　　　　　　　　　　　179
　　5. 도리천에서의 마야왕비　　　　　　　　　　　183
　Ⅲ. 마야왕비의 숭고한 신앙적 위상　　　　　　　　　187

한국 역사 속 마야왕비 신앙
  ─ 인도, 일본의 사례를 포함한 여신 신앙의 관점에서 / 김신명숙 191
  I. 한국 역사에서 주변화된 마야왕비   191
  II. 한국 역사에 나타난 마야왕비   192
    1. 지리산 성모와 마야왕비   192
    2. 삼국시대와 통일신라시대의 마야왕비   199
    3. 일본과 인도의 마야 신앙과 출산의 여신   208
    4. 한국역사 속 마야 신앙 다시 보기   214
  III. 불교 여신 혹은 여성 부처로서의 마야부인   218

조선시대 불교회화로 만나는 마하마야와 여성 신도들 / 고승희   221
  I. 팔상도八相圖로 만나는 마야왕비   221
  II. 불화로 재현된 마야왕비와 여성 불자들   224
    1. 석가모니 생애를 그린 '팔상도'와 마야왕비   224
    2. 조선시대 '팔상도'의 의미와 마야왕비의 묘사   227
    3. '팔상'에서 존경과 경배의 대상으로 재현된 마야왕비   233
    4. 조선시대 불화 조성의 주체: 여성 발원자 및 시주자   240
  III. 민중들의 존경과 경배의 대상 마야왕비   248

제4부 ׀ 마야왕비에 대한 현대적 재해석   251

마야왕비에 대한 불교여성주의적 재해석 / 옥복연   253
  I. 여성이 지워진 불교사에서 마야왕비 찾기   253
  II. 역사에서 지워진 여성 이야기의 복원   257
    1. 여성이 지워진 역사는 미완의 역사   257
    2. 여성의 관점으로 복구되어야 할 여성의 이야기들   260
    3. 지워진 여성 이야기를 복원하는 방법   263
  III. 마야왕비를 통한 가부장적 이데올로기의 극복   267
    1. 가부장적 모성에서 사회적 모성의 보살로   267
    2. 부정한 몸에서 천신이 보호하는 성스러운 신전으로   272
    3. 열등한 여성에서 대원과 지혜를 갖춘 뛰어난 스승으로   275
    4. 불모(佛母)이자 성모(聖母)인 마하마야   278
  IV. 마야왕비를 통해 붓다의 가르침 회복하기   281

가톨릭교회의 성스러운 어머니, 나자렛의 마리아
: 가톨릭교회의 성모 마리아와 마야왕비 비교 연구 / 최우혁 미리암　285
　I. 마리아를 향하여　285
　II. 성경 안에서 만나는 마리아　287
　　1. 마태오복음　289
　　2. 루카복음　290
　　3. 요한복음　296
　　4. 사도행전　297
　III. 하느님의 어머니로 공경 받는 인간 여성 마리아　297
　　1. 동정녀 마리아(Beata Virgine) ― 역사적 예수의 어머니　299
　　2. 교회의 원형, 교회의 어머니 ― 처녀이신 어머니(Virgo-Mater)　302
　　3. 말씀을 품고 낳은 하느님의 어머니(Theotokos/Mater Dei)　303
　IV. 남성 서사 안의 젠더 역할과 여성성의 모델　308
　　1. 원죄 없이 잉태되신 분(Immaculatae Conceptionis)　309
　　2. 시온의 딸, 부르심에 응답한 젊은 여성　312
　　3. 일상의 고통을 성찰하며 극복한 여성　315
　　4. 하늘에 오르신 분(Assumptio)
　　　: 시공을 초월하여 현존하는 신앙의 동반자　320
　V. 거룩한 생명의 담지자 성모 마리아　322

부록
위대한 여성, 마하마야 페스티벌 / 성평등불교연대　327
　1. 왜 마하마야 페스티벌인가?　327
　2. 마하마야를 위한 헌시　330
　3. 위대한 여성 마하마야 페스티벌 개최 현황　332
　4. 마하마야 페스티벌을 주관하는 '성평등불교연대' 소개　335

참고문헌 / 337

지은이 알림 / 345

제1부

경전에 나타난 마야왕비

마하마야(MahāMāyā), 그녀는 누구인가? ― 초기 경전을 중심으로 / 선일스님

대승경전이 들려주는 마야왕비 이야기 / 이미령

마하마야 Mahāmāyā, 그녀는 누구인가?
— 초기 경전을 중심으로

선일스님*

I. 붓다가 될 보살을 인도한 보살은 어디에?

초기 빠알리Pāli 경전들 속에 나타난 마하마야Mahāmāyā에 대한 자료들은 매우 드물다. 그 자료들마저도 지극히 단편적이고, 부처님의 생애에 따른 부수적인 설명들이다. 따라서 마하마야라는 인물의 고유한 특성을 연구하는데 선행되어야 할 문제점을 안고 있다. 먼저《마하빠다나 숫따 Mahāpadāna-sutta》,《빱밧자 숫따Pabbajjā-sutta》,《나알라까 숫따 Nālaka-sutta》등을 비롯한 몇 개의 경들을 제외하고서는 마하마야 Mahāmāyā)에 대한 자료들은 대부분 주석서들의 설명에 기인한 것들이다.

또한『붓다왕사Buddhavaṃsa』,『마하와스뚜Mahāvastu』,『아빠다나Apadāna』등과 같이 빠알리Pāli 경전들 가운데서도 비교적 후기 작품들 속에 나타

나는 내용들에 의존해야 하기 때문에, 마하마야Mahāmāyā에 대한 조사를 시작하기에 앞서, 초기 빠알리Pāli 경전들의 연대적 분류가 어느 정도는 선행되어야 할 필요가 있다. 그렇지 못하다면, 이 연구는 마하마야 Mahāmāyā에 대한 초기 불교의 관점이라기보다는, 단지 빠알리Pāli 경전들 속에 나타나는 단편적인 설명들을 소개하는 것에 불과할 수 있기 때문 이다. 이러한 문제점을 안고 있는 제한된 자료들임에도 불구하고 마하 마야의 삶에 관해 관심이 집중되는 이유는 부처님과 같은 위대한 성인 을 낳은 어머니는 어떤 사람인가, 그녀는 어떠한 자질을 갖추었으며, 어떠한 인연으로 부처님과 모자母子의 관계가 형성되었는가 하는 의문 들 때문이다.

초기 경전을 대표하는 것은 빠알리Pāli 율장律藏과 경장經藏 이다. 경 장經藏 가운데서도 니까야Nikāya[1]는 기본적으로 '숫도다나Suddhodana왕의 왕비'나 '싯닷타Siddhattha 왕자의 어머니'인 마하마야에 대한 관심보다 는 '부처님의 생모生母로서의 마하마야'에 더 큰 관심이 있었던 것 같다. 그렇기 때문에, 마하마야에 대한 니까야의 언급은 전반적으로 출발부 터 비세속적非世俗的이다. 그러므로 우리가 기대할 수 있는 세상의 어머 니로서의 모습을 찾아보기는 쉽지 않을 것이다. 그럼에도 불구하고 우 선 초기 빠알리Pāli 경전들을 근거로 부처님의 생물학적 어머니인 '마하 마야Mahāmāyā의 생애'를 중심으로, 부처님의 어머니인 '불모佛母로서의 마하마야'에 대하여 살펴보고자 한다.

---

1 니까야(Nikāya)는 '모음, 집합, 그룹'을 의미하는 단어이다. 부처님의 가르침의 원형이 가장 잘 보존되어 있는 초기 불교 경전들을 모은 것을 니까야(Nikāya)라고 부른다. 니 까야(Nikāya)는 다섯 가지로 구분 된다: ①『디가 니까야』(Dīgha Nikāya), ②『맛지 마 니까야』(Majjhima Nikāya), ③『상윳따 니까야』(Saṁyutta Nikāya), ④『앙굿따 라 니까야』(Aṅguttara Nikāya) ⑤『쿳다까 니까야』(Kuddaka Nikāya) 이다.

II. 부처님의 부모

초기 경전들 가운데서도 가장 오래된 경전으로 알려진『숫따 니빠따Sutta Nipāta』의《빱밧자 숫따Pabbajjā-sutta》2에 의하면, 부처님은 아직 깨달음을 성취하기 전, 보디삿따Bodhisatta3였을 때, 자신이 누구였으며, 왜 출가를 했는지에 대해 스스로 설명하고 계신다. 그 당시 인도에서 가장 강대국이었던 마가다Magadha의 빔비사라Bimbisara왕이 갓 출가한 보디삿따의 모습에서 비범함을 보고서, 그의 정체를 알고자 다음과 같이 물었다.4

〔빔비사라〕

"그대는 어리고 젊습니다. 인생의 한창 때인 청년입니다.

---

2 『숫따 니빠따』(Sutta Nipāta)《빱밧자 숫따》(Pabbajjā Sutta), (PTS) vv. 405-424.

3 『상윳따 니까야』(Saṁyutta Nikāya) (S.III.27);『맛지마 니까야』(Majjhima Nikāya) (M.III.157): 부처님은 깨달음을 성취하기 이전의 자신을 지칭할 때 '보디삿따'(Bodhisatta)라는 용어를 사용했다. (예) (M.III.157): Ahaṁ pi sudaṁ, Anuruddhā, pubbe va sambodhā anabhisambuddho bodhisatto va samāno...

4 『숫따 니빠따』(Sutta Nipāta)의《빱밧자 숫따》(Pabbajjā Sutta)에 언급된 빔비사라왕과 싯닷타의 만남의 배경을 요약해 보면 다음과 같다. 까삘라(Kapila)성을 떠나서 머리를 자르고, 남루한 수행자의 옷을 입은 싯닷타는 수행자의 길을 시작했다. 당시 가장 강대국이었던 마가다(Magadha)국의 수도 라자가하(Rājagaha, 왕사성)에서 탁발을 했고, 공양을 마친 후, 나무 아래 앉아 정진을 하고 있을 때, 뜻밖에 마가다 국왕의 방문을 받게 된다. 젊은 빔비사라 왕은 군대와 재산을 주겠다고 제안하며 신하가 될 것을 권한다. '번뇌의 때가 쌓이는 재가생활을 떠나 윤회하지 않는 최상의 깨달음을 얻기 위해 출가했다'고 싯닷타는 왕의 제의를 거절한다. 그러자 빔비사라왕은 수행자의 길을 가려는 확고한 신념의 싯닷타에게 미래에 장차 최상의 깨달음을 얻으면 반드시 자신의 왕국을 방문해 달라고 부탁한다. 『위나야』(Vinaya) 2권 154 (Vin.II.154)에 보면, 출가한 지 6년이 지난 뒤, 붓다가 된 바로 그 싯닷타는 빔비사라왕과 재회한다. 붓다의 가르침을 듣고, 그 자리에서 붓다의 제자가 된 왕은 최초의 사원인 '웰루와나' (Veluvana, 죽림정사)를 만들어 부처님과 상가에 기증한다.

수려한 용모를 갖췄고, 귀한 왕족의 후예처럼 보입니다.

코끼리 떼를 앞세운 크고 웅장한 군대를 당신에게 줄 것이니,

이 모든 재물을 즐기십시오.

묻건대, 그대의 가문을 말씀해 주십시오."5

〔보디삿따〕

"마하 라자(Mahārāja)시여,

히말라야의 산기슭에 우뚝한 나라가 있습니다.

꼬살라(Kosala)국의 사람들로 나라는 부유하고 사람들은 용감합니다.

그들은 태양(Ādiccā) 족의 후예이고,

혈통은 사꺄(Sakya) 입니다.

대왕이시여, 그런 가문에서 태어난 저는

감각적 쾌락을 구하지 않고 출가한 것입니다.

감각적 쾌락의 위험을 보았고,

그것을 내려놓고 버림으로부터 안온을 보았습니다.

저는 부지런히 정진해 나갈 것입니다.

저의 마음은 여기, 출가한 삶에서 기쁨을 갖습니다."6

5『숫따 니빠따』(Sutta Nipāta)(Snp. 423-424): "Yuvā ca daharo cāsi paṭhamup-
pattiko susu, vaṇṇārohena, sampanno jātimā viya khattiyo. Sobhayanto
anīkaggaṃ, nāgasaṃghapurakkhato, dadāmi bhoge bhuñjassu, jātiṃ cakkhāhi
pucchito."

6『숫따 니빠따』(Sutta Nipāta)(Snp.425-426): "Ujuṃ janapado, rāja, himavan-
tassa passato, dhanaviriyena sampanno kosalesu niketino. Ādiccā nāma
gottena, sākiyā nāma jātiyā, tamhā kulā pabbajitomhi rāja na kāme
abhipatthayaṃ. Kāmesvādīnavaṃ disvā nekkhammaṃ datthu khemato,

빔비사라 왕과의 대화 내용에 비추어 볼 때, 보디삿따Bodhisatta는 감각적 쾌락을 버리고 '안온의 행복'을 얻기 위해 출가했으며, 꼬살라국 사꺄족의 후예라고 자신을 소개하고 있다. 이는 곧 아버지는 숫도다나 Suddhodana, 淨飯 왕이고, 어머니는 마야왕비Mahādevī이며, 자신은 태자 싯닷타Siddhattha[7] 라는 것이다.

특히 『디가 니까야Dīgha Nikāya』의 《마하빠다나 숫따Mahāpadāna-sutta》[8]에 의하면, 부처님은 위빳시Vipassi 부처님을 시작으로 과거 여섯 부처님들의 출현 시기, 태생, 종족, 수명, 나무, 상수上首제자, 회중, 시자, 부모와 도읍에 대하여 자세히 설명하시는데, 특히 오늘날 행운의 겁劫에[9] 출현한 부처님 자신의 부모와 출생도시에 대해 다음과 같이 스스로 밝히신다.

오늘날 (현겁의 붓다인) 나는
숫도다나 왕이 아버지이고,
마야데위(Māyadevi, 마야왕비)가 어머니이며,
왕의 도시는 까삘라왓투(Kapilavatthu)이다.[10]

---

padhānāya gamissāmi, ettha me rañjatī mano" ti.

7 《마하빠리닙바나 숫따》(Mahāparinibbāna-sutta)(D.II.165): Bhagavā pi khattiyo mayaṃ pi khattiyā... "세존께서도 왕족이시고, 우리들도 왕족이다"라고, 부처님의 태생을 설명하고 있다.

8 『디가 니까야』(Dīgha Nikāya), 2권 1-54 (D.II.1-54)

9 『디가 니까야』(Dīgha Nikāya), 2권 410: (D.II.410) 'Bhadda kappa'는 미래의 미륵부처님을 포함해서 다섯 분의 정등각자의 겁을 행운의 겁이라고 부른다. 즉, 까꾸산다 부처님, 꼬나가마나 부처님, 깟사빠 부처님, 석가모니 부처님의 출현한 겁과 미래의 미륵부처님이 출현할 겁을 말한다.

10 《마하빠다나 숫따》(Mahāpadāna-sutta)(D.II.7); (D.II.52): "Mayhaṃ bhikkhave etarahi **Suddhodano** nāma rājā pitā ahosi, **Māyā devī** mātā janettī, **Kapilavatthu** nagaraṃ rājadhānī'ti."

부처님의 생애에 관해 상세한 설명을 담고 있어서 '붓다의 연대기'
라 불리는 『붓다왕사Buddhavaṃsa』에서도 부처님은 천신들과 비구제자
들과 재가 불자들이 함께 모인 자리에서 자신의 부모와 출생 도시에 대
해 똑같은 말씀을 하고 계시는 것을 볼 수 있다.[11]

그렇다면, 당시 브라만교가 주류였던 사회에서 부처님의 가문이나
조상들에 대한 평가는 어떠했을까? 초기 경전들의 내용을 살펴보면, 당
시 부처님께서 깨달음을 성취하신 후, 자신의 가르침을 펼치기 시작한
초기만 해도 브라민Brahmin[12]들은 부처님의 출생가문이나 조상들에 대
해 많은 관심을 가지고 있었음을 엿볼 수 있다.

당시 마을이나 도읍에 부처님이 도착하셨다는 소식이 전해지면 수
많은 사람들이 부처님을 찾아뵙고자 했다. 특히 그 당시 사회에서 명망
이 높고 존경을 받아 온 브라민Brahmin들 역시 부처님을 찾아뵙곤 했는
데, 그때마다 군중들은 부처님이 자신들의 스승인 브라민Brahmin들을
찾아뵈어야 옳다고 주장했다. 이에 대해 저명한 브라민Brahmin들은 다
음과 같이 군중들을 설득하고 있었다.

참으로 사문 고따마(Gotama)께서는
모계와 부계 양쪽 모두로부터
순수 혈통을 이어받았고,

---

11 『붓다왕사』(Buddhavaṃsa) 제25장 13게송: (Bu.97.) 27. Gotamabuddha-
   vamso: "Nagaraṃ Kapilavatthu me, rājā Suddhodano pitā. Mayhaṃ janettikā
   mātā, Māyā devīti vuccati." 게송 66: 2. Sumedhapatthanakatha: "Imassa janika
   mata, Maya nāma bhavissati. Pitā Suddhodano nāma, ayaṃ hessati Gotamo."
12 '브라흐만(Brahman)'은 힌두교의 형이상학적 개념을 말하고, '브라흐마(Brahma)'
   는 힌두교의 신(God)을 말하며, '브라민(Brahmin)'은 힌두교에서 '스승이나 사제' 등
   특화된 계층의 사람을 말한다.

7대(代)의 선조(先祖)들을 거슬러 올라가도
태생에 관한 한 의심할 여지가 없고,
전혀 나무랄 데가 없습니다.[13]

《소나단다 숫따Soṇadaṇḍa-sutta》,《꾸따단따 숫따Kūṭadanta-sutta》그리
고《짱끼 숫따Caṅki-sutta》를 살펴보더라도, 소나단다, 꾸따단따, 짱끼 등
은 그 당시 가장 명성이 높았던 브라민Brahmin들이었다. 그럼에도 불구
하고 그들 역시 부처님의 가문이나 조상에 대한 배경에 대해 '전혀 흠잡
을 데가 없다'라고 명백하게 받아들였다는 사실을 알 수가 있다.[14]

III. 마하마야(Mahāmāyā)의 생애

1. 마하마야(Mahāmāyā)

마하마야의 아버지는 꼴리야Koliya족의 도시인 데와다하Devadaha의
자손, 안자나Añjana였고, 어머니는 자야세나Jayasena의 딸, 야소다라
Yasodharā[15]였다. 『장로니게Therigāthā』의 주석서에 의하면, 마하마야의

---

13 『디가 니까야』(Dīgha Nikāya) (D.I.115) : Samaṇo khalu bho Gotamo ubhato
   sujāto mātito ca pitito ca saṃsuddhagahaṇiko yāva sattamā pitāmahā-yugā
   akkhitto anupakkuṭṭho jāti-vādena.
14 『디가 니까야』(Dīgha Nikāya)의 (D.I.111-126)《소나단다 숫따》(Soṇadaṇḍa-sutta),
   (D.I.127-149)《꾸다단따 숫따》(Kūṭadanta-sutta), 『맛지마 니까야』(Majjhima
   Nikāya)의《짱끼 숫따》(Caṅki-sutta) 등에 잘 나타나 있다.
15 『마하와스뚜』(Mahāvastu) 2권 17ff. 외조모인 야소다라는 싯닷타의 아내 야소다라
   와 이름이 같다.

아버지는 마하숩빠붓다Mahāsuppabuddha라고 불렸고,[16] 마하마야는 데와
다하 도시에서 마하숩빠붓다의 맏딸로 태어났다.[17]

두 명의 남동생들이 있었는데, 그들은 단다빠니Daṇḍapāni와[18] 숩빠붓
다Suppabuddha였고, 일곱 명의 여동생들이 있었다. 그들 중 막내 여동생
인 마하빠자빠띠Mahāpājāpati는 훗날 자신과 함께 숫도다나Suddhodana 왕
의 왕비가 되었다.[19] 사꺄Sakya족과 꼴리야Koliya족의 왕자나 공주들은 양
쪽 가문에서 서로의 배우자들을 찾는 통혼의 전통이 이어지고 있었다.

꼴리야Koliya의 공주 마야Māyā는 '마이아Maia' 또는 '마나사Manasa'[20]라
고도 불렸다. 마야Māyā라는 단어는 '어떤 것이 존재하지 않으나, 실제로
그것이 존재한다'라고 믿음으로써 생겨나는 환영幻影이나 환상, 착각
등을 의미한다. 힌두Hindu 전통에서 '마야'는 어머니의 신神이라고 불리

---

16 『장노게』(Therigāthā)의 주석서(ThigA.141)는 마하마야의 아버지를 마하 숩빠붓
다(Suppabuddha)라고 언급한다. 또한 『아빠다나』(Apadāna) Ap.II.538)는 마하
마야의 어머니 이름을 수락카나(Sulakkhanā)로 기록하고 있다.

17 『자따까』(Jātaka) 1권 52; 『붓다왕사』 226; 『맛지마 니까야』(Majjhima Nikāya)의
주석서 2권 924; 1021, 『테리가타』의 주석서 182.

18 『맛지마 니까야』(Majjhima Nikāya)의 《마두삔디까 숫따》(Madhupiṇḍika-sutta)
에 붓다의 외삼촌인 단다빠니(Daṇḍapāni)가 등장한다.(M.I.108)

19 『앙굿따라 니까야』(Aṅguttara Nikāya)의 주석서인 『마노라타 뿌라니』(Manoratha
pūranī) 1권 31: 마하숩빠붓다의 막내딸 빠자빠띠 고따미(Pajāpati Gotami)가 세상
에 태어났을 때, '만일 이 소녀가 자라서 훗날 아들을 갖게 된다면 전륜성왕의 어머니
가 될 것이다'라고 당시 예언가들은 예언했다. 그리고 숫도다나 왕이 처음에 막내인
마하빠자빠띠와 결혼하고자 할 때, 아버지 마하숩빠붓다는 위로 7명의 딸들이 결혼하
기 전에는 막내딸을 보낼 수 없다고 했다. 그러자 숫도다나 왕은 첫 번째 마하마야를
수석 왕비로 맞이하고, 막내 마하빠자빠띠와의 결혼에 성공했다. 그리고 나머지 6명
의 처제들을 모두 자신의 형제들과 혼인하도록 했다고 Abhiniṣkramaṇa Sūtra가 전
한다. 『The Romantic Legend of Sakya Buddha, A translation of the Chinese
version of the Abhiniṣkramaṇa Sūtra』 by Samuel Beal, Motilal Banarsidass
Pub. 1985

20 마나사(Manasa)는 '마음의' 혹은 '뜻이 있는'의 의미이다.

는 '깔리Kālī' 혹은 마하깔리Mahā Kālī를 의미한다.[21] 한편 '마이아Maia'라는
단어는 그리스인들이 '봄의 전령'으로 믿고 있는 여신女神 '마이아Maia'
를 의미하고, 5월이나 꽃의 달을 지칭하는 '메이May'의 뜻이기도 하다.

이러한 의미들 가운데 어느 것이 마하마야의 이름을 가장 함축적으
로 대변하고 있는지 단언할 수는 없지만, 주석서들은 '어려서부터 누구
든지 마야를 보면, 마치 마법에 걸린 듯 공주의 눈부신 아름다움과 매
력에 빠졌다'라고 설명하고 있다. '환상적인 아름다움'과 '타인의 마음
을 사로잡는 자애로움'을 마야Māyā라는 이름이 함축하지 않았을까?

북전장경北傳藏經들 가운데 불교 산스끄리뜨Buddhist Sanskrit어語로 쓰
여진 『불소행찬』에 따르면, 마하마야는 까삘라Kapila 나라의 모든 국민
들에게 있어 어머니와 같았다.[22] 모든 사람들에게 헌신적이며, 그들의
안녕과 복지를 위해 힘씀에, 번영의 여신, 아름다움과 행복의 여신인
'락쉬미'Lakṣmī[23]가 세상에 발을 들여놓은 것 같았다. 목소리는 새들의
노랫소리 같고, 말을 할 때는 달콤하고 유쾌했다. 머리카락은 검고, 이
마는 다이아몬드처럼 빛나고 우아하며, 눈은 어리고 푸른 연꽃잎과 같
이 시원하며, 눈썹은 절묘한 곡선을 지녔다.[24]

이와 같이 아름다움뿐만 아니라 '미덕과 재능'에 있어서도, 그 누구

---

21 까알리(Kālī)는 우주를 창조하고, 보호하며, 파괴 또는 변형시키는 쉬와(Shiva)의 부
   인이다.
22 아쉬와고샤(Aśvaghoṣa, 馬鳴)의 『붓다짜리따』(Buddhacarita 佛所行讚) 1권,
   1.15~16게송: Prajāsu māteva hitapravṛttā gurau jane bhaktirivānuvṛttā,
   lakṣmīrivādhīśakule kṛtābhā jagatyabhūduttamadevatā yā. (1,16)
23 락쉬미(Lakṣmī)는 부(富)와 번영, 빛과 지혜, 행운의 화신인 힌두교 여신으로 특히
   아름다움과 매력의 화신이다. 부유함, 비옥함 그리고 생식력 등의 물질적인 성취의
   여신이기도 하다.
24 *The Woman's Encyclopedia of Myths and Secrets* by Barbara Walker, 1986.
   http://www.khandro.net/Bud_mother.htm

와도 비교할 수 없을 만큼 훌륭했다는 마야는 똑같은 이름의 소녀들 중
에서도 최고라는 의미로 마하Mahā라는 강조어가 이름 앞에 첨가되었음
을 추측하게 한다.

그러나 초기 경전이나 주석서들은 '마하마야Mahāmāyā' 또는 '마야왕
비'라는 뜻으로 '마야데위Māyādevī'라고 언급하고 있다.[25] 아쉽게도 마하
마야의 결혼 전의 이야기나 어린 시절의 일화를 초기 경전에서는 찾아
볼 수가 없다.

2. 불모(佛母)로 선택받은 마하마야

인도 브라만Brahman 전통들은 인간의 탄생을 신의론神意論이나 숙명
론宿命論이나 우연론적偶然論的 관점에서 주장하고 있다. 그러나 부처님
은 인간은 자신의 업業에 따라 연기적으로 윤회 전생한다고 가르치신
다. 그렇다면 마하마야는 어떠한 업의 인연으로 부처님의 어머니가 되
셨을까?

초기 경전들에 의하면, 현겁의 석가모니 부처님은 완전한 깨달음을
성취하셨을 때, 세 가지 지혜(三明)와 여섯 가지 신통을 얻어서 자기 자
신은 물론 타인들의 전생과 내생을 모두 또렷하게 볼 수 있게 되었다.

---

25 마하마야에 대한 칭호를 대승불교 전통에서는 흔히 '마야부인'으로 불리고 있다. 그러
　나 마하마야는 왕비이다. 그렇기 때문에 '마야데위'(Māyādevī) 즉 '마야왕비'라고 경
　전에서는 칭하고 있다. 대게 마하(Mahā)라는 단어가 붙여질 때는 또 다른 마야
　(Māyā)가 있어서, 둘을 구분해야 할 필요성이 있을 때이다. 그래서 '크다, 높다, 수승
　하다'는 의미로 '마하'(Mahā)를, '작다, 적다, 낮다' 등의 의미로 '쭈울라'(Cūla)를 붙여
　서 상하의 차제를 정한다. 그러나 경전에서 혼동될 또 다른 마야(Māyā)가 등장하지는
　않는다. 그럼에도 불구하고 굳이 '마하마야'라고 칭하는 것은 '존경의 표현'이라고 볼
　수 있다. 부처님을 낳아 주신 분에 대한 제자들이 봉헌한 '타이틀'(Title)이라고 볼 수
　도 있다.

특히 빠알리Pāli 경전에 나타난 부처님의 전생이나 탄생이야기를 살펴보면, 부모가 태어날 자를 선택하는 것이 아니라, 태어날 자가 '부모를 선택'하는 것임을 알 수 있다.

《마하빠다나 숫따Mahāpadāna-sutta》와26 《앗차리야 아부따담마 숫따Acchariyabbhutadhamma-sutta》27는 부처님의 탄생에 대하여 상세하게 설명해 주고 있는 대표적인 경들이다. 이 경전들에 의하면, 장차 부처님이 될 보디삿따Boddhisatta는 이 세상에 태어나기 전, 도솔천Tusita의28 호명護明, Setaketu이라는29 이름으로 머물고 있었다.30 그곳은 '오직 한 번 더 인간으로 태어나야 하는 일래자一來者, sakadāgāmī들도 함께 머무는 곳'이다. 보디삿따가 그곳에 거주하고 있을 때, 이 세상에는 세 가지 예고豫告가 널리 퍼져 있었다. 첫째, 겁이 바뀐다는 것이고, 둘째, 부처님이 출현한다는 것이며, 셋째, 전륜성왕이 나타난다는 것이었다.

---

26 『디가 니까야』(Dīgha Nikāya)《마하 빠다나 숫따》(Mahāpadāna-sutta)(D.II.7); (D.II.52) cf.《長阿含1經》《大本經》(T1.1),《七佛經》(T1.150),《毗婆尸佛經》(T1.540),《七佛父母姓字經》(T1.159),《增壹含48.4經》(T2.790.1).
27 《앗차리야 아부따담마 숫따》(Acchariyabbhutadhamma-sutta)(M.III.119-124);《中阿含32經》,《未曾有法經》(T1.469).
28 뚜시따(Tusita) 천국은 순수한 기쁨과 즐거움의 하늘세계를 말한다. 욕계의 여섯 천국들 가운데, 네 번째 천국으로 야마(Yāma) 천국과 니르마나라띠(Nirmāṇarati)(타화자재) 천국 사이에 위치한다. 다른 천국처럼 뚜시따는 수행을 통해 높은 경지의 삼매를 성취되고 달성한 이들이 도달할 수 있다. 이 천국은 '한 번만 더 인간으로 태어나면 윤회에서 벗어나는 자, 즉 일래자(一來者)들이 머무는 하늘'이기도 하다.『디가 니까야』(Dīgha Nikāya)의《짜까왓띠 시하나다 숫따》(Cakavatti sihanada sutta)(D. 26經)에 의하면, 다음 겁의 붓다인 미륵보살(Maitreya 또는 Metteya)이 머무는 천국이기도 하다.
29 율장의 주석서인『사만따 빠사디까』(Samantapāsādikā) 1권 161: 보디삿따 세따께뚜(Setaketu, 護明菩薩)
30 『맛지마 니까야』(Majjhima Nikāya)(M.III.119) Sato sampajāno uppajjamāno, Ānanda, Bodhisatto Tusitaṃ kāyaṃ uppajjīti; yaṃ pi sato sampajāno Bodhisatto Tusitaṃ kāyam uppajji.

또한 부처님의 전생 이야기를 담고 있는『자따까ⱼātaka』에 의하면,
모든 천신들도 역시 보디삿따의 인간 환생을 간청하고 있었다. 보디삿
따는 결국 마지막 출생이 될 인간계에 '태어날 마음'을 먹기 전에 '태어
날 시기와 국토, 지방과 가계, 어머니와 어머니의 수명'에 대해 다음과
같이 관찰하였다고 전한다.

붓다의 어머니가 될 사람은
애욕이 없고, 술에 빠지지 않으며,
10만 겁 동안 바라밀(Pāramī)을 완전히 닦고,[31]
세상에 태어나서는 오계(五戒)를 파하는 일이 없어야 한다.

그런 여성이 대체 누구일까?
마하마야왕비가 그런 여성이구나.[32]
저 여성이 나의 어머니가 될 것이다.
어머니의 수명이 앞으로 '열 달과 7일'이구나.[33]

이처럼 보디삿따는 자신의 어머니가 될 사람의 '조건'들을 모두 다
살펴보고 난 후에야 비로소 세상에 태어날 것을 결정한 것이다. 어머니
를 선택하는 기준으로, '바라밀 수행과 선업의 실천 그리고 오계를 지
키며 살고 있는가?'를 문제로 여겼던 것이다. 그렇다면 마하마야는 어
떤 바라밀을 닦았을까?

---

31 『본생담』 50-53: 보시, 지계, 출리.
32 『본생담』 54-56.
33 모든 부처님들의 어머니들은 아들이 태어나자마자 일주일 후 세상과의 인연을 다 한
다. 왜냐하면 다른 아기는 부처님이 태어난 같은 자궁에서 잉태될 수 없기 때문이라고
설명하고 있다.

『자따까Jātaka: 本生經』나 『짜리야 삐따까Cariyāpiṭaka: 行藏』는 보디삿따가 전생에 어떻게 바라밀을 완성했는지 잘 설명해 주고 있다. 특히 《사사빤디따 자따까Sasapaṇḍita-Jātaka: 兔本生經》의 이야기를 보면,[34] 보디삿따는 전생에 보시 바라밀을 비롯하여 지계바라밀, 출리의 바라밀 등을 완성하였는데, 그것을 다음의 게송으로 정리하고 있다.

걸식하러 가까이 오는 것을 보고,
나는 내 몸을 버렸나니,
보시에 있어서 나와 비교할 자가 없다.
이것이 나의 보시 바라밀(Dāna-Pāramī)이다.[35]

꼬챙이에 찔려도, 칼에 베여도,
나는 보자뿟따(Bhojaputta)에 대해 성내지 않았나니,
이것이 나의 지계 바라밀(Sīla-Pāramī)이다.[36]

손 안에 든 큰 왕위를 가래침 뱉듯이 버리고,
버리고서는 다시 집착이 없었나니,
이것이 나의 출리 바라밀(Nekkhamma-Pāramī)이다.[37]

---

34 『Jātaka-aṭṭhakathā』《本生經注》(JA.316): (Jat.III.51): 《사사빤디따 자따까》(Sasapaṇḍita-Jātaka, 兔本生經).

35 『Jātaka-aṭṭhakathā』(Jat.III.51)(4-2-6): Satta me rohitā macchā, udakā thalamubbhatā....

36 『Jātaka-aṭṭhakathā』 JA.524; (Jat.V.161): 《상카 빠알라 자따까》(Saṅkhapāla-Jātaka, 護螺龍王本生經).

37 『Jātaka-aṭṭhakathā』 JA.525; (Jat.V.178): 《쭐라수따 소마 자따까》(Cūḷasutasoma-Jātaka, 小須陀蘇摩王本生經).

이밖에도 보디삿따는 지혜 바라밀, 정진 바라밀, 인욕 바라밀, 진실 바라밀, 원력 바라밀, 자애 바라밀, 평등심 바라밀을 완성했다.[38] 이렇게 10가지 바라밀을 이미 완성한 보디삿따는 마하마야의 행위를 어떻게 바라보았을까? 마하마야의 행위에는 '살생도, 도둑질도, 성적 위법 행위도, 거짓말도, 중독이나 정신을 흐리게 하는 도취에 빠져 지혜를 상실함도 없다'라고 보았다. 그리하여 장차 불모佛母가 될 마하마야는 일반 여성과는 달리 정해진 법칙에 따라 수명의 한계가 있음도 확인했기에, 마지막 생을 위해 보디삿따는 마하마야의 몸을 의지하게 된다.

3. 아살하(Āsāḷhā) 보름, 마하마야의 임신

경전에 의하면, 도솔천Tusita의 천신들도 보디삿따가 어머니로 선택한 마하마야는 허물이 없고, 태생이 좋고, 자식이 없으며, 부계나 모계 그 어느 쪽에도 결점이 없으므로, 불모佛母가 될 자질을 가진 유일한 왕비라고 여겼다. 그래서 천신들은 마하마야를 천상으로 초대할 준비를 시작했다. 때마침 히말라야 기슭의 까삘라 왓투Kapilavatthu에서는 7월의 축제가 한창 열리고 있었다. 마하마야왕비는 숫도다나 왕에게 여덟 가

---

38 전생에 보디삿따가 닦았던 열 가지 바라밀과 『자따까』(Jātaka)의 출처를 밝히면 아래와 같다.

1	Dāna-Pāramī	JA.316; (Jat.III.51)	Sasapaṇḍita-Jātaka
2	Sīla-P.	JA.524; (Jat.V.161)	Saṅkhapāla-Jātaka
3	Nekkhamma-P.	JA.525; (Jat.V.178)	Cūḷasutasoma-Jātaka
4	Paññā-P.	JA.402; (Jat.III.341)	Sattubhasta-Jātaka
5	Viriya-P.	JA.539; (Jat.VI.30)	Mahājanaka-Jātaka
6	Khanti-P.	JA.313; (Jat.III.39)	Khantivādi-Jātaka
7	Sacca-P.	JA.537; (Jat.III.118)	Mahā Sutasoma-Jātaka
8	Adhiṭṭhāna-P.	JA.538; (Jat.VI.1)	Mūgapakkha-Jātaka
9	Mettā-P.	JA.303; (Jat.III.13)	Ekarāja-Jātaka
10	Upekhā-P.	JA.94; (Jat.I.389)	Lomahaṁsa-Jātaka

마야왕비의 꿈(기원전 2세기 Bharhut 석주, 출처: 꼴까따 Kolkata 인도박물관 소장)

지 재계齋戒를 지키고자, '청정수행기간'을 허락받게 되었다. 그 기간 동안 왕비는 보시를 베풀고, 금식하며, 명상하기 위해 잘 갖춰진 방에서 지냈다. 그리고 축제의 마지막 날인 아살하Āsālhā 보름, 즉 음력 6월 보름의 밤, 마하마야는 잠결에 사대천왕들의 방문을 받게 되었다.[39]

『본생담』이나 『자따까Jātaka』에서 전하는 마하마야의 수태受胎를 간략하게 정리하면 다음과 같다.

동서남북 사방에서 온 천신들은 4대 천왕들이다. 그들은 다따랏타 Dhatarattha, 위루빡카Virūpakkha, 위룰하까Virūlhaka, 웻사라나Vessarana였다.[40] 4대 천왕들은 침대에 누워있는 마야왕비를 히말라야 산꼭대기에

---

39 『본생담』 57.
40 『디가 니까야』(Dīgha Nikāya) (D.II.207f.; D.III.194f.) 사대천왕(Cātummahā-rājika)은 동쪽 지국천왕(持國天王), 서쪽 광목천왕(廣目天王), 남쪽 증장천왕(增長天王), 북쪽 다문천왕(多聞天王)이다. 북쪽의 다문천왕은 꾸웨라(Kuvera)라고도 불린다. 마하마야왕비의 꿈에 만난 사대천왕과 그 부인들의 역할을 생각하면, 한국불교

있는 아노땃따Anotatta 호수로 모셔 갔고, 천신의 부인들이 아노땃따 호
수에서 마야왕비를 목욕시키고, 천상의 옷을 입힌 후, 다시 침대로 옮
겼다.

황금 궁전의 신성한 소파에 눕혀진 마하마야는 하얀 상아의 빛이
빛나는 거대한 코끼리를 보았다. 히말라야 산꼭대기의 천년 설의 눈처
럼 희고 빛나는 코끼리는 하얀 연꽃을 들고 하강했다.[41] 마하마야가 누
워 있는 침대 주위를 오른쪽으로 세 번 돈 후에, 마하마야의 오른쪽 옆
구리를 거쳐서 몸 안으로 들어갔다. 그때가 음력 6월 보름인 아살하
Āsāḷhā의 보름날에 보디삿따는 마하마야왕비의 자궁에 입태入胎한 것이
었다.

꿈에서 깬 마야왕비는 전에 느껴 보지 못한 행복을 느꼈다. 다음 날
아침, 마야왕비는 숫도다나왕에게 꿈에 대한 얘기를 했다. 왕은 베다
Veda에 뛰어난 바라문들을 초대하여 꿈을 분석하게 했다. 그들은 장차
왕자를 생산할 왕비의 태몽이었음을 밝히고, 이렇게 예언했다.

대왕이시여, 참으로 기쁘고 기쁜 일입니다.

문화에 나타난 사천왕상의 모습이나 신중 탱화속의 사천왕이 보여주는 험상한 모습은
상상할 수가 없어 보인다. 『담마빠다』(Dhammapada)의 주석서에 의하면, 이들 사
대천왕들은 보디삿따(보살)이 태어날 곳과 어머니를 정하는 순간부터 보디삿따의 보
호를 맡은 것으로 언급된다. 담마빠다(Dhammapada) 주석서, 2권 146; (DhA. II.
146; III.96). 또한 『디가 니까야』(Dīgha Nikāya)의 《아따나띠야 숫따》(Ātānātiya
Sutta)에 의하면, 사대천왕들은 붓다의 제자들뿐만 아니라, 재가신자들을 지켜주는
보호자로, 불법을 지키는 수호자의 역할을 하겠다는 발원을 붓다께 천명한 천왕들이다.
41 경에 따라 흰 코끼리의 상아를 언급하지 않은 곳도 있으나, 《붓다짜리따》(Buddha-
carita)에는 6개의 상아를 가진 코끼리로 표현하고 있다. Dhṛtvā himādridhavalaṁ
guru ṣaḍviṣāṇaṁ, dānādhivāsitamukhaṁ dviradasya rūpam, śuddhodanasya
vasudhādhipatermahiṣyāḥ....(1권, 게송20번).

천신들조차 마야왕비를 가장 깨끗한 사람의
신성한 어머니로 선택했고, 태어날 아기는
매우 위대한 존재가 될 것입니다.[42]

바라문들이 분석한 마하마야의 꿈은 오랫동안 기다려 왔던 왕자가
드디어 탄생할 것이란 것이지만, 다른 한편 마하마야의 꿈은 무엇을 제
시하려는 것이었을까? 일찍이 흰 코끼리는 다산과 지혜를 상징하는 신
성한 동물로 간주 되어 왔다. 흰 연꽃은 정신적 순결과 맑은 마음의 깨
달음을 상징하는 것은 아닌지 새겨 볼 일이다. 자식이 없던 왕과 왕비
는 말할 수 없이 기뻤다. 나라의 많은 귀족들을 궁전으로 초대하여 잔
치를 베풀며, 그 좋은 소식을 전했고, 음식과 옷은 가난한 사람들에게
새로 태어날 왕자를 위한 축복의 의미로 주어졌다.

《마하빠다나 숫따Mahapadāna-sutta》에 따르면, 보디삿따가 어머니가
될 마하마야의 자궁으로 내려왔을 때, 천신들의 화려함을 능가하고 거
대한 헤아릴 수 없는 빛이 나타났다. 그리고 네 명의 천신들이 마하마
야를 중심으로 사방을 지켜, 어떤 인간이나 인간이 아닌 사람이나 그
누구도 보디삿따나 마야왕비를 해치지 못하도록 했다고 전한다. 이러
한 현상들은 과거 모든 정등각자의 어머니에게도 이미 일어났던 자연
적인 법法다운 일들로서 정해진 법칙에 의한 것이었다는 것이다.

4. 정해진 법칙, 담마따(Dhammatā)의 마하마야

《마하빠다나 숫따Mahapadāna-sutta》는[43] 모든 정등각자Sammāsambuddha

---

42 『본생담』 1권 56.

에게 적용되는 '정해진 법칙Dhammatā'이 있음을 밝히고 있다. 과거의 여
섯 붓다는 물론, 현겁의 정등각자인 석가모니 부처님께서 이 세상에 출
현할 때, 변함없이 그 법칙에 따라 출현하고, 출가하고, 깨닫고, 전법하
고, 열반하는데 '정해진 법칙'이 적용되었음을 설명하고 있다.[44] 특
히 『맛지마 니까야』Majjhima Nikāya』의 《앗차리야 아부따담마 숫따Acchariy-
abbhutadhamma-sutta》에서 아난다 존자는 부처님께 일어난 아주 놀랍고
그 누구에게도 일찍이 없었던 신비한 일들에 대해 상세히 열거하고 있
다. 그 신비한 일들은 정등각자인 부처님과 어머니 마하마야 사이에 일
어난 '정해진 법칙'을 보다 선명하게 하는데, 간략하게 정리하면 다음
과 같다.

① 보디삿따는 도솔천에서 몸을 버리고, 또렷하게 깨어 있고, 알아
차리면서 어머니의 태에 든다.[45]
② 보디삿따가 모태에 들 때, 세상에는 거대한 광휘의 빛(obhāsa)이
나타난다.[46]

---

43 《마하빠다나 숫따》(Mahapadāna-sutta: 大傳記經) cf. 『長阿含 1經』, 『大本經』
(T1.1.), 『七佛經』(T1.150.), 『毘婆尸佛經』(T1.540.), 『七佛父母姓字經』(T1. 159.),
『增壹含48.4經』(T2.790.1)

44 《마하빠다나 숫따》(Mahapadāna-sutta: 大傳記經) DN.14經: '담마따'(Dhammatā)
의 원뜻은 '법다움'이지만 고유한 성질이나 정해진 법칙이 적용되어 '그렇게 되어 질
수밖에 없는 것, 법칙이 그러함'의 의미를 갖는다. 같은 내용의 담마따(Dhammatā)들
이 『앗차리야 아부따담마 숫따』에서도 발견된다(M.III.119-124). 아난다 존자는 붓
다들에게만 나타나는 희유한 담마들을 19가지로 열거했다. 그러자 붓다는 마지막으
로 하나를 더 더했다.

45 『디가 니까야』(Dīgha Nikāya)(D.II.11) Vipassī bodhisatto Tusitā kāyā cavitvā
sato sampajāno mātukucchiṃ okkami. Ayam ettha dhammatā.

46 『맛지마 니까야』(Majjhima Nikāya)(M.III.120): Appamāṇo uḷāro obhāso loke
pātubhavati atikkammeva devānaṃ devānubhāvaṃ.

③ 보디삿따가 모태에 들 때, 네 명의 천신들이 사방에서 그를 수호
하므로 인간이나 인간이 아닌 자나 어떤 누구를 막론하고 보디삿
따와 그 어머니를 해칠 수가 없다.[47]

④ 보디삿따의 어머니는 일찍이 계행을 잘 갖추고 있어서, 살아있는
생명을 해치거나 죽이는 것을 삼가하는 첫 번째 계행으로부터 다
섯 가지의 계행들을 모두 잘 수지한 사람이다.[48]

⑤ 보디삿따가 모태에 들었을 때, 보디삿따의 어머니는 감각적 쾌락
의 욕망으로 말미암아 남자에 대하여 옳지 않은 생각을 일으키는
그런 일은 있을 수 없으며, 또한 어떤 남자도 보디삿따의 어머니
에게 욕정을 즐기기 위해 접근할 수가 없다.

⑥ 보디삿따가 모태에 들었을 때, 보디삿따의 어머니는 다섯 가지 감
각기관이 바라는 욕망의 대상들을 얻고 부여받아 그것들을 향유
하는 즐거움을 누린다.

⑦ 보디삿따가 모태에 들었을 때, 보디삿따의 어머니는 병 없이 행복
하며, 몸에 피로를 모르는 안락함을 즐겼고, 아기의 팔다리와 감
각기관들을 훤히 볼 수 있고, 감관이 모두 완전하다는 것을 본
다.[49]

---

47 『맛지마 니까야』(Majjhima Nikāya)(M.III.120) Cattāro nan devaputtā catuddi-
sārakkhāya upagacchanti: Mā naṃ kho Bodhisattaṃ vā Bodhisattamātaraṃ vā
manusso vā amanusso vā koci vā viheṭhesīti. 동서남북의 사대천왕의 보호를 받
는다. 즉 持國天王, 廣目天王, 增長天王, 多聞天王.

48 『맛지마 니까야』(Majjhima Nikāya)(M.III.120; D.II.11): Pakatiyā sīlavatī bodhis
attamātā hoti. 생명을 죽이지 않는 것, 주지 않는 것을 가지지 않는 것, 삿된 음행을
하지 않는 것, 거짓말하지 않는 것, 술과 같은 정신을 흐리게 하거나 중독성이 있는
것을 삼가는 것.

49 『디가 니까야』(Dīgha Nikāya)(D.II.12; M.III.121) 진귀하고 빛나는 팔각 보석이 오
색실에 꿰어져 있다면 눈을 가진 자는 그 보석이 진가와 오색실을 모두 잘 확인할 수

⑧ 보디삿따가 태어난 지 7일 만에 어머니가 돌아가시고, 뚜시따 (Tusita, 도솔천)에 태어난다.[50]

⑨ 다른 여인들은 아홉 달 혹은 열 달 동안 임신하였다가 출산을 하지만, 보디삿따의 어머니는 반드시 열 달 동안 아기를 임신했다가 출산한다.

⑩ 다른 여인들은 앉아서 출산을 하거나 혹은 누워서 출산을 하지만, 보디삿따의 어머니는 오직 서서 출산한다.[51]

⑪ 보디삿따가 어머니의 몸에서 나올 때, 천신들이 먼저 받고 나중에 인간이 받는다.[52]

⑫ 보디삿따가 어머니의 자궁에서 나와 아직 땅에 닿기 전에, 사대천왕이 보디삿따를 받아 어머니 앞에 놓는다. "왕비여 기뻐하십시오. 당신에게 위대한 능력이 있는 아들이 태어났습니다" 라고 말한다.

⑬ 보디삿따가 어머니로부터 나올 때, 그 어떤 불결한 것도 묻지 않고 깨끗한 상태로 나온다.[53]

있듯이, 보디삿따가 어머니의 태에 들 때, 그 어머니는 자신의 몸 안에 있는 아기의 팔다리와 감각기관들을 모두 볼 수 있다고 경은 설명하고 있다.

50 『디가 니까야』(Dīgha Nikāya)(D.II.14; M.III.121) Dhammatā esā bhikkhave, sattāha-jāte Bodhisatte Bodhisatta-mātā kālaṃ karoti, tusitam'kāyaṃ uppajjati.

51 『디가 니까야』(Dīgha Nikāya) (D.II.14; M.III.122) Ānanda, aññā itthikā nisinnā vā nipannā vā vijāyanti, na h' evaṃ Bodhisattam Bodhisattamātā vijāyati; ṭhitā va Bodhisattaṃ Bodhisattamātā vijāyatīti.

52 『디가 니까야』(Dīgha Nikāya) (D.II.14; M.III.122)... devā paṭhamaṃ paṭiggaṇhan ti pacchā manussā ti.

53 『디가 니까야』(Dīgha Nikāya) (D.II.14; M.III.122): 보석이 까시(캐시미르)의 비단 위에 놓여 있을 때, 보석이 까시의 비단을 더럽히지 않고, 까시의 비단도 보석을 더럽히지 않는 것과 같다. 이는 둘 다 모두 청정하기 때문이라고 부처님은 말씀하신다.

⑭ 보디삿따가 어머니로부터 나올 때, 하늘에서 차가운 것과 따뜻한 것의 두 개의 물줄기가 내려와 그것으로 보디삿따와 어머니는 목욕을 한다.

⑮ 보디삿따는 태어나자마자 두 발로 땅에 서서 북쪽을 향해 일곱 발자국을 걸어간다. (천상의) 하얀 일산이 펴질 때, 모든 방향을 살펴보고, 장부답게 탄생게를 말한다.[54]

⑯ 보디삿따가 어머니로부터 나올 때, 신들을 포함한 그 어떤 것의 광채보다도 강력하고, 해와 달의 광채를 훨씬 능가하는, 측량할 수 없는 광채의 빛이 나타난다.

5. 위사카(Visākhā) 보름, 마하마야의 출산

마하마야왕비가 보디삿따를 잉태한 지 열 달이 가까워지자, 왕비는 데와다하Devadaha에[55] 있는 자기 백성들에게 돌아가고자 했다. 출산이 다가오자, 당시 관습대로 아이를 낳기 위해 산모가 부모의 집으로 돌아가기 위함이었다. 꼴리야Koliya국으로 가고 있는 마야왕비는 까삘라왓투Kapilavatthu와 데와다하Devadaha의 두 도시 사이에 있는 룸비니Lumbinī 공원에 이르러 잠시 휴식을 취하게 되었다. 마하마야왕비가 아름다운 정원을 거닐다 향기로운 큰 나무의 꽃을 만지기 위해 손을 뻗었을 때,

---

54 『맛지마 니까야』(Majjhima Nikāya) (M.III.123; D.II.15) Aggo 'ham asmi lokassa, seṭṭho ham asmi lokassa jeṭṭho' ham asmi lokassa, ayaṃ antimā jāti, na 'tthi dāni punabbhavo ti.

55 데와다하(Devadaha) 도시는 『맛지마 니까야』(Majjhima Nikāya)의 부처님께서 깨달음을 성취한 후, 방문하여 여러 가지 주제로 법문을 하셨던 도시이다. 참조: (S.III. 5f.: Devadaha-sutta); (S.IV.124ff.: Devadaha Vagga); (M.II.214: Devadaha-sutta).

갑자기 산기를 느꼈다. 과거의 여섯 정등각자들의 탄생이 그랬듯이, 마하마야왕비는 오른손으로 아소까Asoka, 無憂樹 나뭇가지를 잡고, 오른쪽 옆구리를 통해 보디삿따를 출산했다고 전한다.56

　당시 인도 사회는 네 가지 신분제도Caste로 지배되었던 사회라는 것을 고려할 때, '오른쪽 옆구리에서 태어났다'라는 것은 당시 전통적인 신분제도의 인식에 따라 보디삿따가 왕족이었음을 표현한 것으로 볼 수 있다.57 보디삿따가 태어난 날, 네 가지의 다른 사건들이 동시에 일어났다고 전한다. 야소다라 공주의 탄생과 찬나와 칸티카 말과 마하보디 나무가 심긴 일 등을 꼽는다. 보디삿따가 룸비니에서 태어났음을 『자따까Jātaka』뿐만 아니라58 『숫따 니빠따Sutta Nipāta』의《나알라까 숫따Nālaka-sutta》에도 명시하고 있다.59

　"비교할 수 없는 빼어난 보배인 저 보디삿따는
　사꺄 마을의 룸비니동산에서,
　많은 사람들의 이익과 행복을 위해
　인간의 세상에 태어났습니다.
　그래서 우리들은 매우 기뻐하는 것입니다"60라고

---

56 J.I.56, 58, etc.; IV. 50, 328; VI. 479; Mhv.II.24-25.
57 『리그베다』에서는 인도 창조신화에 등장하는 거인인 Purusha의 신체로부터 태양과 달, 대지와 신 등의 만물이 태어난다고 여겼다. 그리고 그의 입에서 사제계급인 브라민(Brahmin)이 창조되었고, 팔/옆구리에서는 왕족인 크샤트리아(Kshatriya)가 창조되고, 배/넓적다리/허벅지에서는 평민에 속하는 바이샤(Vaishya)가 그리고 두발에서는 노예 계급인 수드라(Sudra)가 태어났다고 카스트를 설명한다.
58 『자따까』(Jātaka) 1권 49ff. (J.I.49f.)
59 《나알라까 숫따》(Nālaka-sutta) 게송 688. 룸비니(Lumbinī)는 현재 네팔의 국경 안쪽에 있고, 룸민데이(Rummindei)로 알려져 있다. 1997년에 룸비니는 유네스코 세계문화유산의 지위를 부여 받았다.

Brahmi 문자로 앞의 두 글자는 'Bu-Dhe'(=붓다)를 뜻하고, 남은 네 글자는 'Sa-kya-mu-ni'로 '석가족의 성인'이 룸비니에서 태어났음을 밝히는 아소까 석주의 내용이다(출처: Ashoka's Rummindei Minor Pillar Edict, 서원 250 BCE).

천신들은 아시따 선인에게 전했다.

룸비니동산에서 갓 태어난 아기 보디삿따의 첫 목욕을 마친 후, 마하마야왕비와 수행원들은 까삘라 왕국으로 되돌아왔다. 그때를 대략 기원전 523년, 음력 4월 위사카Visākhā의 보름날로 보고 있으며, 위사카 보름날에 태어났음을 기리기 위해, 오늘날은 '웨삭데이Vesak Day' 또는 '붓다 자얀띠Buddha Jayanti' 라고 부르고 있다.

아소까 석주에 의하면, 기원전 249년, 아소까Asoka 황제가 룸비니를 방문했을 때, 그곳은 번화한 마을이었다. 삐야닷시(Piyadassi, 아소까왕의 이름) 왕은 붓다의 탄생지를 기념하기 위해 탑과 거대한 돌기둥을 세운 후, 그 돌기둥에 비문이 새겨 넣었다. 그 비문의 일부는 이와 같이 자신이 대관식을 치른지 20년이 되었을 때, 룸비니를 방문하여, '석가모니 붓다가 이곳에서 태어났음'을 기록하고 있다.

---

60 『숫따 니빠다』(Sutta-Nipāta)의 《나알라까 숫따()》Nālaka-sutta)(Snp. 132) (Snp. v.683/688) "So bodhisatto ratanavaro atulyo, manussaloke hitasukhatthāya jāto. sakyāna gāme janapade lumbineyye, tenamha tuṭṭhā atiriva kalyarūpā.

6. 마하마야의 죽음

마하마야왕비와 아기가 까삘라 궁으로 돌아온 뒤, 아기의 이름을
짓는 명명식命名式이 있었다. 여러 브라만들이 초대되었고, 왕자의 이름
은 '싯닷타Siddhattha'였다.[61] 『숫따 니빠따』의 《나알라까 숫따Nālaka-sutta》
를 보면, 마하마야왕비의 아기를 보기 위해 히말라야에서 온 아시따
(Asita) 선인은 환희와 기쁨으로 아기 몸에 나타난 모든 상호를 보고, 장
차 싯닷타 왕자는 반드시 정등각자가 될 것을 예견하며 눈물을 흘렸다
고 한다.

그러나 명명식이 끝난 지 이틀, 즉 태자가 태어난 지 7일 만에 마하
마야왕비는 세상을 떠나게 된다. '정해진 법칙(Dhammatā)'에 의해 정등
각자인 부처님들의 어머니들도 모두 출산 후 7일 만에 세상을 떠났다.
이러한 사실을 알지 못하는 왕을 비롯한 모든 사람들은 충격이었고, 커
다란 슬픔이었다. 그렇지만 마하마야왕비는 어린 싯닷타를 고아로 남
겨두지 않고, 자신의 여동생인 마하빠자빠띠Mahāpajāpatī 왕비로부터 보
살핌을 받게 했다. 실제로 마하빠자빠띠 왕비는 싯닷타 왕자를 친자식
처럼 돌보았다. 그러한 사실은 훗날 마하빠자빠띠 왕비가 최초의 비구
니로 출가를 허락받는 과정에서도 증명되듯이 잘 나타나 있다.[62]

---

61 싯닷타(Siddhattha)는 '이루어짐 또는 성취됨의 뜻하는 단어 싯다(Siddha)'와 '이익,
　축복, 복지, 풍요, 목적'을 뜻하는 단어 앗타(Attha)'가 합쳐진 합성어이다.
62 『위나야』(Vinaya) (Vin.II.253ff.); 『앙굿따라 니까야』(Aṅguttara Nikāya) (A.IV.
　274ff.)

7. 사후(死後)의 마하마야

초기 경전에는 세상을 떠난 이후의 마하마야에 대한 기록은 거의 전무全無하다. 단지 아비담마의 주석가들은 부처님께서 세상을 떠난 어머니 마하마야를 위해 삼십삼천Tāvatimsa으로 올라 가셨고,63 도솔천 Tusita에 태어난 마하마야는64 부처님을 만나기 위해 삼십삼천으로 내려왔다고 기술하고 있다. 삭까Sakka가 머물고 있는 도리천에서 부처님 께서는 마하마야를 비롯해서 그곳에 머물고 있는 천신들에게 아비담 마Abhidhamma를 가르쳤다는 것이다.65 그리고 가르침의 요약을 다시 사 리뿟따Sāriputta 존자에게 매일 전해줬다고 전한다.

이러한 설명들에 대한 사실 여부를 주장하는 것은 큰 의미가 없어 보인다. 왜냐하면 위나야Vinaya, 律와 담마Dhamma, 經의 결집이 이루어진 시기부터 아비담마의 형성은 물론, 경율론 삼장의 주석이 이루어지기 까지는 수백 년이 넘는 시간적 차이가 있기 때문이다. 아비담마 삐따까 Abhidhamma Piṭaka의 합송 시기만 해도 『쭐라왁가Cūlavagga』에 의하면,66 3차

---

63 따와띵사(Tāvatimsa)는 '33천신들에게 속하는 하늘'로 흔히 '33천'으로, 음역해서 도
   리천(忉利天)이라 한다. 수미산의 정상에 위치하고, 삭까(Sakka, 제석천 혹은 인드
   라 Inda/Indra)가 사는 곳이다.
64 『장로게』(Tharagāthā)(Thag. 게송 533f.) 보디삿따를 출산한 지 7일 후, 마하마야
   는 Māyādevaputta라는 이름으로 Tusita 천국에서 남자로 다시 태어났다고 전한다.
   cf. TagA.i, 502.
65 빠알리 주석서들은 붓다가 깨달음을 성취한 후, 7년이 지난 후, 인간세계에서가 아니
   라 천국에서 33천의 천신들에게 아비담마를 가르쳤다고 설명한다. 심지어 붓다가 인
   간의 영역이 아닌 천신 세계에서 아비담마를 가르친 것은 아비담마를 완전히 설하는
   데 처음부터 끝까지 같은 청중에게 단 한 번의 법문 기간으로 설명해야 하기 때문이라
   고 한다. 일부 사람들은 또 아비담마의 완전한 설명에는 3개월이 필요하기 때문에,
   천신이나 범천만이 그것을 끊지 않고 연속적으로 받을 수 있었는데, 그들만이 그렇게
   오랜 시간 동안 한 자세로 있을 수 있기 때문이다라고 말한다.

결집이 이뤄지기 전까지 그 어느 결집에서도 '아비담마'라는 말조차 언급되지 않았음을 알 수 있다. 결국 기원전 3세기경에 이뤄진 제3차 결집에 이르러서야, 아비담마를 포함한 삼장三藏이 형성되게 된다.

『앙굿따라 니까야』Aṅguttara Nikāya의 《까땅뉴 숫따Kataññu-sutta》에서[67] 부처님께서는 부모님에 대한 은혜에 대해 강조하신다. 한쪽 어깨에는 어머니를, 다른 한쪽 어깨에는 아버지를 모시고, 이렇게 하면서 백 년을 산다고 해도 그 은혜를 다 갚지 못하는 분들이 부모라는 것이다. 왜냐면 그분들은 자식을 위해 그보다 더 많은 것을 하셨고, 무엇보다도 그분들은 자식에게 '세상을 안내'해 주었기 때문이라는 것이다. 또한 부모님들로 하여금 '믿음'과 '계행'과 '베품'과 '지혜'를 확립하게 하는 것'이야말로 부모의 은혜를 갚고도 남는 네 가지 방법이라고 설명하신다.[68]

자비심이 많고, 신통력을 갖추신 부처님께서 어머니를 위해 아무것도 하지 않으셨을까? 부처님께서는 이와 같은 은혜의 가르침을 몸소 실천해 보이시지는 않으셨을까? 이러한 생각들은 부처님의 '천상법문의 이야기'가 만들어지게 되었을 것이라는 추론을 가능하게 한다.

부처님께서는 완전한 열반에 드시기 전에, "내가 그대들을 위하여 가르치고 규정해 놓은 것인 '담마Dhamma와 위나야Vinaya'가 내가 떠난 후, 그대들의 스승이니라"[69]라고 유언을 하셨다. 그만큼 경經과 율律을

66 『쭐라왁가』(Cūlavagga) 11장~12장.
67 『앙굿따라 니까야』(Aṅguttara Nikāya)의 《까땅뉴 숫따》(Kataññu-sutta) (A.I.62)
68 《까땅뉴 숫따》(Kataññu-sutta) (A.I.62) : Yo ca kho bhikkhave mātāpitaro ① asāddhe saddhā-sampadāya samādapeti niveseti patiṭṭhāpeti; ② dussīle sīla-sampadāya s. n.. p...; maccharī cāga-sampadāyas.. n.. p...; duppaññe paññā-sampadāyas.. n.. patiṭṭhāpeti. Ettāvatā kho bhikkhave mātāpītunnaṃ katañ ca hoti paṭikatañ ca atikatañ cā ti.

강조한 것이다.

초기 경전의 니까야Nikāya에는 '부처님과 어머니 마하마야와의 사후 만남'에 대한 어떠한 설명도 보이지 않는다. 특히 아비담마Abhidhamma는 '법Dhamma의 이해를 돕기 위해 새롭게 형성된 것'임을 고려해 볼 때, 아비담마 주석서들이 마하마야의 사후를 설명하면서 주석서가 형성되는 시기에 나타날 수 있는 새로운 불전 문학의 한 형태를 보여주고 있는 것은 아닌지 의심할 수도 있다.

IV. 붓다로 인도한 보살, 마하마야

지금까지 초기 빠알리Pāli 경전들을 근거로 마하마야Mahāmāyā의 생애를 고찰하면서 그녀는 누구인지, 정등각자의 어머니로서 어떠한 자질과 덕성들을 갖추었는지 그리고 부처님과의 모자母子관계는 어떻게 형성되었는지를 살펴보았다. 가급적 신화적이거나 상징적인 내용들을 제외하려고 노력했지만, 초기 불교적인 시각에서 보다 더 세밀하게 검토해야 할 부분들이 남아있다고 생각한다. 이글을 마무리하면서 몇 가지 중요한 사항들을 다음과 같이 정리한다.

첫째, 초기 경전의 5부部 니까야Nikāya에 나타나는 마하마야에 대한 기록들은 지극히 제한적임을 알 수 있다. 또한 주석서들이나 비교적 후

---

69 『디가 니까야』(Dīgha Nikāya)《대반열반경》(Mahāparinibbāna-sutta) (D.Ⅱ.154) "Atīta satthukaṃ pāvacanaṃ, n'atthi no satthā" ti. Na kho pan'etaṃ Ānanda evaṃ daṭṭhabbaṃ. Yo vo Ānanda mayā dhammo ca vinayo ca desito paññatto, so vo mam'accayena satthā.

기의 빠알리Pāli 경전들 속에 나타나는 마하마야에 대한 기록들 역시 다소 신화적인 설명이 엿보인다는 것을 완전히 부인할 수는 없다. 그럼에도 불구하고 '마하마야의 자질과 덕성에 대한 내용'은 초기 경전의 니까야Nikāya에서부터 일관되게 강조되고 있음을 알 수 있다.

둘째, 마하마야는 장차 깨달음을 성취할 보디삿따Bodhisatta에 의해 어머니로 선택되어졌다는 점이다. 어머니 마하마야는 청정한 오계를 실천함으로써 어머니로서의 청정한 몸이었고, 깨달음의 진리를 품을 수 있는 정신을 소유했다는 증거이다. 과거 수많은 생을 거듭하면서 완전히 닦은 바라밀들은 '정해진 법칙'(dhammatā)에 의해 선택된 불모佛母로서 자질이며 덕성이었음을 알 수 있다. 그러한 덕성들이 곧 보디삿따를 잉태하는 모태이자, 정등각자로 키워내는 자양분이었을 것이다.

이러한 점에서 마하마야는 부처님의 생모生母로서의 덕성의 상징일 뿐만 아니라, 오늘날 생명을 잉태하는 자의 모범이라 할 것이다. 즉 청정한 계행戒行으로 스스로의 행위를 절제함으로써 생명들의 자연스러운 질서를 태동시키고, 바라밀을 실천함으로써 자신과 타인, 모두를 품는 덕성을 성장시키며, 마침내 진리의 눈을 뜨게 하는 '위대한 어머니'의 표상인 것이다.

셋째, 마하마야가 보디삿따를 잉태할 때 '하얀 코끼리를 품 안에 품었다'라는 꿈의 이야기는 다분히 신화적이기는 하지만, '위대한 영웅을 잉태했다는 의미를 함축한다'는 것이다.《알라갓두빠마 숫따Alagaddūpama-sutta》에 의하면, 모든 생명의 발자국은 크기에 있어 코끼리 발자국 속에 모두 들어가는 것처럼, 어떤 유익한 법法이든지 간에 그것은 '사성제의

진리' 속에 모두 들어간다.[70] 이러한 비유의 설명은 사성제 가르침의 포
괄성을 잘 나타내고 있다. 또한 마하마야의 몸 안으로 흰 코끼리가 달
려드는 꿈의 이야기는 곧 네 가지 성스러운 진리가 세상을 향해 펼쳐지
는 것을 상징한다고 볼 수 있다.

넷째, 싯닷타 왕자가 세상을 버리고 출가해서 깨달음을 성취하고자
하는 갈망은 과연 어디에서 온 것일까? 그것에는 아마도 어머니 마하마
야의 태생적 영향이 아주 컸음을 보여주는 것이리라. 장차 깨달음을 성
취하게 될 사람과 그에 비준한 자질을 가진 어머니, 즉 성자를 잉태할
덕성은 갖춘 어머니를 생각해 보자. 또한 아시따Asita 선인과 같은 정신
적인 지도자를 가까이 모셨다는 점도 간과하지 말아야 할 부분이다.

이것은 니까야Nikāya의 분명한 근거를 가진 사실이다. 아시따 선인
은 숫도다나 왕의 선대로부터 왕과 왕비들을 가르쳤기 때문에 그의 영
향은 참으로 컸을 것이다. 그 가르침의 영향은 다시 싯닷타 태자에게도
크게 미쳤을 것이 분명하다. 이런 접근은 오히려 붓다의 가르침에 근거
한 니까야Nikāya적인 시선으로 마하마야를 바라보게 하는 것이라 할 수
있다.

다섯째, 40대 후반의 여성으로서 인생의 만년에 자식을 잉태한 마
하마야를 생각해 보자. 아주 오랫동안 자식을 얻지 못한 마하마야가 싯

---

70 『맛지마 니까야』(Majjhima Nikāya) 《알라갓두빠마 숫따》(Alagaddūpama-sutta)
(M.I.184): Seyyathā pi āvuso yāni kānici jaṅgamānaṃ pāṇānaṃ padajātāni
sabbāni tāni hatthipade samodhānaṃ gacchanti, hatthipadaṃ tesaṃ
aggam-akkhāyati yadidaṃ mahantattena, evameva kho āvuso ye keci kusalā
dhammā sabbe te catusu ariyasaccesu saṅgahaṃ gacchanti.

닷타 왕자를 얻기까지 얼마나 많은 간절한 발원과 공덕을 쌓았을까! 생 남생득을 위해 마하마야의 인간적 고뇌는 어떠했을까! 숫도다나 왕의 수석 왕비로서의 신성한 의무를 다한 마하마야! 그런 마하마야가 생을 마감함에 있어서 어떠한 미련이나 애착이 있었을까? 초기 경전의 그 어 떤 기록에서도 숫도다나 왕이나 싯닷타 왕자가 마하마야를 그리워하 거나 애착하는 그 어떤 내용도 찾아볼 수가 없다는 것에 우리는 한 번쯤 주목해 보아야 할 것이다.

이미 살펴본 바와 같이, 어머니 마하마야의 성향은 애욕이나 집착 보다는 애욕이 없는 올바른 계행을 실천하는 것이며, 단지 바라밀의 덕 성들을 갖춘 불모佛母로서의 모습이다. 세상의 보통 어머니가 아닌, '보 디삿따가 깨달음의 길로 나아가는데 최적화된 어머니', '마하마야·보 디삿따Mahāmāyā-boddhisatta의 모습'으로 그려지고 있다.

이처럼 초기 불교의 니까야Nikāya는 자식을 사랑하는 어머니로서 자 신을 희생하면서 자식을 잘 키우는 세간적인 어머니로서 마하마야를 찬양하고 있지는 않다. 오히려 덕성을 갖춘 여성이자, 바라밀Pāramitā을 발전시켜가고 있는 수행자 보디삿따로서의 마하마야 모습을 그리고 있다. 마하마야의 이러한 덕성에 힘입어 싯닷타 왕자는 왕권확장이나 전쟁 승리 대신에 정신적 완성자가 되어 세상을 지혜롭게 만든 것이리 라. 그렇기 때문에 우리는 여기서 이렇게 자기 자신에게 되묻지 않을 수 없다.

"나는 지금 '완성으로 나아가고 있는 행로'(Pāramitā)에 있는가?
그리고 그 행로(行路) 중, 나의 미션(Mission)은 무엇인가?"

<약어표>

PTS = 영국의 빠알리 성전협회에서 출판된 것을 뜻함

A.=Aṅguttara Nikāya, 5 vols. (PTS)『앙굿따라 니까야』(Aṅguttara Nikāya)

AA.=Manorathapūraṇī, Aṅguttara Commentary, 2 vols. (S.H.B.).

Ap.=Apadāna, 2 vols. (PTS)

Bu.=Buddhavaṃsa (PTS)

Cyp.=Cariyāpiṭaka (PTS)

D.=Digha Nikāya, 3 vols. (PTS)『디가 니까야 』(Dīgha Nikāya)

DhA.=Dhammapadaṭṭhakathā, 5 vols. (PTS)

Itv.=Itivuttaka (PTS)

J.=Jātaka, ed. Fausboll, 5 vols.『자따까』(Jātaka),『본생담』

JA.=Jātaka-aṭṭhakāthā《本生經注》

Kh.=Kuddaka Nikāya, 15 vols. (PTS)『쿳다까 니까야 』(Kuddaka Nikāya)

Kvu.=Kathāvatthu (PTS)

M.=Majjhima Nikāya, 3 vols. (PTS)『맛지마 니까야 』(Majjhima Nikāya)

Mhv.=Mahāvaṃsa, ed. Geiger (PTS)

S.=Samyutta Nikāya, 5 vols. (PTS)『상윳따 니까야 』(Saṃyutta Nikāya)

Snp.=Sutta Nipāta (PTS)

Sp.=Samantapāsādikā, 4 vols. (PTB)

Thag.=Theragāthā (PTS)『장로게』(Tharagāthā)

Thig.=Therigāthā (PTS)『장로니게』(Tharīgāthā)

Vin.=Vinaya Piṭaka, 5 vols., ed. Oldenberg『위나야』(Vinaya)

대승경전이 들려주는 마야왕비 이야기

이미령*

I. 붓다의 어머니를 말한다는 것

붓다에게는 어머니가 두 분 계신다. 낳아 주신 어머니와 길러주신 어머니다. 낳아 주신 어머니인 마야왕비는 알다시피 출산 후 이레 만에 세상을 떠났고, 그 이후 마하파자파티가 그 빈자리를 채웠다. 붓다의 일대기(佛傳)에서는 마하파자파티를 이모姨母라고 부른다. 그렇다면 마야왕비와 마하파자파티는 자매지간이라는 말이 된다.

붓다의 어머니를 이야기하려면 먼저 생각을 정리해야 한다. 사실 세상 모든 존재는 어머니가 있어서 삶을 시작한다. 그런 점에서 붓다에게도 어머니가 존재한다는 것은 두말하면 잔소리다. 하지만 먼저 짚어보아야 할 사항은 마야왕비가 낳은 이는 룸비니에서 태어난 싯다르타인가, 보리수 아래에서 나타난 붓다인가 하는 점이다. 붓다는 한 나라

* 불교칼럼리스트, 불교교양대학 강사

의 태자인 싯다르타가 29세에 출가하여 여러 구도자들을 찾아다니고
고행하다가, 기존의 수행방식을 버리고 독자적인 방식으로 깨달음을
얻어 이 세상에 출현한 존재이기 때문이다. 사람들이 흔히 말하는 '부
처님'은 여느 사람들과 같은 육신의 존재라기보다는 진리에 눈을 떠서
스스로 깨어난, 자내증自內證의 존재이다. 단적으로 말해서 한 여성이
열 달 동안 잉태했다가 출산의 고통을 겪어가며 세상에 내어놓은 '인간'
으로 치부되기를 거부하는 존재라는 말이다.

『별역잡아함경』에는 붓다의 맑고 깨끗하게 빛나는 모습을 본 한 남
자가 감탄하면서 묻는다. "당신은 신이 되신 것입니까? 아니면 인간을
넘어선 어떤 존재가 되신 것입니까? 그것도 아니라면 아주 특별한 인간
이 되신 것입니까?"

이에 대해 붓다는 그렇지 않다고 잘라 말한다. 하늘의 신도 아니요,
어떤 초월적인 존재도 아니요, 그렇다고 특별한 인간도 아니라는 것이
다. 그렇다면 이 분을 무엇이라 불러야 옳을까? 붓다는 자신의 입으로
말한다. "나는 마음을 잘 다스리고 번뇌를 완전히 끊어서 나고 죽음을
끝내버렸기에 부처라 한다."

더 이상 인간 세상의 차원에서 중생의 부류에 넣어지길 거부하는
붓다에게, 그렇다면 그분을 낳아 주고 모성으로 길러준 어머니라는 존
재는 어떤 의미가 있을까? 과연 그런 붓다에게 어머니 운운한다는 것이
타당한지는 사실 좀 따져볼 일이다.

현실적으로도, 생모는 출산한 지 이레 만에 세상을 떠났고, 양모는
훗날 자신이 그토록 정성을 다해서 길렀던 아들의 제자가 되어 최초의
여성 출가 수행자로 불교 역사에 기록을 남기고 있다. 그런 점에서 두
분의 어머니는 사실 붓다의 삶에서 그리 커다란 자취를 남기고 있지 않

다. 두 분의 어머니가 석가모니 붓다(싯다르타)에게 인간적으로 깊은 감화를 안겨주었다거나 진한 모성으로 마지막까지 붓다를 대했다거나 하는 내용을 만나기란 거의 어렵기 때문이다.

그렇다면, 지금 붓다의 어머니를 말한다는 것은 의미가 없는 일일까?

그렇지 않다. 뜻밖에도 불교 경전 곳곳에는 붓다의 어머니가 등장하고 있다. 생모인 마야왕비도, 양모인 마하파자파티도. 특히 마야왕비의 경우, 붓다의 일대기를 기록하고 있는 불전에서는 그 존재감이 꽤 묵직하다. 오래전, 석가모니가 깨달음을 이루어 붓다가 되고 싶다고 발원한 이래, 붓다가 되기까지 헤아릴 수 없이 많은 윤회를 거듭해왔는데, 그 세세생생에 마야왕비는 그의 어머니였다는 것이다.

그렇다면 마야왕비가 보통의 여인일 수는 없다. 그녀 역시 오래전부터 부처의 어머니가 되겠다고 다짐(발원)을 한, 또 한 사람의 구도자이다. 마야왕비가 룸비니동산에서 숫도다나왕의 아들(싯다르타)을 낳은 이야기는 다른 글에서 다루어질 것이므로, 이 글에서는 마야왕비가 중요한 인물로 나오는『지장보살본원경』(지장경),『마하마야경』그리고『대방광불화엄경』속의「입법계품」을 중심으로 마야왕비가 어떤 모습으로 그려지는지 하나씩 살펴보겠다.

II. 마야왕비를 말하는 대승경전 세 가지

1. 지옥의 괴로움을 묻는『지장경』

『지장경』은 지장보살이 전생에 세운 바람(本願)이라는 뜻의『지장보살본원경』, 지장보살이 전생에 실천한 행(本行)이라는 뜻의『지장보살본행경』, 지장보살이 전생에 세운 굳은 바람의 힘이라는 뜻의『지장보살본서원력경』이라는 이름으로도 불리고 있다. 보통은 이 경의 주인공 이름만을 따서『지장경』이라 줄여 부르고 있다.

『지장경』은 악업의 과보로 지옥에 떨어져 고생하는 중생을 못내 안타까워하여 그들을 구제하겠노라고 맹세한 지장보살에 관한 경으로, 석가모니불이 어머니 마야왕비에게 법을 설하기 위해 도리천에 올라갔을 때 설한 내용을 담고 있다. 경의 내용을 보자면, 수많은 대중이 모여들자 지혜를 상징하는 문수사리보살이 붓다에게 지장보살마하살에 대해서 들려달라고 요청한다. 붓다는 그의 청을 받아서 지장보살의 전생담을 들려주면서 이 경은 시작한다. "지장보살은 전생에 바라문 가문의 딸로 태어났는데, 돌아가신 어머니가 어느 곳에 났는지 걱정이 되어 견딜 수가 없었다. 그래서 당시 붓다인 각화정자재왕여래에게 어머니 계신 곳을 알려달라고 간절히 청하였다." 여래는 '집으로 돌아간 즉시 단정하게 앉아 나의 명호를 생각하면 곧 그대의 어머니가 난 곳을 알게 될 것이다'라고 일러줬다. 여래가 일러준 대로 한 바라문의 딸은 순식간에 지옥 세계에 이르렀고, 그곳에서 악업을 지은 과보로 고통을 받고 있는 중생들을 보고 전율했다.

걱정이 된 나머지 지옥을 지키는 이에게 어머니 소재를 물었는데 '효성스런 딸 덕분에 어머니는 천상에 났으며, 어머니가 천상에 올라가던 날 이 무간지옥에 있던 죄인들도 모두 함께 천상에 태어나 즐거움을 누리고 있다'는 대답을 들었다. 바라문의 딸은 이 기쁜 소식을 듣고 집으로 돌아와 여래의 탑에 나아가 커다란 서원을 세웠다. "저는 미래겁이 다하도록 죄 악업으로 고통받는 중생들이 있으면 널리 방편을 베풀어서 그들을 구제하겠습니다."

이 바라문의 딸이 바로 훗날 지장보살이 되었다는 것이다. 그런데 붓다의 법문에 이어서 그 자리에 모여 있던 수많은 이들이 서로 묻고 대답하는 가운데 마야왕비 역시 지극한 마음으로 합장하고서 지장보살에게 선악업에 따른 과보에 대해 질문을 한다. 또한 지독하게 고통스런 무간지옥에 떨어지는 이유와 무간지옥에서 벌어지는 형벌에 대해서 질문을 하는데, 그 지독한 고통에 대한 지장보살의 대답을 듣고 마야왕비는 근심과 슬픔에 잠긴 채 돌아간다.

『지장경』의 주인공은 지장보살이요, 악업에 따른 지옥의 고통을 주로 이야기하고 있는 경이어서 사실 마야왕비의 존재감은 그리 크지 않다. 게다가 마야왕비는 석가모니불이 아닌, 지장보살에게 지옥의 고통이 얼마나 지독한가를 묻고 있다. 왜 무간지옥이라 불리는지에 대해서 지장보살에게서 직접 듣고 깊은 근심에 사로잡혔다는, 매우 인간적인 모습의 마야왕비를 이 경에서 만날 수 있다.

『지장경』을 읽으면서 몇 가지 궁금증이 일어난다. 지옥에 떨어졌을지도 모를 어머니 이야기를 왜 지옥과 정반대 세상인 천상에서 들려주는 걸까? 더구나 붓다가 자신을 낳고 이레 만에 사별한 어머니를 찾아 올라온 천상에서 법을 들려주는 자리에서 말이다. 게다가 마야왕비와는 상관이 없는 지장보살의 전생 이야기가 아닌가?

이 경이 담고 있는 메시지를 짐작하자면, 인간 세상은 즐거움도 있고 괴로움도 있다. 그런데 즐거움은 지속되지 않는다. 내 마음대로 즐거움이 와주지도 않는다. 마냥 행복할 때조차도 인간은 온전히 그 즐거움에 젖어 있기보다는 자신이 현재 누리고 있는 즐거움을 지속시킬 방법을 찾는다. 즐거움은 영원하지 않고, 속절없이 사라져 버릴 것을 자신도 모르는 사이에 인지하고 있기 때문이리라. 불교에서는 이처럼 영원하지 않고 내 마음대로 되어주지 못하는 '즐거움'을 그 또한 '괴로움'이라 규정한다. 즐거움조차도 괴로움이라는 사실! 결국 사람 사는 이 세상은 괴로움만이 가득한 고해苦海라 하지 않을 수 없다.

그런데 아무리 고해라 하지만 괴로움에 잠겨서 무릎을 꿇지는 않는다. 저마다 괴로움을 벗어나려 발버둥 치게 마련이다. 몸부림을 치는 것이 생명체의 속성이다. 그런데 저마다 발버둥 치면서 자기 이익에 급급해 다른 이는 뒷전이 된다. 다른 이의 행복보다 자신의 안락이 우선인 것은 인지상정이나 그러느라 다른 이를 괴롭고 힘들게 하고, 끝내 그 괴로움은 자신에게 되돌아오는 것이 우리 사는 세상의 실태다. 괴로움을 벗어나려다 오히려 괴로움을 불러들이는 것, 이 끝없는 괴로움의 연속이 '지옥'이 아니고 무엇일까?

『지장경』에서 마야왕비는 괴로움이 극대화된 공간에 관해서 지장보살에게 묻고 있다. 피해야 할 지옥의 실체를 낱낱이 밝혀 천상인 도리천의 법회에 참여한 대중에게 악업을 멈추고 선업을 짓도록 간접적으로 권하고 있는 것이다. 게다가 세상의 모든 어머니들은 자식과 남편을 위해 악업도 불사하고 지옥에라도 가겠다는 다짐으로 살아가는 존재가 아니던가? 그 장한 모성을 한 번쯤 되돌아보게 하는 것, 이것이 도리천에서의 지옥에 관한 법문인『지장경』에 담긴 메시지라 할 수 있다.

2. 슬픔으로 가득 찬『마하마야경』

『마하마야경』은 제목에서도 알 수 있듯이 '위대한 마야'(마하마야)가 중심이 되는 경이다.『지장경』에서와 같이 도리천의 신으로 태어난 어머니 마야왕비에게 법문을 들려주기 위해 붓다가 도리천에 올라갔을 때 이야기가 주를 이룬다. 이 경은『불승도리천위모설법경佛昇忉利天 爲母說法經』이라는 다른 이름으로도 불리는데, 붓다가 도리천에 올라가 어머니를 위해 법문을 설한다는 뜻이다. 경의 내용은 다음과 같다.

1) 붓다, 어머니를 초대하다

붓다 말년의 일이다. 언제나 그렇듯이 안거安居 석 달은 한곳에 머물 며 지내는데, 이번에는 도리천에서 안거를 지내기로 붓다는 마음을 먹 었다. 도리천은 제석천이 다스리는 삼십삼천의 다른 이름이기도 하다. 도리천에는 즐거움이 가득 찬 정원인 환희원이 있는데, 그곳에 있는 나 무 아래에서 안거를 시작한 붓다는 문수사리보살에게 일렀다. "그대는 어머니 계신 곳으로 가서 내가 지금 여기에 있다고 말씀드리시오. 지난 은혜를 갚으려 법을 설하고자 하니 잠시 이곳으로 오시라고 청하시오."
문수사리보살이 마하마야에게 가서 이 말을 전하자 마하마야의 젖 이 절로 불어서 흘러내렸다. "만약 내가 낳은 싯다르타가 틀림없다면 지금 당장 이 젖을 먹여야겠다"라고 말하는 순간 두 젖꼭지에서 흰 젖 이 하얀 연꽃처럼 흘러나와서 곧바로 저 여래의 입안으로 흘러 들어갔 다. 마하마야는 이 광경을 보고 온몸에 정갈한 기쁨이 넘쳐흘렀다. 온 세상이 진동을 일으켰고 온갖 아름다운 꽃이 피어나고 열매가 탐스럽 게 여물었다. 마하마야가 환희원으로 나아가니 붓다는 기쁘고 경건한 마음으로 자리에서 일어나 맞이하며 말하였다. "그간 괴로움과 즐거움 을 겪으며 지내셨을 텐데 이제는 열반을 닦으셔서 영원히 괴롭고 즐거 움을 떠나십시오."
붓다의 이 말을 들은 마하마야가 일심으로 사유하고 오체투지한 뒤 생각을 모으고 정념正念하니 모든 얽힌 번뇌들이 일시에 다 사라졌다. 그리고 곧 게송으로 붓다를 찬탄하는 가운데 이런 바람을 내비쳤다. "지금 세존의 복전에서 공덕의 싹을 키우고 싶습니다. 그러니 부디 자비를 베풀어서 신속히 깊은 경지를 이루도록 해주십시오."

이 대목은 눈여겨볼 만하다. 왜냐하면 그리운 아들을 찾아 환희원으로 나온 마하마야가 붓다를 마주 대하자 깨달음을 향해 발심을 하기 때문이다. 그전까지는 전생의 도타운 인연으로 세세생생 붓다의 어머니가 되었음을 자랑으로 여기며 살아왔지만 바로 이 순간부터 수행자로 거듭난 것이다. 그런 마하마야에게 붓다는 진리를 펼쳤다.

또 붓다의 신통력으로 마하마야는 자신의 지난 세상(宿命)을 알게 되었고, 선한 뿌리가 무르익어 세세생생의 번뇌를 부수고 성자의 첫 번째 단계(수다원과)에 들어갔다. 마하마야는 그 즉시 자리에서 일어나 합장하고 붓다에게 고하였다. "제가 지금 저 생사의 감옥을 이미 부수고 해탈했습니다."

그런데 이때 그 자리에 있던 대중들도 한목소리로 말하였다. "지금 이 마하마야께서 얻으신 것처럼 모든 중생들도 해탈을 얻도록 해 주십시오."

2) 마하마야, 마음에게 말을 걸다

마하마야로 인해 대중이 붓다에게 가르침을 청하게 되었다. 이제 대중을 대표하는 수행자가 되었다고 해도 좋을 마하마야는 스스로를 돌아보면서 자기 마음을 무섭게 꾸짖기 시작했다.[1]

---

1 경전의 해당 구절이 너무나 길고 내용이 자세하여 다 싣기에 무리가 있어서 많이 줄이고

"마음이여! 너는 무엇 때문에 늘 이롭지 않은 일을 하게 해서 나로 하여금 저 사바세계에서 조금도 편안히 머물지 못하게 하는가? 그리고 저 어지러운 생각에 끌려서 잠시도 멈추지 못하며, 생각하는 것이라곤 선하거나 복스럽지 못한 것들뿐인가? 무엇 때문에 나를 미혹하게 하여 저곳에 태어나게 하는가?

너는 나를 전륜성왕이 되게 하여 사천하를 다스리고 칠보를 모두 갖추게 하였고, 잠깐 사이에 다시 나를 두꺼비가 되게 하였고, 또 다시 잠깐 사이에 나를 가난하고 천한 사람이 되게 하여 옷과 음식을 구걸하느라 온 세상을 치달리게 하였고, 또 잠깐 사이에 나를 대부호 장자가 되게 하여 거금의 재물을 쌓고 그 이름을 세상에 널리 알리게 하더니, 또 잠깐 사이에 나를 하늘의 궁전에 살면서 음식과 감로를 마음껏 누리게 하고, 또 잠깐 사이에 나를 지옥으로 내몰아 녹인 구리를 먹고 뜨거운 쇳덩이를 삼키게 하였다. 과거에 일찍이 소의 몸으로 살았던 시절, 그 가죽을 쌓으면 수미산처럼 높을 만큼 소로 태어나기도 했지만 여전히 생사에 머물러서 벗어날 수 없게 하였다. 또 잠깐 사이에 다시 헤아릴 수 없이 많은 이름을 얻게 하였으니, 어느 생에는 대가大家라 불렸고, 하인이라고도 불렸고, 전륜성왕이라고도, 제왕이라고도 불렸고, 하늘의 신, 용, 야차, 건달바, 아수라, 가루라, 긴나라, 마후라가, 인비인이라 불리기도 하고 혹은 축생이라 불리기도 하고, 아귀, 지옥이라 불리기도 하였으니 중생이 불릴 수 있는 모든 이름으로 다 불리게 하였다.

너, 어리석은 마음이여! 너로 하여 일찍이 세상 욕망을 다 갖추고, 금은과 온갖 진귀한 보배와 처자와 노비와 코끼리며 말과 수레와 집

문장을 많이 고쳤음을 밝힌다. 이 뒷부분에 나오는 모든 경전 내용 역시 손질을 많이 했음을 밝히며 독자의 양해를 구한다.

과 논밭이며, 내 권속이었던 사람들이며 마을까지 다 누리며 살아봤지만, 모두가 흩어졌고 끝내는 덧없음으로 나아갔을 뿐이었다. 잠깐 동안이나마 내 것이었으나 모두 사라지고 말았으니, 여인숙에 잠시 머물 뿐 주인처럼 머물지 못하는 나그네와 다르지 않았다.

위로는 하늘에 이르러 다섯 가지 욕망을 마음대로 누렸으나 복이 다하여 임종할 즈음에 다섯 가지 상(相)이 나타날 때면 배회하고 돌아보고 아쉬워하며 마음에 근심과 괴로움을 품었고, 인간 세상에 태어나도 가난하고 하천한 사람이 되어 남의 부림을 받았으며, 왕위에 머물렀다 해도 서로 토벌하고 징벌하는 전쟁을 멈추지 않았으니 군신지간이나 부자지간이나 앞다투어 다 함께 전멸의 길로 나아갔다. 아래로 지옥에 이르러서는 찢겨 죽임을 당하거나 온몸이 베이거나 불에 태워지거나 구워졌는데, 축생에 나서는 또다시 가죽과 살과 근육과 힘줄을 서로 물어뜯고 해침을 당하니 전생의 빚을 갚는 길이고 자신이 지은 업에 따른 길이어서 거기에서 자유롭지 못하였다. 아귀에 태어나서는 목마름과 굶주림에 시달려 동분서주 치어달리지만 보이는 것이라고는 그저 불덩이와 뜨겁게 달아오른 쇠고리일 뿐, 그것만이 그 뒤를 오래도록 따라다녔다. 다섯 갈래에서 나고 죽는 데에는 이와 같은 갖가지 괴로움이 헤아릴 수 없었다.

너 어리석은 마음이여! 아주 오래전부터 너는 나를 이리저리 온갖 곳으로 끌고 다녔고 나는 너를 따라서 한 번도 거스르지 않았다. 그런 내가 오늘에 이르러 부처님 법을 듣고자 하니 다시는 나를 어지럽히지 말 것이요 걸림돌이 되지 말라. 또한 나로 하여금 온갖 괴로움을 싫어하여 떠나서 재빨리 열반을 구하여 안락함을 얻게 하라."

자신을 번민하고 힘들게 만든 장본인이 마음임을 밝히며 언제까지 마음에 휘둘리며 함부로 살아가겠는가 하는 통렬한 반성과 함께 다시는 마음에 휘둘리지 않겠다는 굳은 맹세를 노래하고 있다. 그리고 마하마야는 미래 세상에 깨달음을 이룰 수 있도록 붓다에게 다시 한번 가르침을 청하였다. "세존이시여, 부디 저 미래 세상에서 제가 정각을 이루어 근심과 슬픔의 뿌리를 뽑아버릴 수 있도록 해주십시오."

『마하마야경』의 시작이 아들인 붓다를 향한 지극한 모성이었다면, 이제는 한 존재의 어머니에서 멈추지 않고 성불을 하겠노라 다짐하는 수행자로 마야왕비가 거듭나는 대목이다.

3) 덧없음을 노래하는 마하마야

도리천의 신인 마하마야는 이제 수행자로 살기로 마음을 냈다. 그런데 자신의 괴로움을 끝내는 것에서 멈추지 않고 장차 부처가 되겠노라는 맹세를 하였다. 흥미로운 건, 붓다에게 가르침을 청하는 자신과 달리 세상의 모든 생명이 여전히 진리의 길에 들어설 생각을 하지 않고 욕망과 어리석음에 젖어서 살아가고 있는 현실을 안타까워하고 있다는 점이다. 그런 안타까움을 담아서 마하마야는 세상의 덧없음(無常)을 이렇게 들려준다.

"도둑이 부잣집 창고에 진귀한 보물이 가득 들어있는 것을 보고는 온갖 흉기를 들고 와서 창고를 털려고 덤벼드는 것처럼, 덧없음은 중생을 낚아챌 기회만을 노리는 귀신과 같고, 온갖 병은 날카로운 칼날이 되어 중생의 목숨을 끊어버리려고 그 틈만 엿보고 있다. 열 가지 선업을 닦아야만 사람의 몸을 얻을 수 있지만, 설령 사람의 몸으로 태어났다고 해도 바라는 대로 오래 살 수는 없는 법이라 또다시 덧없음의 도적에게 시달릴 테니 잘 생각해서 인간의 몸에서도 벗어나야 할 텐데 지금 사람들을 보라. 이토록 게으름을 피우고 있지 않은가.

이 한 생은 번개처럼 짧기만 한데 그 짧은 순간에도 교만한 마음이 일어나는구나. 더러는 '나는 나라의 임금으로서 천하를 다스린다'라고 하고, 더러는 '나는 관료로서 나라 일을 하는 몸이다. 세상일은 모두 내 손에 달렸다'고 하고, 더러는 '나는 부유한 재력가이다. 바라는 건 뭣이든 다 이룬다'라고 하고, 더러는 '나는 바라문으로서 귀한 혈통 출신이고 총명하며 조상 대대로 왕가의 스승이었다'라고 한다. 이 모든 이들은 이 세상에 있을 때에는 온갖 쾌락을 맘껏 누리면서 근심 걱정을 모르고 지냈다.

하지만 일단 죽음이 닥치면 그때야 깊은 회한에 사로잡힌다. 한창 세력 좋을 때에는 서로 어울리며 희희낙락 방탕하게 놀면서 아주 작은 선한 일도 하지 않는다. 그러다 느닷없이 무상함(죽음)이 닥쳐서 뿔뿔이 윤회 길로 흩어져 버리고 천만 억겁 세월이 흘러도 서로 만나기 어려우니, 이처럼 나고 죽음은 덧없기가 저 건달바의 성2과 같다. 그러니 진리의 형제자매들이여, 그대들은 지금 부지런히 계행을 닦아야 할 것이다. 마침 이처럼 훌륭한 스승을 만나 법의 횃불이 환히 길을 밝혀주고 옷과 양식에 부족함이 없게 해주니 지금 저 안락한 곳으로 가고 싶다면 서둘러 물어보아라. 스승께서 바른 길을 가르쳐 줄 것이다.

그런데 이처럼 훌륭한 길 안내자를 만났음에도 귀의하지 않고 따르지 않는다면 그런 사람의 마음은 무척 완강하니, 마음이 그와 같은 자는 틀림없이 무거운 악업을 지어서 생사고해를 헤매며 커다란 두

2 건달바는 인도 신화에 등장하는 신의 한 부류로 천상의 악기를 연주하고 향을 즐기는 존재다. 건달바의 성(城)은, 실재하지 않는 허망한 것의 비유로 자주 쓰인다.

려움에 사로잡히고 말 것이다. 내가 지금 그대들에게 말하노니, 오
래도록 수행하여 해탈의 경지를 구하도록 하라."

스스로 먼저 눈을 뜨고, 아직 눈뜨지 못한 중생을 간절하고도 준엄
하게 일깨우는 사자후라 하지 않을 수 없다. 이렇게 마하마야는 대중에
게 덧없음을 상기시키며 수행에 나설 것을 촉구한 뒤 다시 붓다에게 말
한다. "세존이시여, 모든 중생이 생사의 괴로움에 빠져 있기 때문에 저
해탈의 이치를 알 도리가 없습니다."

이에 붓다는 마하마야를 비롯한 대중에게 괴로움의 근본을 끊어버
릴 것을 강력하게 권하면서 붓다의 반열반이 임박했음을 알렸다. 진리
를 들려줄 스승이 영원히 머물지 않는다는 사실에 대중은 덧없음의 힘
을 절감하며 하염없이 아쉬워하는 가운데 석 달에 걸쳐 도리천에서의
붓다 법문은 이어졌고, 그 후 마하마야와 작별인사를 나누면서 붓다가
말했다. "만나면 헤어지게 마련입니다. 지금 저는 염부제로 돌아가려
합니다. 얼마 있지 않아서 완전한 열반에 들어야 합니다."

이 말을 들은 마하마야는 눈물을 흘리며 조금 더 머물러 줄 것을 간
청하고, 이에 붓다는 낳아 준 은혜에 보답하고픈 마음과 함께 모든 중
생을 가엾게 여겨 주문으로 갖가지 괴로움에서 벗어날 수 있는 방법을
일러준다. 도리천의 법회에 모여든 모든 존재가 붓다에게서 귀한 법문
을 듣게 되었으니 붓다와 그 어머니의 아름다운 인연이 빚어낸 값진 열
매라 할 수 있다. 마침내 붓다는 어머니와 작별한 뒤 보석계단을 밟고
인간 세상으로 내려온다.

4) 붓다의 최후와 어머니의 슬픔

지상에 내려온 붓다는 사람들과 신들에게 미묘한 가르침을 베푼 뒤 시골 마을을 유행하면서 천천히 앞으로 나아갔다. 이후 비야리성(바이샬리)에 이르자 앞으로 석 달 후에 열반에 들 것[3]을 예고하였다. 그리고 열반에 들었는데 그 이후의 일은 초기 경전인 『디가 니까야』에 들어 있는 「마하빠리닙바나 숫따」(대반열반경)의 내용과 아주 비슷하다.

한편, 마하마야는 하늘에서 사는 것이 즐겁지 않았다. 다섯 가지 쇠락의 징후가 보였기 때문인데, 머리에 쓴 꽃이 시드는 것, 겨드랑이에서 땀이 나오는 것, 정수리 광명이 사라지는 것, 두 눈이 자주 깜박거리는 것, 천신의 자리가 즐겁지 않은 것이다.

뿐만 아니라 그날 밤에 다섯 가지 악몽을 꾸었는데, 첫 번째 꿈은 수미산이 무너지고 사방의 바닷물이 말라 버렸다. 이 꿈은 세상 사람들의 정신적 의지처인 붓다의 최후를 암시하고 있다. 두 번째 꿈은 여러 나찰들이 손에 날카로운 칼을 들고 앞다투어 중생의 눈알을 뽑아냈는데 때마침 검은 바람이 불어오자 모든 나찰들이 서둘러 히말라야산으로 돌아갔다. 눈이 없으면 볼 수가 없다. 붓다는 중생에게 지혜의 눈 역할을 하였는데, 바로 그 눈이 사라진다는 것을 암시하고 있다.

세 번째 꿈은 여러 하늘의 신들이 갑자기 머리에 쓰고 있던 보석관을 잃어버렸고, 제 손으로 보석 장식을 끊어버렸으며, 앉아있던 자리가 편안하지 못하였고, 몸은 빛을 잃어 먹물덩어리와 같아졌다. 이는 즐거움이 한없이 펼쳐지는 하늘에 사는 신들조차 덧없음을 절감하며, 신들

---

3 열반이란 깨달음의 경지다. 이런 열반의 경지에 든 존재가 현재 몸으로 살아가다가 수명이 다하여 죽음에 이르면, 더 이상 다른 생을 받지 않는 완전한 열반에 든다고 하여 반열반(般涅槃)이라고 부른다.

의 해탈을 도와줄 스승이 영원히 사라진다는 암시이다.

　네 번째 꿈은 여의주가 아주 높은 깃대 위에 매달린 채 온갖 진귀한 물건들을 사방에 흩뿌려서 모든 것이 넉넉함에도 불구하고 네 마리 독룡이 입에서 불을 내뿜어 깃대를 불어서 넘어뜨리고 그 여의주를 삼켜버렸으며 거센 바람이 세차게 불어와서 깊은 못에 빠뜨려 버렸다. 이는 진리의 스승이 없으면 또다시 인류는 욕망에 이끌려 살아가다가 죽음의 거센 바람에 윤회를 반복하게 될 것을 암시하고 있다.

　다섯 번째 꿈은 사자 다섯 마리가 공중에서 내려와 마하마야의 젖을 물고 그 왼쪽 갈비뼈 속으로 들어가 버렸는데 칼로 베이는 것처럼 몸이 아팠다. 애초 싯다르타를 잉태할 때의 꿈과는 정반대여서 성스러운 탄생이 아닌, 스승의 최후를 암시하는 꿈이다.

　그 즐겁기 그지없는 도리천에서 마하마야는 악몽을 꾸고 놀라서 깨어난다. 그리고 불현듯 '나의 아들 석가여래가 반열반에 드는 악한 징조일 것'이라는 예감에 불안해진다.

　아니나 다를까, 붓다의 제자인 존자 아나율이 도리천으로 올라와서 마하마야에게 여래의 반열반을 알렸는데, 이때는 이미 석가모니불의 유체遺體를 관에 넣은 뒤였다. 설마 했던 슬픈 소식을 직접 들은 마하마야는 정신을 잃고 쓰러졌다가 한참 만에 깨어나서는 구슬프게 울면서 말하였다.

"세상의 눈이 사라졌구나. 인간과 하늘의 복이 다 끝났구나. 전에 나는 숫도다나왕의 궁전에서 부처님을 낳은 지 이레 만에 세상을 떠나고 말았다. 그래서 손수 안아서 키우며 모자간의 정을 펼쳐 보지도 못한 채 마하파자파티에게 맡겨졌다. 이모의 젖을 먹으며 부처님은 자랐던 것이다. 그러다 자라서 출가하여 성도한 뒤에는 자애로운 아버지처럼 모든 이들을 감싸서 보호해 주었다. 그런데 어찌 이처럼 하루아침에 열반에 들고 만단 말인가? 저 흉악하기 짝이 없는 무상의 도적이 나의 정각(正覺)의 아들을 해치고 말았구나."

마하마야는 서럽게 울면서 하늘의 여인들을 거느리고 악기를 연주하며 향을 사르고 꽃을 뿌리며 공중에서 내려와 두 그루 사라나무가 있는 곳을 찾아갔다. 두 그루 사라나무 숲에 이르러서 멀리서 붓다의 관을 보자마자 그만 또다시 쓰러지고 말았다. 간신히 정신을 차린 마하마야는 애달픈 마음으로 넋두리를 쏟아냈다.

"예로부터 우리는 오랜 세월 모자간이 되어 한 번도 떨어진 적이 없었다. 그런데 지금 이처럼 하루아침에 복이 다하였구나."

마하마야의 통곡은 멈출 줄을 몰랐다. 완전한 깨달음을 이루고 붓다가 되기 전까지 세세생생 부모자식 관계로 태어나 은혜를 주고받으며 지냈건만 이번 생에 붓다가 되어 중생교화를 이룬 뒤 눈을 감으면 다시는 윤회하지 않게 되니 마하마야는 두 번 다시 붓다와 만날 수 없음을 알고 그 안타까운 심정을 토하고 있다. 그리고 붓다가 남겨놓은 가사와 발우와 석장을 집어 들고 몸부림을 치면서 또다시 구슬피 울어댔다.

"내 아들이 전에 이와 같은 것들을 입거나 집어 들고서 이 세간을 널리 복되게 하였으며 하늘과 사람을 이롭게 하였다. 그런데 지금은 이 물건들을 소유할 주인이 없으니, 아, 괴로워라. 이 아픔을 어찌 말로 다하랴!"

5) 울지 마소서, 어머니여!

마하마야의 슬픔과 통곡에 온 세상도 함께 슬피 울었다. 이때 기적이 일어났다. 붓다의 신통력으로 관의 뚜껑이 스르르 열리더니 붓다가 일어나 합장을 하고 서는 것이 아닌가! 그 위용은 마치 동물의 왕 사자가 아침 일찍 굴 밖으로 나올 때 위엄을 떨치는 기세와 같았다. 관에서 일어난 붓다는 몸의 털구멍에서 일천 가지 빛을 내뿜었는데 그 빛줄기 하나하나마다 들어 있던 일천 분의 화불化佛이 모두 합장하고 부드러운 하늘의 음성으로 어머니 마하마야에게 인사를 올렸다.

"멀리서 친히 이곳 염부제까지 오셨습니다. 모든 법이 원래 그러하니 제발 울음을 거두십시오."

그리고 천 분의 화불이 동시에 게송으로 위로하자 마하마야는 안정을 찾아갔다. 서서히 피어나는 연꽃처럼 화색이 돌기 시작한 어머니를 위로한 뒤 붓다는 마지막으로 아난에게 당부하였다.

"내가 옛날에 저 도리천에서 어머니를 위해 법을 설하였고, 어머니 마하마야께서도 스스로 법을 설하셨다. 그런데 지금 다시 이처럼 여기서 두 모자가 서로 만나 보게 되었으니, 너는 장차 후세 모든 중생을 위해 지금 이 경을 차례로 풀어서 설하라. 이 경은 『마하마야경』이라 이름하며, 또한 『불승도리천위모설법경』(붓다가 도리천에 올라가 어머니를 위해 설법한 경)이라고도 하며, 『불림열반모자상견경』(붓다의 열반에 즈음하여 모자가 만난 경)이라고도 이름하니, 이와 같이 받들어라."

붓다는 이렇게 말한 뒤 다시 관으로 들어가셨고 뚜껑이 스르르 닫혔다. 마하마야와 모든 중생은 슬피 울며 붓다의 관에 예를 올리고 오른쪽으로 일곱 바퀴 돈 다음 하늘로 돌아갔다. 이때 두 그루 사라나무 숲에 모였던 모든 이들은 여래 모자가 만나 나누는 이야기를 듣고는 위없는 진리를 향해 마음을 일으키기도 하고 각자의 성향에 맞추어 깨달음을 얻겠노라는 마음을 일으켰다는 것으로 『마하마야경』은 끝이 난다.

붓다의 최후에 벌어진 이 이야기는 너무나 극적이라 사실 그대로 받아들일 수 없다. 게다가 붓다의 최후 모습을 묘사한 경에서 보듯이 이미 오백 겹의 천으로 유체를 감싸고 두 겹의 관 속으로 입관 절차를 마친 붓다가 스스로 관을 열고 나와 합장하고 선다는 것은 『마하마야경』을 제외하고 찾아볼 수 없다. 따라서 이 내용의 진위 여부를 논하는 것은 무의미한 일이라 생각한다. 다만, 이런 내용이 전하려는 메시지를 찾아내는 것은 뜻 있는 일이 아닐까? 그런 차원에서 이 경을 음미해보자.

자식을 앞세우는 어머니의 심정이야 무슨 말이 필요할까? 아무리 그 자식이 세상의 스승인 붓다라 할지라도 말이다. 『마하마야경』에서는 일찍이 사별하느라 온전히 정을 쏟아붓지 못한 자식을 향한 애틋한 어머니 마음이 고스란히 담겨있다. 하지만 여기서 멈추지 않고 어머니 마하마야는 자기 마음을 살피고 덧없음을 통찰하고 있다.

그리고 자신의 깨달음뿐만 아니라 세상 모든 존재의 해탈을 위해 붓다에게 법을 청하고 스스로 성불하리라 맹세하는 단계로 나아갔다. 자식을 앞세우는 지독한 슬픔을 가슴에 여전히 끌어안은 채, 세상 모든 존재들이 이런 눈물을 더 이상 흘리지 않기를 바라는 간절한 마음이 느껴지지 않는가. 마야왕비는 싯다르타의 어머니에서 한 걸음 나아가 세상 모든 힘든 존재의 해탈을 바라는, 큰 어머니, 큰 모성으로 거듭나고 있음을『마하마야경』이 보여주고 있는 것이다.

3. 구도자를 일깨우는『대방광불화엄경』속의『입법계품』

『대방광불화엄경』(화엄경)은 대승불교의 꽃이라 불릴 정도로 예로부터 수많은 수행자와 불교신자들의 사랑을 받아왔다. 이 경의 주제는 보살의 수행(보살행)이다. 부처가 되고 싶다는 바람을 품은 사람을 보살이라고 한다. 그런데 마음만 품어서는 소용이 없다. 실제로 부처가 되기 위해 여러 가지 수행을 해야 하는데 부처가 되기 위해서 하는 일을 보살행菩薩行이라 한다.

『대방광불화엄경』은 방대한 양만큼이나 보살행에 대해서 아주 푸짐한 내용을 담고 있는데, 경의 마지막 부분에는 구도자 선재善財가 등장해서 스승을 찾아 세상 곳곳을 다닌다는 이야기를 담고 있다. 이 이야기는「입법계품入法界品」에 실려 있다. 깨달은 자의 눈에 펼쳐지는 세계法界에 들어가기(入) 위한 행동을 일러주는 품品이라는 뜻이다.

구도자 선재는 부처가 되기로 결심을 하고, 보살로서 어떻게 살아가고 어떤 행동을 해야 하는지 53명이나 되는 스승(선지식)을 찾아다니며 묻고 있다. 경에서 '선재동자'라는 이름으로 등장하고 있어서 선재동자를 어린아이로 여기는 경우가 많다. 하지만 선재는 나이가 어리고 아직 성인成人이 되지 못한 어린이가 아니다. 아직 부처가 되지 못한 구도자 보살이다. 대승불교의 목적은 부처가 되는 것이다. 부처가 되어야만 진정한 성인成人, 즉 어른이 되며 깨닫지 못하면 아무리 나이가 많아도 어린아이에 지나지 않는다고 보고 있다. 그런 까닭에 부처인 어른이 되기 위해 부지런히 수행하는 구도자를 '선재동자'라 부를 뿐이다.

또한 전생에서부터 쌓아온 수행으로 이성을 향한 욕망(성욕)을 완전히 다스려서 순수하고 깨끗한 몸의 수행자로 이번 생을 살아가기 때문에 동자라 부르기도 한다.

이같은 순수한 구도자 선재동자가 만나는 53명의 스승들은 남녀노소와 빈부귀천을 따지지 않는다. 남녀의 성별이 그리 의미가 없는 보살들을 제외하고 이 선지식들 가운데 여성은 11명이며, 그중에는 붓다의 출가 전 부인이었던 야소다라가 들어있고, 우리의 주인공 마야왕비도 들어있다.

마야왕비는 42번째 선지식으로 등장해서 선재동자에게 황홀한 광경과 함께 감동적인 법문을 들려주고 있다. 먼저 「입법계품」 속 마야왕비의 등장에 관한 내용을 일련번호를 매겨서 살펴보기로 하자.

① 선재동자가 구이 여인(야소다라)에게서 다음 번 선지식으로 마야왕비를 추천받는다.

② 선재동자는 어떻게 하면 선지식을 알아볼 수 있을지 고민에 사로잡힌다.

③ 그때 세 명의 신이 각각 등장해서 선지식을 알아볼 수 있는 방법을 일러준다.

④ 선재동자가 땅에서 커다란 보배 연꽃이 솟아남과 동시에 그 속에서 멋진 불국토가 펼쳐지는 광경을 목격한다.

⑤ 그 광경 속에서 높은 자리에 앉은 마야왕비가 모습을 드러내는데, 마야왕비의 몸에는 50가지 덕을 갖추고 있다.

⑥ 선재동자는 마야왕비의 덕으로 가득 찬 몸을 알아보고, 자기 몸도 그와 똑같이 변화시켜서 깨달음을 얻는다. 이어서 보살도와

보살행에 대해 정중하게 가르침을 청한다.

⑦ 마야왕비는 일찍이 대원지환大願智幻 법문을 얻었으며 그로 인하여 비로자나여래의 어머니가 되어 카필라성 정반왕 궁전에서 싯다르타를 낳은 일을 들려준다.

⑧ 뿐만 아니라 수많은 붓다의 이름을 나열하면서 현겁賢劫의 모든 붓다가 이 세계에서 깨달음을 이루실 때 자신은 그 모든 붓다의 어머니가 되었고 시방 일체 세계의 중생을 교화하였다고 말한다.

⑨ 선재동자가 마야왕비에게 그 법문을 얻은 지 얼마나 되었는지 묻자 처음으로 발원했을 때의 이야기를 들려준다.

⑩ 더 자세한 가르침을 들려줄 다음의 선지식을 일러주는 것으로 마야왕비와 선재동자의 만남은 끝난다.

이제 조금 더 자세하게 「입법계품」 속 마야왕비 부분을 살펴보자.

1) 야소다라의 추천

선재동자는 자신의 보살도를 이끌어줄 스승(선지식)을 찾아서 길을 나섰다. 스승 한 사람을 만나 가르침을 들으면, 그 스승은 선재동자에게 다음에 꼭 찾아가야 할 스승의 이름과 소재지를 일러주는 것이 「입법계품」의 특징이다. 수많은 스승을 두루 거치면서 가르침을 듣던 선재동자는 어느덧 야소다라 선지식을 찾아왔다. 「입법계품」에서는 '야소다라'가 아닌 구이瞿夷라는 이름으로 등장한다. 야소다라는 붓다와의 결혼 이야기를 들려준 뒤에 다음과 같이 덧붙인다.

"그대는 가비라성의 마야부인에게 가서 보살이 어떻게 모든 행을 닦아 익혀서 세상 법에 물들지 않고 모든 부처님을 공양할 수 있는지, 보살의 행에서 물러나지 않고 걸림돌을 없앨 수 있는지, 다른 이에게 의지하지 않고 모든 법문에 다 들어갈 수 있는지, 언제나 모든 중생을 다 거두되 미래 세상이 다하도록 보살행을 닦되 물러서지 않으며 대승의 모든 바람을 완전하게 다 이루어서 모든 중생의 선근을 기를 수 있는지를 물어보십시오."

가비라성은 석가모니불의 고향인 카필라성을 말하는데, 비록 현실의 지역 이름이기는 하지만 「입법계품」에서는 지리적 위치는 그리 큰 의미가 없는 것으로 보인다.

2) 선재동자의 고민과 신들의 조언

그런데 선재동자는 불현듯 고민에 사로잡힌다. 왜냐면 선지식을 제대로 알아볼 자신이 없기 때문이다. 선지식은 너무나 훌륭하고 고매하기 때문에 자기와 같은 범부의 눈으로 그 몸을 알아볼 수 없을 것이 뻔하다고 생각했던 것이다. 바로 이때 성을 지키는 신이 등장한다. 이 신의 이름은 보배로운 눈이라는 뜻의 보안寶眼이다. 그는 선재동자에게 '마음의 성'(心城)을 잘 지키면 선지식을 만나고 알아보는 데에 어려움이 없다고 일러주며 격려한다.

이어서 등장한 두 번째 신은 진리의 아름다운 덕(法妙德)이라는 이름을 지녔는데, 허공에서 아름다운 음성으로 마야왕비를 찬탄하고 온갖 빛깔의 광명그물을 드리워 한없는 부처 세계를 두루 비추어 보여주었다. 그 광명그물은 모든 붓다의 몸을 두루 비추고 한 바퀴 돈 뒤에 선재동자의 정수리로 들어가 그의 몸을 빛으로 가득 채웠다. 그 순간 선재동자는 맑디맑은 눈을 얻어 모든 것을 환히 보게 되었으며, 시방세계에 가득 찬 부처님을 두루 보고 그 부처님들이 하고 있는 일을 볼 수 있었다.

세 번째 신이 등장한다. 보살의 법당을 지키는 나찰귀로, 착한 눈이라는 뜻의 선안善眼이라는 이름을 지녔다. 나찰귀는 사람의 정신을 혼미하게 만든 뒤 잡아먹는 악귀의 일종이지만 때로는 수행자를 보호하고 붓다와 성자에게 가르침을 청해 듣는 선한 역할로 경전에 등장하기도 한다. 이 나찰귀가 허공에서 아름다운 꽃을 선재동자에게 뿌리면서 선지식을 친근하려면 갖추어야 할 열 가지 법과 열 가지 삼매를 일러주었다. 선재가 고마움을 표하면서 어떻게 하면 선지식을 찾을 수 있는지 알려달라고 청하자 나찰은 대답한다.

> "선남자여, 시방에 절을 올리며 선지식을 구하되 모든 경계를 바르게 생각하여 선지식을 구하십시오. 용맹스럽고 자유자재하게 시방을 두루 노닐면서 선지식을 찾아다니되 몸과 행동이 꿈과 같고 번개와 같음을 알고서 선지식에게 나아가십시오."

간절하고 겸손한 마음으로 바르고 선한 곳에서 스승을 찾아다녀야 하되, 용감하게 헤쳐나가며 어떤 어려움과 두려움에 굴하지 말 것이요, 자신의 이런 뜻과 행동에 지나치게 집착하지 말고 마음을 비우고서 스승에게 나아가라는 조언이다.

3) 마야왕비, 모습을 드러내다

선재동자는 나찰이 일러준 그대로 따랐다. 그러자 곧바로 커다란 보석으로 만들어진 연꽃이 땅에서 솟아났다. 그 안에 보배 난간이 설치되어 있는데, 그 누각 안에 놓인 온갖 화려한 보석들로부터 온갖 광명이 쏟아져 나오는 등 더할 나위 없이 아름다운 광경이 펼쳐졌다. 그때 눈으로 보고도 믿을 수 없을 정도로 화려하게 치장한 높은 자리 하나가 나타났고 수많은 사람들의 시중을 받으며 마야왕비가 그 자리에 앉아 있는 모습을 보게 되었다.

경의 내용을 음미해보면, 선재동자는 카필라성을 향해 걸어가지 않았다. 카필라성을 향해 가는 도중에 선지식을 구하는 간절한 마음을 일으켰고, 세 명의 신이 나타나서 그를 격려하며 방법을 일러주었다. 그리고 일러준 대로 마음을 모으자 그 자리에서 아름다운 연꽃이 솟아났고, 그 속에서 화려하게 꾸민 자리에 앉은 마야왕비가 모습을 드러냈다.

이것은 시간을 들이고 발품을 팔아서 다른 공간을 향해 나아가지 않더라도 스승을 찾는 간절함을 갖춘다면 바로 그 자리에서 선지식을 만나게 된다는 것을 의미한다. 또한 이 이야기를 통해 마야왕비 역시 현실의 처소가 아닌, 현실을 뛰어넘은 초시공간적인 진리의 세계에 자리하고 있으며, 한 나라의 왕비에서 구도자에게 법을 일러주는 선지식으로 위상이 달라져 있음을 알 수 있다.

한편, 선지식을 만나지 못할까 두려웠고 행여 만나더라도 선지식인 줄 알아보지 못할까 두려웠던 선재동자는 다행히도 또렷하게 마야왕비를 알아봤다. 선재동자가 본 마야왕비는 어떤 모습을 하고 있었을까? 어떤 몸을 지녔을까?

「입법계품」에서는 마야왕비의 몸은 50가지 덕을 갖추고 있다고 말한다. 한글 대장경 번역본을 바탕으로 정리해보면 다음과 같다.

- 단정하고 뛰어나게 묘하여 깨끗한 몸
- 세 가지 세간에 뛰어난 몸
- 일체 세간에 대해 나타나는 몸
- 일체 존재를 멀리 떠난 몸
- 그 응함을 따라 교화하는 몸
- 일체 중생에 물들지 않는 몸
- 광대함을 일으키는 몸
- 일체 중생과 평등한 몸
- 일체 중생에서 뛰어난 몸
- 일체 중생들이 보고 헛되지 않은 몸
- 갖가지 몸
- 교화할 상대를 따라 나타나는 몸
- 무량한 형상의 몸
- 여러 문의 형상의 몸
- 일체 중생을 대해 나타나는 몸
- 광대한 자재의 문의 장엄한 몸
- 일체 중생을 교화하는 몸
- 일체 중생에 대해 형상을 드리우는 몸
- 언제나 나타나는 갖가지 무너지지 않는 몸
- 일체 중생이 성취하거나 성취하지 못하거나 머무르는 몸
- 가지 않는 몸
- 오지 않는 몸
- 일어나지 않는 몸
- 멸하지 않는 몸
- 헛되지 않은 몸
- 속이지 않는 몸
- 이르는 곳이 없는 몸
- 무너지지 않는 몸
- 모양이 없는 몸
- 한 모양의 몸
- 번개와 같은 몸
- 요술과 같은 몸
- 불꽃과 같은 몸
- 그림자와 같은 몸
- 꿈과 같은 몸
- 법계를 가득 채우는 몸
- 큰 슬픔(大悲)을 나타내는 몸
- 걸림 없는 문을 나타내는 몸
- 무량무변의 몸
- 의지함이 없는 몸
- 주지(住持)하는 몸
- 나지 않는 몸
- 비할 데 없는 몸
- 응함을 따르는 몸
- 난잡하지 않은 몸
- 여의주와 같은 몸
- 허망함을 떠난 몸
- 각관(覺觀)을 떠난 몸
- 마지막이 아닌 몸
- 청정한 몸

이 50가지 몸이 마야왕비 한 사람에게 다 갖추어져 있다는 말이다. 대체 무엇을 뜻하는 것일까? 보통 사람의 육신을 뛰어넘은 진리의 몸이어서 그 크기와 너비가 한없지만, 뭇 생명들을 위하고 그들을 보호하기 위해 필요하면 그에 적합한 모습으로도 나타난다는 뜻이다. 진리 차원에서 살펴보면 자성이 빈 것(空)이어서 무엇이라 규정할 수 없지만, 중

생 세계의 차원에서 보면 많은 이들이 동경하는 아름다운 몸을 나타내고 있는 마야왕비이다. 마야왕비는 이미 진리와 한 몸을 이루고 있으며, 이같은 마야왕비의 몸을 보았다는 것은 선재동자가 공의 차원을 이해했다는 뜻으로 봐도 무방할 것이다.

4) 마야왕비는 한 가지만을 깨달았다

선재동자는 마야왕비의 뛰어난 몸을 관찰한 즉시 자기 몸을 마야왕비의 몸과 똑같이 변화시켜 예를 올린 뒤 곧 헤아릴 수 없는 온갖 삼매에 깊이 들어가서 깨달음을 얻었다. 그런 뒤 삼매에서 일어나 마야부인에게 이곳에 온 목적인 다음의 질문을 올렸다.

"위대한 성자시여! 문수사리보살께서 오래전에 저를 위 없이 완전하고 올바른 깨달음(아뇩다라삼약삼보리)의 마음을 일으키게 하신 뒤 선지식을 찾아 그를 가까이하고 공양 올리도록 하셨습니다. 그래서 저는 지금 위대한 성자 계신 곳에 이르렀습니다. 원하오니 어떻게 보살은 보살의 행을 배우고 보살의 길을 닦는지 제게 말씀해 주십시오."

마야왕비를 '위대한 성자'(大聖)라고 부르고 있다. 세속에서 육신의 싯다르타를 낳은 어머니에 머물지 않고, 붓다를 잉태하고 낳은 진리의 어머니로 자리매김하고 있는 것이다. 선재동자의 청을 받은 마야왕비는 자신이 딱 한 가지 법을 성취했다고 말한다. 그것은 바로 '대원지환大願智幻 법문'이다.

대원지환 법문이란 '(중생을 가엾게 여기는 마음에서 일어난) 위대한 바람(大願)으로 지혜(智)를 일으켜서 모습을 바꿔(幻) 태어나서 성불하고 또 중생을 교화하는 해탈법문'⁴을 말한다. 경전의 구절을 그대로 인용해보자.

> "불자여, 나는 대원지환법문을 이미 이루었다. 이 법문을 얻은 덕분에 노사나 여래의 어머니가 되었고, 이 염부제 가비라성 정반왕의 궁전에서 오른쪽 옆구리로 싯다르타 태자를 낳는 등 불가사의하고 자재한 신통력을 나타낸 것이다."

마야왕비가 싯다르타 태자를 낳은 것도 이미 대원지환법문이라는 깨달음을 이루었기 때문에 할 수 있는 일이었다. 즉 태자를 낳아서 성스러운 존재가 된 것이 아니라 이미 성스러운 존재가 되었기 때문에 싯다르타 태자를 낳았다는 말이다.

이 대원지환법문을 깨달았기 때문에 싯다르타 태자가 도솔천에서 목숨을 마치고 인간 세상에 내려오는 과정을 생생하게 보았고, 그때 수많은 권속들이 보살(싯다르타 태자)을 둘러싸고 공경하는 모습도 보았으며, 보살이 태 안에 들어올 때 삼악도의 고통이 사라졌고 중생들로 하여금 스스로 전생의 악업을 돌아보게 하였으며, 발심한 보살들로 하여금 게으르지도, 집착하지도 않도록 일깨우던 광경까지도 마야왕비는 다 보았다고 경에서는 말한다.

뿐만 아니라 그 당시 마야왕비의 태에 보살(싯다르타 태자)만이 깃들어 있었던 것은 아니라고 한다. 어머니의 태 안에서 보살은 자유자재하

---

4 대원지환(大願智幻) 법문에 대한 풀이는 이통현의 『신화엄경론』 제39권(장순용 역)에 의거해서 최대한 현대어로 시도해보았다.

게 노닐었는데, 한걸음에 온 세상을 두루 다녔고, 수많은 권속들과 하늘의 신들이 모두 다 마야왕비의 태 안에 들어와서 보살을 뵙고 예를 갖추어 절하고 바른 법을 청해 듣고 돌아갔는데, 그런 일이 벌어짐에도 불구하고 마야왕비의 태는 겉으로 보기에 늘어나지 않았음에도 그 속의 모든 중생은 넉넉하게 머무르며 전혀 비좁다고 느낀 적이 없었다고 한다.

"이 대중을 모두 받아들였지만 내 태는 넓지도 비좁지도 않았다"라는 「입법계품」 속 마하마야의 말을 듣자면 『유마경』에 나오는 유마거사의 방 묘사가 떠오른다. 유마 한 사람이 지내는 공간이지만 상상을 초월하는 높고 큰 의자가 헤아릴 수 없이 들어온다. 그런데 방의 크기가 늘어나지 않지만 넉넉히 다 수용하며, 수많은 사람과 천신들이 그 방에 들어가도 아무도 비좁다는 생각을 하지 않는다는 바로 그 방이다. 좁다, 넓다고 하는 세속의 분별을 이미 벗어난 유마거사의 방은 세속의 말과 표현으로는 미칠 수 없는 불가사의한 경계이며, 그것은 다름 아닌 '공空'의 경지이다.

그렇다면 마야왕비의 태라는 공간 역시 유마거사의 방과 마찬가지로 자성이 빈, 공의 경지를 말하는 것 아닐까? 자신의 태가 이와 같을 수 있는 것도 '대원지환법문을 닦았기 때문'이라고 마야왕비는 말하고 있다.

5) 전생이야기 — 모든 붓다의 어머니가 되기까지

마야왕비는 이어서 노사나불, 구루손불, 구나함모니불, 가섭불을 비롯하여 미륵불 등 현겁賢劫의 모든 붓다가 이 세계에서 깨달음을 이루실 때 그 모든 붓다의 어머니가 되었다고 말한다. 「입법계품」에서는 수

많은 붓다의 이름을 차례로 들고 있는데 특이하게도 석가모니불이란 이름은 나오지 않는다. 실달悉達. 싯다르타 태자를 낳았다는 말은「입법계품」의 마야왕비 부분에서 딱 한 번 나올 뿐, '노사나불의 어머니' '보살이 나의 태에 들어왔다'라는 표현이 몇 차례 등장하고 있다. 실달 태자야말로 훗날 석가모니 부처님이 되는 몸인데 일부러 석가불이란 이름을 쓰지 않으려는 인상을 받게 된다. 왜 그럴까?

생각건대 그것은 바로『대방광불화엄경』이 지향하는 바이기 때문이 아닐까 한다. 이미 우리 모두는 부처님의 경지인 깨달음의 세계(법계)에서 지내고 있다. 아직 깨달음을 얻지 못한 사람들은 그걸 알아차리지 못하고 있을 뿐이다.

사실,『대방광불화엄경』에서는 빛으로 상징하는 진리 그 자체인 비로자나불(법신) 하나만으로 충분하다. 다만 이런 진리의 경지를 체득하고픈 사람이라면 수행한 결과로 그런 경지를 체득하였음을 몸으로 보여주는 노사나불(보신)을 따르면 된다.『대방광불화엄경』은 인간이 왜 그토록 괴로운지, 왜 윤회하는지, 왜 악업을 짓는지, 왜 욕심과 성냄과 어리석음이라는 번뇌의 불길에 휩싸여 있는지, 어떻게 하면 그런 번뇌의 불길을 끌 수 있는지를 세세하게 설명하는 경전이 아니다. 진리 그 자체를 빛으로 드러내 보여주고, 그걸 보고 발심하는 자에게 어떻게 하면 그렇게 될 수 있는지를 일러주는 경이다.

따라서 붓다가 인간을 교화하기 위해 어떻게 자랐고, 어떻게 수행했으며, 어떻게 깨달았고, 어떤 사람들을 만나 어떤 가르침으로 그들을 일깨웠는지를 보여주는, 이른바 화신化身으로서의 석가모니불은『대방광불화엄경』에서는 그리 크게 부각이 되지 않는 것이다.

마야왕비의 위상 역시 달라져 있다. 이미 오래전에 부처의 어머니가 되겠다고 원을 세운 보살이니 어찌 한 인간(싯다르타)의 어머니로만 머물겠는가. 붓다가 마지막 생을 받기 위해 태어날 때마다 자신도 따라서 그곳에 태어나서 그 어머니가 되었고, 그 누가 붓다가 되더라도 빠짐없이 그곳에서 그의 어머니가 되었다는 것이『대방광불화엄경』「입법계품」의 메시지다.

다시 선재동자에게 돌아가 보자. 선재동자는 마야왕비의 몸이 보여주는 덕성에 이어 수많은 붓다의 어머니로 지내왔다는 이야기에 감탄을 금하지 못한다. 대체 얼마나 오랜 세월을 수행해야 이리될 수 있을까? '대원지환법문'이 어떤 경지이기에 이렇게 할 수 있을까? 얼마나 공덕을 쌓았기에 그런 법문을 깨달아서 세세생생 수많은 부처의 어머니가 될 수 있었는지 궁금해진 그는 결국 이렇게 물었다. "그 법문을 얻은 지 얼마나 되었습니까?"

이 질문에 마야왕비는 자신의 전생 이야기를 들려준다. 이 전생 이야기는, 마야왕비가 모든 부처님의 어머니가 되겠다는 원을 세웠을 때의 일이다. "아주 오래고도 오래전, 과거 세상에 헤아릴 수 없는 겁을 지나 정광명淨光明(깨끗한 빛)이라는 겁에 있었던 일이다. 그때 묘덕수미산왕妙德須彌山王(수미산처럼 높은 미묘한 덕)이라는 세계가 있었는데 그곳에 지당智幢(지혜의 깃발)이라는 도시가 있었다. 이 도시에 용성勇盛(매우 용맹함) 전륜성왕이 살고 있었다.

그 도시 북쪽에 월광명月光明(밝은 달빛)이라는 도량이 있었는데 그 도량에 자묘덕慈妙德(자애롭고 심오한 덕)신이 있었다. 그때 이구당離垢幢(번뇌를 떠난 깃발) 보살이 그 도량에 앉아 성불하려는 찰나 금강광명이라는 마魔가 권속들을 거느리고 이 깨달음을 방해하려 하였다. 이런 사실을 알게 된 용성왕이 그 악마들을 무찔렀고, 이구당 보살은 마침내 그 도량에서 어떤 방해도 받지 않고 깨달음을 이루었다. 도량을 지키던 신은 이런 광경을 목격한 뒤에 커다란 기쁨이 일어나서 이렇게 맹세하였다. '이 전륜왕이 성불할 때 나는 그 어머니가 되겠습니다.'"

바로 이렇게 맹세(서원)한 도량신이 마야왕비요, 그때 성불을 도왔던 전륜왕이 노사나부처님이라고「입법계품」에서는 말한다. 그리고 그때 원을 세운 뒤로 노사나부처님이 어느 곳이든 태어나서 보살행을 실천하면서 중생을 교화하고, 마침내 최후의 생을 받을 때마다 언제나 그 어머니가 되었으며, "과거와 현재 시방의 헤아릴 수 없이 많은 부처님이 커다란 빛을 놓아서 내 몸과 궁전과 머무는 곳을 비추고 그 최후의 생에 그 어머니가 되었다"라고 마야왕비는 말하였다. 이런 일이 가능한 것 역시 '대원지환법문'을 깨달았기 때문이다.

III. 마야왕비, 구도자에서 선지식으로

수많은 경전 속에서 마야왕비는 싯다르타 태자를 낳고, 사랑하는 자식이 자라는 모습을 제대로 지켜보지 못한 채 출산 후 이레 만에 세상을 떠난 비운의 주인공이다. 경전에 언뜻 내비치는 '젖을 마음껏 먹여보지도 못했다'라는 탄식을 보자면 어머니의 애끓은 심정이 고스란히 느껴진다.

그러나 마야왕비의 슬픔은 슬픔에서 멈추지 않았다. 수행을 쌓아온 과보로 천상의 세계인 도리천에 났고, 천상에서 마하마야로 불리며 천상의 즐거움을 누리면서 살게 되었다. 행여 누군가는 '마야왕비가 도리천에 난 것은 붓다를 낳았기 때문'이라고 생각할지도 모르겠다. 하지만 그렇지 않다. 카필라성의 왕비로 지낸 금생이 아닌, 세세생생 윤회해오면서 지은 선업의 과보로 왕비가 되었고, 붓다의 어머니가 되었고, 도리천에 태어났다.

마야왕비는 마하마야로 불리며 천상의 즐거움을 누리지만 그런 삶에 만족하지 않고 붓다에게서 가르침을 듣는 구도자로 거듭나고 있다. 석가모니 부처님이 천상에 올라간 이유는 두 가지다. 첫째는 당신을 낳아 준 어머님 은혜를 갚기 위함이요, 둘째는 마하마야를 비롯한 하늘의 신들에게도 하늘의 즐거움을 넘어선 수행과 해탈의 즐거움을 안겨주기 위함이다.

붓다가 마하마야에게 법을 들려주는 자리는 모자간의 눈물겨운 상봉 그 이상의 것이었다. 그 자리에 동참한 존재들이 붓다로부터 법문을 듣고 구도의 마음을 일으켰기 때문이다. 세상에서 가장 사적이라고도 할 수 있는 부모와 자식의 인연이 빚어낸 이 크고 아름다운 열매는 붓다와 마야왕비의 관계가 보여줄 수 있는 가장 멋진 장면이라 하지 않을 수 없다.

마야왕비는 스스로 수행의 길에 나서겠노라 다짐하였고, 그 길을 걸어갔다. 그리고 『대방광불화엄경』 속 「입법계품」에서는 구도자의 스승으로, 위대한 보살로 그 위상이 달라졌다. 숱한 생로병사의 고통을 겪는 뭇 생명체를 향해 한없이 가여운 마음을 품고서, 그들의 괴로움을 없애주겠노라 맹세를 하고, 그 맹세를 지키기 위해 지혜를 얻었으며, 중생을 교화하고 구제하기 위해 필요에 따라 중생 속에 뛰어드는 존재로 등장하기 때문이다.

인간은 어머니의 태를 빌려서 생을 시작한다. 어머니의 젖을 먹고, 어머니의 품에서 자라고, 성인이 되어서는 어머니의 은혜를 갚으려고 마음을 내고, 은혜를 갚으면서 도리를 지킨다. 은혜를 입고 은혜를 베풀고 은혜를 갚아가면서 생명은 자란다. 그 과정에 보람을 얻고, 슬픔을 겪고, 지그시 참아내고, 후회하고 화해해가면서 정신적으로 무르익어 간다. 자식은 어머니에게 몸을 받고 보살핌을 받는 은혜를 입고, 어머니는 자식을 키움으로써 자신도 성숙해가는 은혜를 입는다. 반면 자식을 가리켜 '애물단지'요, 심지어는 '전생의 빚쟁이'라고 말하는 부모도 있다. 부모 자식의 관계를 어떤 차원에서 바라보느냐에 따라 이렇게 다르다.

석가모니 부처님은 마야왕비가 낳아 준 덕분에 이 땅에 올 수 있었으니 어머니 마야왕비에게 커다란 은혜를 입었다. 자식을 낳고 이레 만에 세상을 떠난 마야왕비는 도리천에서 천신으로 지내다 법문을 들려주기 위해 천상을 찾아온 석가모니 부처님에게서 법문을 듣고 깨달음이 한층 더 깊어졌다. 그러니 마야왕비 역시 부처님에게 커다란 은혜를 입은 것이다. 하지만 경전은 여기서 멈추지 않았다. 마야왕비는 붓다를 낳은 어머니이다. 붓다가 어찌 한 사람뿐일까. 누구든 스스로 깨달음을 이루고 세상을 구원하겠노라 다짐하면 붓다가 될 수 있다. 선재동자처럼.

모든 사람이, 모든 생명체가 붓다가 되려는 태아(여래장)이다. 우리 모두는 지금 마야왕비의 태 안에 깃들어 있다. 위대한 보살을 잉태하여 조심조심 움직이는 마야왕비가 느껴지지 않는가. 선한 것을 생각하고, 선한 일을 하며 태아를 지키려 노심초사하는 마야왕비가 느껴지지 않는가. 그 은혜를 입고 우리는 자라고 있는 중이다. 붓다가 되기 위해….

제2부

생애사를통해본 마야왕비

심리학적 관점으로 바라본 마야왕비의 꿈 / 최명희

보살의 탄생과 마야(摩耶, Māyā)왕비의 죽음 / 안양규

심리학적 관점으로 바라본
마야왕비의 꿈

최명희*

I. 여성적 가치관의 시대를 열다

본 글의 관점은 역사적 실존 인물인 마야왕비에 있지 않다. 오히려 여성으로서의 마야왕비에 그 초점을 맞춘다. 존재로서의 여성, 여성으로서 '고유한 자신'을 찾아가는 과정을 마야왕비의 꿈을 통해서 바라보자고 한다. '고유한 존재'는 고타마 싯다르타 붓다가 말하는 '천상천하 유아독존'이고, 정신의학자이자 심리학자인 칼 구스타프 융에게 있어서는 '개성화'가 된다.

개성화란 '인격의 전체'로서 자기실현이다. 이 자기실현을 인간 정신의 중심에 있는 조절 기능인 '자기self' 혹은 '부처'에 의해서 일어난다. 불교가 무명 속에서 잠자던 불성佛性이 부처로 분화되는 과정을 말하는

---

* 노미(KnowMe)연구소

것처럼, 융 또한 인간 정신은 전체성을 향하여 끊임없이 발전해 가는 과정으로 본다. 개성이 중요시되는 이유는 의식의 변화와 정신 발달의 능력은 집단이 아니라 개인에게서 시작되기 때문이다. 왜냐하면 집단은 무의식이고 오직 개인만이 의식이기 때문이다. 이것을 불교에서는 '오직 무소의 뿔처럼 홀로 가라'라고 표현한다.

불교의 깨달음과 융의 개성화는 존재의 의미를 만들어내는 정신과 삶의 문제다. 개성화는 개인의 삶을 통해서 자연스럽게 일어나지만 그것이 순조롭게 진행되지는 않는다. 왜냐하면 최초의 정신은 그 자체로 온전한 상태를 갖추고 있지만 그 자체는 빛이 없는 혼돈, 즉 무명이다. 혼돈에서 질서로 나가기 위해서 필요한 것은 의식의 빛이다. 무명을 밝힐 태양에 비유되는 빛을 위하여 의식과 무의식이 분리된다. 분리된 의식이 무의식을 대극으로 인식함에 따라 여러 가지 장애가 일어난다. 그러므로 정신 발전의 목표는 분리된 정신이 '부처'라고 불리는 온전한 전체성을 이루는 것에 있다.[1]

마야왕비의 꿈은 정신의 구조와 발달의 여러 단계를 상징적으로 보여주고 있다. 이성 중심 시대, 의식 중심 시대는 남성 중심 사회를 이끌었다. 남성적 가치관은 외부 세계 발전을 위하여 큰 공헌을 하게 된다. 문화와 문명의 높은 성공은 이성적 힘에 대한 증명이기도 하다. 모든 자연의 이치는 음과 양이다. 그 이치를 벗어나는 일은 죽음이다. 남성적 가치관은 여성적 가치관과 함께하지 않으면 정신도, 사회도 더 이상의 발전을 이루어 나갈 수 없다. 그러므로 이제 여성적 가치관이 내부세계를 발전시켜야 하는 시대로 접어들었다. 그것은 정신세계가 가지고 있는 보편타당한 숙명이다.

---

1 칼 구스타프 융/융 저작 변역위원회 옮김, 『원형과 무의식』(솔 출판사, 2006), 155.

융은 여성이 남성보다 훨씬 더 심리학적이라고 말한다. 왜냐하면 여성성 그 자체가 정신의 본질이기 때문이다. 그러므로 이제 여성의 심리학적 역할은 의식과 무의식, 남성과 여성으로 분리된 사회를 통합해야 하는 역사적 의무를 갖는다. 그 일을 성취하는 데에는 여성들이 스스로 마야왕비임을 깨닫는 것이 우선되어야만 한다는 사실이다.

그러므로 이 논문을 통해서 살펴보고자 하는 내용은 다음과 같다. 첫째, 마야왕비를 심리적 구조로 이해하고자 한다. 둘째, 마야왕비의 꿈에서 드러나는 상징들을 통해서 정신적 원리를 설명하고자 한다. 셋째, 각각의 상징적인 단어의 해석을 통해서 의식발달의 단계를 살펴보고자 한다. 넷째, 이 글에서 말하고 있는 부처·전륜성왕과 같은 모든 상징적 언어들은 역사적 사실과는 무관하면 오직 '존재로서의 여성'의 깨달음에 맞추어 해석하고자 한다. 다섯째, 마야왕비의 위대성을 짚어보고자 한다.

II. 마야왕비의 꿈 해석하기

1. 마야왕비의 이름에 나타나는 심리적 상징성

마야왕비가 부처를 낳는다고 묘사된 것은 결국 마야왕비가 의식발달의 정점에 있었다는 것을 말한다. 그것은 여성으로서뿐만 아니라 존재로서의 위대성이다. 우리는 여기서 부처에 대한 두 가지 이론을 제시할 수 있다. 그 하나는 부처를 역사적 인물로 해석할 수 있다. 또 다른 하나는 부처를 정신의 기능적인 측면으로 보는 것이다. 먼저 부처를 역사적 인물로 본다면, 불교의 창시자이며 실존 인물인 고타마 싯다르타 Gotama Siddhartha이다.

그런데 붓다Buddha 佛陀라는 이름은 고타마 싯다르타가 깨달음을 얻고 난 후에 붙여진 이름이다. 이것은 부처라는 말의 본래 뜻이 역사적 인물보다는 깨달음이라는 정신적 대변환의 의미를 담고 있다는 것을 보여준다. 만일 고타마가 깨달음이라는 정신적 사건과 관련이 없다면 그의 어머니 마야왕비에 대한 경외심도 없었을 것이다. 이러한 기준에 입각하여 마야왕비 또한 역사적 인물보다는 심리학적으로 들여다볼 수 있는 여지를 깊게 남긴다.

또 다른 한편으로 마야왕비를 신화의 상징성으로 볼 수 있는 이야기가 있다. 예를 들면, 붓다의 탄생 벽화에 새겨진 두 종류의 특이한 그림이 있다. 하나는 코끼리가 마야왕비의 옆구리로 들어가는 그림이고, 또 하나는 붓다를 낳는 보살이 코끼리 형상을 하고 있는 그림이다.[2] 왜 이런 그림들이 가능할 수 있을까? 이것은 낳는 자와 태어나는 자가 같은 성질이라는 것을 의미한다. 즉 스스로 수태하고 생산하고 양육하며 죽이는 정신의 상징을 표현하고 있는 것이다.

정신은 본래 자웅동체다. 말하자면 정신에는 음과 양, 즉 여성성과 남성성이 함께 존재한다. 여성성이 더 우세할 때 여자로 태어나고 남성성이 더 우세하면 남자로 태어난다. 여성으로 태어난 사람의 남성성은 내면에 남고, 남자로 태어난 사람의 여성성 또한 내면에 남아있다. 다만 자아의식은 외부를 인식하는 기능이기 때문에 자기 내면의 남성성이나 여성성을 인식하지 못할 뿐이다. 그러므로 내면에 남아있는 반대적 성은 외부에 있는 현실적 남자/여자에게 투사된다. 그것이 바로 세

---

2 위의 책, 257.

상에 존재하는 이성 간의 사랑과 결혼이다. 모든 현실은 사실상 정신의
반영이다.

힌두교의 시바Shiva, śiva는 불교에서 대천세계大千世界를 자유롭게 주
재한다는 뜻에서 대자재천大自在天이라고 불린다. 인도철학에서 샤크티
Shakti는 여성적인 측면이 지닌 창조적인 힘을 말한다. 이러한 원리가 불
교에서는『대일경』을 통해서 전해진다.3 물질적 세계인 '태장계만다라
胎藏界曼茶羅'는 여성적 원리이고, 정신적 세계인 '금강계만다라'는 남성
적 원리이다. 심리학으로 보면 여성성의 특성을 지닌 무의식의 세계와
남성성의 특성을 지닌 의식의 세계로 나뉜다. 심리학에서 무의식에 의
해서 의식이 태어나고 길러진다는 것처럼 불교 역시 여성 원리인 '태장
계 만다라'에 의해서 "세계가 현현顯現과 증득證得이 가능하다"라고 표
현한다.4

이러한 정신적 구조 때문에 남성중심 사회 속에서도 여성신女性神을
숭배했다. 그것은 바로 정신의 결합이라는 근원적 문제를 말하고 있는
것이다. 정신이 자웅동체라면 정신적 합일은 외부적 조건으로 일어날
수 없다. 오직 정신 안에서만 진정한 합일이 가능한 것이다.5

여기서 더욱 재미 있는 것은 마야왕비라는 용어이다. 마야maya의 단
어적 의미는 '환영幻影'이다.6 환영은 사실이 아니다. 이름이 나타내고
있는 것에서도 마야왕비의 이야기는 신화에 더욱 가깝게 다가간다. 마
야왕비에 대한 신화는 우리 여성들에게 있어서 깨달음이 무엇인지를
상기시키고 촉진시키는 중요한 자료라고 볼 수 있다. 신화는 심리 구조

---

3 위키백과사전.
4 태장계만다라(胎藏界曼茶羅) (두산백과).
5 월간미술,『세계미술용어사전』(월간 미술, 1999).
6 문화콘텐츠닷컴(문화원형 용어사전).

에 대한 본질적 이해와 인격의 전체적 발달 모델을 만들고 있다. 그러
므로 마야왕비에 대한 연구는 여성의 새로운 가치관을 여는 이 시대에
전적이고도 새로운 발견이 될 것이다.

2. 마야왕비의 꿈으로 나타나는 상징들

마야왕비의 꿈에 관한 전설을 옮겨와서 자세히 살펴보기로 하자.

뜨거운 열기가 식은 여름밤, 시원한 바람에 깊은 잠이 든 왕비는 신
비한 꿈을 꾸었다. 여섯 개의 이빨을 황금으로 치장한 코끼리가 허
공에서 내려오고 있었다. 일곱 부위가 땅에 닿은 거대한 코끼리가
놀랄 겨를도 없이 성큼성큼 다가와 옆구리로 들어왔다. 알 수 없는
상쾌함을 느끼며 잠에서 깬 왕비는 왕을 깨워 꿈 이야기를 들려주었
다. 이른 아침 궁전에는 왕의 부름을 받고 달려온 바라문과 선인(仙
人)들의 발걸음으로 분주했다. "들으시오. 왕비가 간밤에 여섯 개의
이빨을 가진 코끼리가 오른쪽 옆구리로 들어오는 꿈을 꾸었소. 무슨
징조이겠소?"
웅성거리던 바라문과 선인들이 한목소리로 답하였다. "경하드립니
다. 태몽입니다." 국사 마하나마(Mahanama)가 앞으로 나와서 설
명하였다. "여섯 개의 이빨을 가지고 일곱 부위가 땅에 닿는 흰 코끼
리가 잠부디빠를 통일할 전륜성왕만이 가질 수 있는 보배입니다. 왕
비께서 전륜성왕이 되실 왕자를 잉태하신 것이 분명합니다.[7]

탄생신화에서 우리가 주목해야 할 단어들을 찾을 수 있다. ① 코끼

---

7 부처님의 생애편찬위원회, 『부처님의 생애』(조계종출판사), 26.

리 ② 여섯 개 황금 이빨 ③ 하얀 코끼리 ④ 일곱 부위 ⑤ 땅에 닿다 ⑥ 전륜성왕 등이다. 이 단어들 역시 현실성보다는 상징성이다. 그렇다면 우리는 여기서 다시 상징이란 무엇일까를 물을 수 있을 것이다. 상징이란 무엇일까? 정신은 우리가 알고 있는 의식의 정신이 있기 전에 무의식의 정신이 먼저 존재했다.

상징들은 무의식의 내용으로 이루어진 상像들이다. 상징에 생명의 신비가 암시되어있는 것도 그러한 이유 때문이다.[8] 무의식의 창조력에서 내보내는 상징들은 코끼리, 숫자들, 황금 이빨, 땅과 같이 우리가 잘 알고 있는 형태로 나타난다. 그러나 그 자체로는 그 의미가 우리에게 직접적으로 연결되지는 않는다.

십우도에서 소를 찾는다고 하면 그 소가 현실적인 소를 말하는 것이 아닌 것처럼 말이다. 왜냐하면 상징은 우리에게 전혀 알려지지 않았거나 알려질 수 없는 유일무이한 성질들이기 때문이다. 더구나 무의식과 의식은 완전히 다른 체계다. 그러므로 상징을 자아의식의 관념적 세계로 일반화한다는 것은 불가능하다. 소가 무엇을 말하는지 알 수 있는

[그림 1] 십우도

8 칼 구스타프 융, 위의 책(2006), 406.

것은 직접 내면의 소를 찾아본 사람만이 알 수 있다. 무의식의 내용들은 단순히 마음이 지어내는 것이기 때문에….

자신이 없앨 수 있다고 생각하는 사람들에게 이와 같은 정신 에너지를 표현하는 리비도 이론은 별다른 의미가 없다. 그러나 합리적 정신이 신뢰를 가지는 과학 또한 리비도의 또 다른 결과물이라는 사실을 아는 사람은 그리 흔치 않다고 칼 융은 말한다. 리비도는 인간이 하는 모든 생각과 행위의 근원이다. 리비도의 속성이 신성神性이고, 그 신성을 의식화함으로써 인간은 새로운 인격으로 다시 태어나는 것이다. 상징을 해석하는 일은 아주 중요하다. 왜냐하면 상징은 정신의 구조와 실체를 암시하고 있기 때문이다. 상징들을 새롭게 이해하는 것이 곧 정신치료가 된다고 말하는 이유도 바로 여기에 있다.

종교적 상징은 대부분이 남성성인 의식과 여성성인 무의식의 합일을 의미하고 있다. 남성성과 여성성의 합일은 정신적 수태를 통한 새로운 인격을 탄생시킨다. 새로운 인격이란 정신의 주체가 자아인격에서 무아인격으로 이동하는 것을 말한다. 자아인격으로 인해 분리되어 있던 정신은 무아인격에 의해서 비로소 전일성wholeness을 이룬다.9 조사선으로 말하면 한마음(一心)이다.10

중생이 갖는 의식은 심리학에서는 자아의식이다. 자아의식은 부분정신이다. 반면에 부처는 전체의식이다. 왜냐하면 부처는 의식뿐만 아니라 무의식의 세계를 포괄하기 때문이다. 중생의식은 무의식과 분리되어 있어서 한마음이 되지 못한다. 우리가 깨달음을 얻어야만 하는 이

9 칼 구스타프 융/융 저작 번역위원회 옮김, 『영웅과 어머니 원형』 (솔 출판사, 2006), 433.
10 최명희, 『자아와 깨달음 심리학으로 통하다』 (운주사), 268.

유도 무아의식만이 무명으로 있는 무의식의 마음을 인식할 수 있기 때문이다. 그러므로 불교에서는 본연각성本然覺性만이 분리된 마음에서 한마음(一心)으로 돌아가게 한다고 말하는 것이다. 이것이 바로 나가르주나가 '건강한 정신은 의식과 무의식의 균형인 중도中道'라고 말하는 이유다.

그런데 예를 들어 성性적으로 표현되고 있는 교합의 상징적 비의를 잘못 이해되면 방탕한 성적 축제로 발전한다.[11] 그러므로 상징이 말하고자 하는 진실을 알기 위해서는 정신에 대한 고차원적인 인식이 요구된다. 인간이 그려내는 모든 유토피아는 정신이 만들어 내는 상상의 산물이다. 그러한 상상의 본체를 융은 원형이라고 부른다. 원형은 인간 본성이 지향하는 정신적 목표다. 이것은 역사 안에서 종교적·문화적 상징으로 나타나 인간 정신을 리드해 왔다.

원형은 인간에게 어떤 것을 하게 하는 충동의 상으로 나타나 인간을 옭아매기도 한다. 그렇기 때문에 충동의 상과 동일시되는 일은 위험하다. 그것은 정신병리학과 모든 시대에 걸쳐서 일어나는 충격적인 사건들 속에서 여실하게 증명되고 있다.[12] 인간이 원형으로부터 자유로워지기 위해서는 원형이 무엇이며 그 작용이 어떤 것인지를 알아야만 한다.

그것은 우리가 상징에 대하여 올바른 이해를 할 때 가능하다. 원형의 작용인 근원적인 상像은 비유적 언어를 통해서 가장 잘 드러나게 된다. 그러므로 정신의 전체성을 위해서는 상징을 인식할 수 있는 의식체계의 변경이 필연적으로 요구되는 것이다.[13]

---

11 위의 책, 345.
12 칼 구스타프 융/융 저작 번역위원회 옮김, 『원형과 무의식』 (솔 출판사, 2006), 228

사람이면 누구나 잘 때 꿈을 꾼다. 하지만 꿈에 대해서 중요하게 생각하는 사람은 그리 많지 않다. 왜냐하면 꿈은 언뜻 보기에는 모순으로 가득 차 있기 때문이다. 그것이 꿈에서 어떤 의미를 찾아낸다는 것은 어리석다고 생각하게 만든다. 꿈이나 신화가 나타내는 상징성은 때로 무의식의 정신에 대해서 알지 못하는 사람에게는 병리학적 현상으로 감지될 정도로 비현실적으로 보이는 것도 사실이다. 그러므로 꿈은 우리가 도무지 받아들일 수 없는 도덕적 분노와 저항을 불러일으킬 수 있다. 하지만 꿈에 내포된 가능성을 외면할 방법이 없다는 것에 우리는 주목해야 한다. 왜냐하면 신화나 꿈의 상징성이 말하고 있는 것은 심혼의 하부구조를 통해서 의식의 상층부로 올라온 정신의 내용들이기 때문이다.14

이것은 현실에서도 그대로 작용이 된다. 예를 들어 꿈을 무시하는 사람에게 꿈은 아무런 의미도 생산하지 못한다. 반면에 꿈을 정확하게 분석하는 사람에게 꿈은 당면한 문제가 무엇인지를 명료하게 보여준다. 사실 그러한 사례는 상담을 통해서 흔히 일어난다.15

이러한 의미 때문에 융은 종교가 드러내는 상징을 삶의 현상이며 사실이라고 보는 것이다. 왜냐하면 신화나 꿈은 인간의 지적 능력으로 만들어낸 견해가 아니기 때문이다. 그것들은 모두 정신의 본질적 작용이다.16 하지만 상징이 바르게 이해되지 않는 한 상징은 어떤 진리도 드러내지 못한다.17 이것이 바로 우리가 상징을 중요하게 다루어야 하는

---

13 칼 구스타프 융/융 저작 번역위원회 옮김, 『꿈에 나타난 개성화 과정의 상징』(솔 출판사, 2006), 37.
14 칼 구스타프 융/융 저작 번역위원회 옮김, 『상징과 리비도』(솔 출판사, 2006), 22-23.
15 위의 책, 26.
16 칼 구스타프 융, 『꿈에 나타난 개성화 과정의 상징』, 160.

이유이기도 하다.

사실 사찰의 구조는 깨달음의 과정을 상징적으로 담고 있다. 가람의 배치는 정신의 구조를 볼 수 있게 만들어져 있다. 또 하나의 예를 든다면, 동남아 불교에서는 명상을 하고 있는 부처님은 코브라의 몸통 위에 앉아있거나 부처님의 몸이 곧 코브라로 표현되기도 한다. 그것은 무엇을 상징하는 것일까? 이 상징을 설명하기에는 지면이 제한되어 있지만 짧게 설명하자면, 본성과 정신의 원리라는 깊은 의미를 담고 있다.

3. 코끼리의 상징

신화에서 나타나는 용어들은 드라마를 만들기 위하여 조합된 무의미한 단어들이었을까? 결코 그렇지 않다는 것이 여러 문헌을 통해서 밝혀진다. 신화 속의 그 어떤 단어나 문장도 그냥 쓰인 것이 아니라 하나하나 깊은 의미를 담고 있다. 코끼리를 보자. 코끼리는 무엇을 의미하는 것일까? 사실 코끼리는 우리에게 너무도 잘 알려진 십우도의 소에 해당한다. 즉 보디사트바Bodhisattva가 코끼리 혹은 소와 말과 같은 동물적 형태로 표현되고 있는 것이다.

신화에서 보는 동물 상징은 불교에서만 보이는 것은 아니다. 예를 든다면 기독교에서는 성령을 상징하는 동물이 비둘기와 일각수—角獸: 유니콘이다. 이 동물들이 나타내고 있는 의미는 생산력을 가진 로고스 또는 성령을 상징한다.[18] 요가 이론에서는 코끼리의 상징을 더 구체적으로 볼 수 있다. 요가는 기초 이론을 상키아학파에 그 바탕을 두고 있다.

---

17 위의 책, 161.
18 칼 구스타프 융/융 저작 번역위원회 옮김, 『인간과 문화』 (솔 출판사, 2006), 255.

하지만 마음을 중심으로 하는 심리학적인 부분에서는 불교의 영향을 많이 받았다고 알려져 있다. 요가의 차크라는 산스크리트어로 '바퀴', 또는 '원반'을 의미하지만 그 본래의 의미는 인간 정신의 중심부를 말한다.

융은 요가에서 말하는 여섯 개의 차크라 단계를 그 각각 하나의 전체 세계를 이루고 있다고 보았다. 씨앗으로 있던 1단계에서 의식이 발아하고 성장하면서 차크라의 새로운 다음 단계로 이동한다.[19] 심리학적으로 보면 차크라의 발전과정은 곧 개별화 과정의 여러 단계를 나타낸다. 개별화 과정을 불교로 말한다면 부처님을 표현하는 천상천하유아독존天上天下唯我獨尊(석가모니가 태어났을 때 처음으로 한 말로 우주 가운데 자기보다 더 존귀한 이는 없음을 뜻함)이다.

불교에서 말하는 자성自性은 개별성 독립성, 자기 정체성이다.[20] 모든 사물에는 개성이 있다. 개성은 존재의 절대적 가치다. 왜냐하면 개성에 의해서만이 정신의 온전한 성장을 할 수 있기 때문이다. 그러므로 정신을 이룰 수 있는 것은 개성이라는 절대적인 가치에 의해서다.[21] 즉 천상천하유아독존은 모든 존재 안에 담겨있는 고유성이 온전히 발현된 상태를 말한다. 고유성을 발휘하지 못한 사람은 이념·종교·정치·사회·문화·물질과 같은 외적 정보에 의존하여 있다. 외적 지식으로 채워진 사람은 자기 자신이 누구인지를 알지 못한다. 우리는 모두 겉으로는 개인으로 살고 있는 것처럼 보일지라도 실은 집단의 일부로 살아가고 있을 뿐이다. 불교에서 말하는 깨달음은 곧 '나'가 누구인지를 아는 것

---

19 칼 구스타프 융/정명진 옮김, 『쿤달리니 요가의 심리학』 (부글북스 , 2005), 92, 46.
20 윤희조, 『불교의 언어관』 (도서출판 씨아이알, 2012).
21 《벽암록》 제57칙.

이다. 왜냐하면 그것만이 고유한 존재로서의 자기 자신이 드러날 수 있기 때문이다. 즉 고유한 본성은 차크라의 단계에서 인간 정신이 가지고 있는 다양한 형태와 가능성이다.[22] 그런 의미에서 융은 전일성을 상징적 그림으로 나타낸 차크라의 세계가 동양의 가장 뛰어난 상징의 예라고 보았다.[23]

그림으로 그려진 차크라 단계는 차크라의 상징이 더 세밀하게 표현되어있다. 첫 번째 단계는 정신의 뿌리를 상징하는 물라다라 차크라 mūlādhāra-cakra가 있다. 이 단계에서 코끼리가 등장한다. 코끼리는 생산력을 가진 본성을 상징한다. 왜 본성이 코끼리 혹은 동물로 상징이 되었을까? 동물은 무명 속에 있는 인간의 내적 상태를 의미한다. 즉 동물은 충동 영역을 나타내는 원시성이다. 원시성은 야만적인 무절제와 잔인한 탐욕을 담고 있는 위험한 리비도의 세계다. 무명은 의식의 빛에 의해서만 밝은 세계 안으로 진입이 가능하다.[24]

힌두교에서 코끼리는 길들여진 리비도, 즉 정신적 생명력을 의미한다. 리비도는 태양으로 상징되거나 남근적男根的 상징으로 표현되기도 한다.[25] 코끼리가 상징하는 것은 인간의 의식을 지탱하고 있는 거대한 충동이다. 즉 그것은 의식이 태어나고 성장하여 강력하게 그 힘을 구축하도록 강요하는 거대한 에너지인 것이다. 의식의 힘이 의지의 힘을 기르고 사람은 의식을 통해서만이 자신의 욕구를 실현할 능력을 얻는다.[26] 그러므로 코끼리는 생명의 의지력과 추진력을 상징한다.[27]

22 아놀드 비틀링어/최여원 옮김, 『칼 융과 차크라』 (슈리크리슈나다스아쉬람, 2016), 18.
23 위의 책, 20.
24 칼 구스타프 융/융 저작 번역위원회 옮김, 『영웅과 어머니의 원형』 (솔출판사, 2006), 268.
25 위의 책, 60-61.

4. 하얀 코끼리는 무엇을 의미하는가?

일반적 코끼리는 회색이다. 그런데 마야왕비의 몸에 들어간 코끼리는 하얀색이다. 차크라 이론으로 보면 코끼리가 두 번 등장한다. 제1의 물라다라 차크라mūlādhāra-cakra에 등장하는 코끼리는 회색이다. 그다음 제5의 비슈다 차크라viśhuddha-cakra에 등장하는 코끼리의 색깔은 회색이 아니라 흰색이다. 이것은 십우도의 소와 유비해 볼 수 있을 것이다. 첫 번째 회색 코끼리 상태에는 원시적이고 동물적인 성질이 그대로 있다. 말하자면 본성의 원시적 위험성은 사람에 의해서 길들여져야 한다.

길들인 동물은 인간과 함께할 수 있다. 길들인다는 것은 동물성에 대한 억압이 아니다. 오히려 동물의 특성이 무엇인지를 정확하게 인지하여 그 특성에 맞는 일을 하도록 일거리를 주는 것이다. 무의식은 재능의 저장고이다. 십우도에서 처음 발견된 소가 사람을 만나 길들여지면 사람은 소를 타고 집으로 돌아온다. 즉 내면의 동물성과 화해하는 것이다. 이때 소는 사람을 도와주는 유익한 동물이 된다. 이 상태의 소의 색깔은 회색에서 흰색으로 변해 있다.

> 깨달음은 소가 그 자신이라는 것을 알며, 스스로 소를 길들이고, 스스로 길들여지는 자가 된다. 다시 이것을 심리학적으로 표현한다면, 깨달음이란 자기 내면의 동물성을 있는 그대로 인식하고 이해하여 의식화하는 것이다.[28]

---

26 칼 구스타프 융/정명진 옮김, 『쿤달리니 요가의 심리학』 (부글북스, 2018), 142-143.
27 아놀드 비틀링어/최여원 옮김, 『칼 융과 차크라』 (슈리크리슈나다스아쉬람, 2016), 52.
28 칼 구스타프 융/융 저작 번역위원회 옮김, 『상징과 리비도』 (솔출판사, 2006), 199.

건강한 정신만이 자기 내면의 야생에 대한 온전한 인식이 일어난
다. 왜냐하면 나약한 자아의식은 무의식의 힘을 견디어 낼 수 없기 때
문이다. 그래서 영웅은 그 자신이 동물이면서 동시에 자신을 희생시키
는 자이며 희생되는 자가 된다.[29] 그러므로 하얀 코끼리는 자기 자신의
동물적 희생을 넘어서 달성한 높은 의식 수준을 상징하고 있다.

5. 숫자가 나타내는 상징

붓다 탄생을 나타내는 그림에는 코끼리가 긴 코를 가지고 마하마야
의 허리를 뚫고 들어간다. 기독교 신화에서 마리아Maria는 귀를 통해서
수태를 한 것으로 표현된다.[30] 붓다 탄생의 상징적인 수태의 순간을 나
타내는 또 다른 이야기를 옮겨와 보자.[31]

쿤달리니(부처)를 낳는 어머니가 코끼리 형상을 하고 있다. 마야왕
비의 꿈에 우유처럼 하얗고 여섯 개의 이빨을 가진 코끼리 한 마리
가 나와서 마야왕비에게 하늘을 보라고 가리킨다. 하늘을 보니 창공
에 장밋빛 붉은색을 띤 별 하나가 하늘에 반짝이면서 여섯 방향으로
환한 광채를 발하고 있다. 코끼리가 그녀의 품에 공기를 가득 불어
넣고 빛으로 그녀를 완전히 감아드니 마침내 그녀 품속으로 들어갔
다.[32]

29 칼 구스타프 융/융 저작 번역위원회 옮김, 『영웅과 어머니의 상징』 (솔출판사, 2006), 353.
30 칼 구스타프 융/융 저작 번역위원회 옮김, 『인간과 문화』 (솔출판사, 2006), 255.
31 칼 구스타프 융/융 저작 번역위원회 옮김, 『인격과 전이』 (솔출판사, 2006), 192.
32 칼 구스타프 융/융 저작 번역위원회 옮김, 『영웅과 어머니 원형』 (솔출판사, 2006), 255.

앞의 탄생신화 속에서는 코끼리가 여섯 개의 이빨이 황금이었는데, 여기서는 우유처럼 하얀 이빨이다. 황금과 흰색은 모두 순수함을 나타낸다. 차크라 그림에서도 똑같은 코끼리가 그려져 있다. 그림으로 보면 큰 코가 하나 있고 그 아래로 여섯 개의 상아가 있다. 여기서 6이라는 숫자가 의미하는 것이 무엇일까?

제6 차크라에서 여성 에너지 샥티와 남성 에너지 시바가 비로소 합일된다. 제6 차크라인 아즈나의 그림에는 6개의 머리가 있고, 6개의 손이 있는데 샥티는 손에 책을 들고 있다. 책이 시바의 손이 아니라 샥티의 손에 들려졌다는 것은 이성에서 나온 합리적 지식이 아니라 지식 이면의 지식 즉 신비로운 여성의 지식, 즉 무의식의 지식을 의미한다. 6이라는 숫자는 상아뿐만 아니라 붉은색 별 하나에서 여섯 방향으로 빛을 드러낸다고 표현한다. 별을 붉은 색깔로 표현했다. 붉은색이 충동의 영역이라면 의식은 푸른색의 영역이다. 그러므로 붉은색은 의식이 아닌 무의식이다. 붉은색 별이 빛을 발사한다는 것에서도 의식은 무의식으로부터 나온다는 것을 알 수 있다.

신화의 코끼리는 6개의 상아와 코 1개 포함하여 7의 숫자를 갖는다. 융은 차크라에서 나타나는 숫자 7은 모든 차크라가 정신의 근원에 이미 잠재되어 있음을 상징하고 있다고 해석했다.[33] 기독교에서도 7은 완전한 숫자다. 신이 6일 동안 만물을 창조하고 7일째 되던 날 쉬었기 때문이다. 서양에서 숫자 3은 하늘의 완전함을 나타내고, 숫자 4는 땅의 완전함을 나타내는데 하늘과 땅을 합한 숫자가 7이라는 것이다.[34]

그런데 이것을 심리학적으로 해석한다면 하늘은 의식이고 땅은 무

---

33 아놀드 비틀링어/최여원 옮김, 『칼 융과 차크라』 (슈리크리슈나다스아쉬람, 2016), 52.
34 네이버 지식백과.

의식이다. 즉 7은 의식과 무의식의 합일이다. 요가의 7번째 차크라 역시 '천 개의 연꽃잎'을 상징하는 왕관 차크라(사하스라라)이다. 말하자면 7이라는 숫자는 인격의 전체성을 의미한다.

몸은 끊임없이 영혼의 발달과정을 상기시킨다. 7개의 차크라는 개별화 과정을 위해 몸이 자신의 고유한 기억을 회상하도록 돕는다. 영혼은 기계에서 라면이 만들어진 것처럼 된 것이 아니고, 뿌리를 형성하여 오늘에까지 이른 고유한 과거의 역사가 있다. 그러므로 그 역사가 드러나는 것이 곧 개성화 과정이고, 고유한 자신을 말하는 천상천하유아독존의 발현 과정이다. 이것을 위하여 자아의식은 외부적 삶을 내부적 삶으로 연결시켜야만 하는 숙명적 임무가 주어져 있는 셈이다.

6. '땅'은 존재의 뿌리 영역을 상징한다

다음으로 '땅에 닿다'라는 말이 나온다. 땅은 육체이며 물질이 신의 성스러움이 거치는 곳이며 축복받은 자를 의미한다. 땅은 모든 죄를 대신하는 자비가 넘치는 여인이기도 하고 붓다를 품고 탄생시키는 곳이다. 또한 어머니로서 분리와 작별이 있으면 동시에 합일의 대상이자 총괄이다.[35] 존재의 뿌리 영역으로서 육체적 존재[36]를 말하는 동시에 현실적 세계를 의미한다.[37] 요가로 본다면 땅은 '물라다라'에 해당한다. 요가에서 붓다는 쿤달리니로 표현된다. 즉 붓다인 쿤달리니의 모든 경로는 뿌리 차크라인 '물라다라'에 있다. 땅 즉 대지는 몸의 상징이다.

35 칼 구스타프 융/융 저작 번역위원회 옮김, 『인간의 상과 신의 상』 (솔출판사, 2006), 108-109.
36 칼 구스타프 융/정명진 옮김, 『쿤달리니 요가의 심리학』 (부글북스, 2018), 771-772.
37 칼 구스타프 융/융 저작 번역위원회 옮김, 『영웅과 어머니원형』 (솔출판사, 2006), 253.

부처는 몸이라는 구체적인 삶, 현실적 세계를 통하지 않고서는 깨달음에 이를 수 없다는 것이다. 몸이 있기 때문에 부처가 있다. 이 말을 조사들의 언어로 바꾸면 '중생이 없으면 부처도 없다'가 된다. '물라다라'는 지구에서 의식적으로 영위하고 있는 개인적인 존재의 상징이다.[38] 심리학적으로 땅이 상징하는 것은 자기 내면의 가장 깊은 곳을 말한다. 자기 자신 속에 깊이 골몰하는 것은 바로 대지로 파고 들어가는 것과 같다. 대지는 어머니다. 죽은 자는 대지인 어머니에게로 돌아간다.[39]

어머니는 심리학적으로 무의식이다. 대지 안에서 붓다는 '나'라는 자아의식이 형성되기 전이다. '나'가 발현되지 않는 상태(非我)에서 붓다는 아무런 효력도 발휘하지 못하고, 아무런 의미도 없다.[40] 정신은 의식이 발현됨으로써 비로소 성장을 시작한다. '물라다라'에서 붓다는 자궁 속의 난자처럼 아직 수정되어야 할 씨앗 상태로 잠자고 있는 것이다.[41] 코끼리가 어머니의 배 안으로 들어옴으로써 발달을 시작할 조건이 갖추어진다.[42] '땅에 닿다'라는 것은 우주적 세계라는 거대한 몸통 안, 가장 낮은 곳에서 시작이 이루어진다는 것을 의미한다.

7. 어머니의 상징

이 논문의 주제는 마야왕비, 즉 붓다의 어머니다. 심리학에서 어머니는 집단무의식을 의인화한 것이다.[43] 집단무의식은 불교의 아뢰야

---

38 칼 구스타프 융/정명진 옮김, 『쿤달리니 요가의 심리학』 (부글북스, 2018), 71.
39 칼 구스타프 융/융 저작 번역위원회 옮김, 『영웅과 어머니 원형』 (솔출판사, 2006), 227.
40 칼 구스타프 융/정명진 옮김, 『쿤달리니 요가의 심리학』 (부글북스, 2018), 47.
41 위의 책, 180.
42 위의 책, 73.

식에 해당한다. 아뢰야식은 융심리학의 집단무의식에 유비된다. 집단
무의식은 선천적 정신으로서 우리 안에 유전으로 누적된 심리적 다양
성이다. 우리는 개인의 성향이나 견해, 습관 등이 환경이나 사람에 의
해서 정해진다고 보지만 사실은 집단무의식에 의한 것이다. 다만 환경
이나 사람은 그러한 성향을 유발시킬 뿐이다.[44]

불교에서 한편으로는 '업'이라는 말을 쓰기도 한다. 아뢰야식이 객
체적 정신에 대한 기술이라면, 업은 주체적 정신에 대한 기술로 이해되
고 있는 점에서 차이를 보인다. 집단무의식이나 아뢰야식 혹은 업은 우
리의 신체조직의 많은 부분들이 아직도 옛 기능과 상태의 잔존물을 지
니고 있다는 말이다. 사실 우리의 정신은 그러한 고태적인 충동 성향에
서 벗어나 있는 것처럼 보이지만 여전히 계속 진행되는 발전의 징후들
을 지니고 있다. 그것들은 최소한 꿈과 환상 속에서 그 원초성이 반복
되고 있다는 것도 확인된다.[45]

그러므로 집단무의식이란 정신의 발달과정에서 발생한 역사의 압
축이다. 조사선에서는 집단무의식을 허공 또는 특정할 수 없는 오지奧地,
손댈 수 없는 원시림으로 표현된다. 그만큼 우리 정신의 내용들이 광대
하고 무한하다는 의미다. 이것은 왜 인간 인격의 총체가 완전한 기술이
불가능하다고 하는지 그 이유를 말해주고 있기도 하다.[46]

집단무의식은 어머니와 더불어 나무·물 등으로 상징되기도 한다.
우리나라 단군신화에도 박달나무가 등장한다. 나무는 정신의 자웅동
체를 의미한다. 나무는 여성성과 남성성이 혼합되어있는 생명의 근원

---

43 칼 구스타프 융/융 저작 번역위원회 옮김, 『영웅과 어머니 원형』(솔출판사, 2006), 262.
44 『정신요법의 기본문제』 297.
45 칼 구스타프 융/융 저작 번역위원회 옮김, 『상징과 리비도』(솔출판사, 2006), 54.
46 칼 구스타프 융/융 저작 번역위원회 옮김, 『인간의 상과 신의 상』(솔출판사, 2006), 64.

이다. 그러므로 단군신화에서도 박달나무 아래에서 환인과 웅녀가 결합하고 단군이 태어난다.

단군의 어머니 웅녀는 역시 동물로 상징된다. 심리학적으로 말한다면 웅녀는 무의식이고, 환인은 의식이다. 무의식과 의식의 결합에 의해서 새 생명인 단군이라는 창조가 일어난다. 인류의 기원이 나무에서 비롯되었다는 이야기는 단군신화뿐만 아니라 세계의 수많은 신화 속에서 발견된다.[47]

낙원의 나무, 혹은 생명의 나무에서 보는 것처럼 나무는 제례祭禮와 신화에서 중요한 역할을 한다. '죽음의 나무'라고 불리는 장례의 관이 나무다. 즉 사람이 죽으면 나무 관 속에 넣는 것은 어머니에게로 돌아가는 것을 의미하고 있다. 십우도에서 소가 살고 있는 곳은 태초의 생명이 시작되는 물가 나무 아래다.

삶에서 인간이 치르고 있는 의식(儀式) 하나하나가 모두 근원적 성질과 관련되어 있다는 사실이 참으로 놀랍다. 어쩌면 그것은 본성으로 돌아가야만 하는 것에 대한 열망들이 그렇게 상징성으로 드러났을 것이다. 그러므로 숲은 리비도의 상징이다. 인도의 신들이 살고 있다고 전해지는 보리수나무에는 어머니 상징을 특징적으로 그려내고 있다고 융은 말한다. 보리수나무 아래에서 고타마 붓다가 깨달음을 얻은 것 또한 이러한 상징성과 연관 지을 수 있을 것이다.[48] 연금술에 있는 금속나무 혹은 현자의 나무(arbor philosophica)는 최고의 깨달음을 의미하는 영적 성장을 상징한다.[49] 그러므로 숲

---

47 칼 구스타프 융/융 저작 번역위원회 옮김, 『영웅과 어머니 원형』(솔출판사, 2006), 91.
48 위의 책, 304.
49 칼 구스타프 융/융 저작 번역위원회 옮김, 『인간과 문화』(솔출판사, 2006), 292.

(林)은 깨달음의 장소가 되는 것이다.[50]

신들이 살고 있는 곳은 여성성인 무의식의 정신이다. 붓다가 나무 아래서 태어난다는 것은 곧 여성성인 무의식으로부터 태어나는 것이다. 무의식을 알지 못하는 한 깨달음은 없다. 왜냐하면 깨달음의 원천이 곧 여성성인 무의식이기 때문이다. 그러므로 나무는 최고의 깨달음의 상태에 이르는 영적 성장으로 표현되는 것이다.[51] 물이 물리적 생명의 원천인 것처럼, 무의식은 정신적 생명의 원천이다. 물이 둥근 것 rotundum처럼 순환운동을 상징한다. 순환이란 의식적 정신과 무의식적 정신이 분리되지 않고 막힘없이 소통하는 일이다. 무의식이 활성화되면 더 이상 억압이 일어나지 않는다.

무의식을 활성화시키는 일이 왜 중요할까? 개체의 고유한 존재를 인식하게 되는 것은 오직 무의식을 의식화함으로만이 가능하기 때문이다. 이것은 여성성을 상징하는 무의식의 특성이 무엇인지를 확연하게 보여준다. 무의식은 의식이 주워 담을 수 없는 생각이나 경험들을 버린 단순한 쓰레기통이 아니고, 동물적인 성격으로 상징되는 혐오스러운 것들만 있는 것도 아니다.[52] 샥티의 손에 들려 있는 책이 상징하고 있는 것처럼 '일종의 창조적 자율성'을 가지고 있다. 뿐만 아니라 때때로 의식된 통찰을 능가하는 지성과 목적성을 나타낸다.[53] 무의식은 말하자면 정신의 보물창고이자 정신 에너지의 근원이다.

그러므로 무의식의 의식화는 내면에 잠자고 있는 아기 붓다를 깨우

---

50 최명희, 『상징의 심리학』, 154.
51 칼 구스타프 융, 위의 책, 292-293.
52 칼 구스타프 융/김세영 옮김, 『무엇이 개인을 만드는가』, 149.
53 칼 구스타프 융/융 저작 번역위원회 옮김, 『인간의 상과 신의 상』(솔출판사, 2006), 63.

는 일이다. 붓다란 '나'를 객관적으로 인식하는 정신으로서 무아의식이
면서 동시에 정신의 전체성이다. 무아의식은 최상의 정신이다. 최상의
의식만이 자기 내면의 가장 미묘한 움직임까지 관조할 수 있다. 그 관
조에 의해서 개별적 삶에 담긴 우주적인 의미가 드러난다.[54]

8. 마야왕비의 죽음은 무엇을 의미하는가?

아기 붓다를 낳은 어머니 마야왕비는 7일 만에 죽는다. 여기서도 숫
자 7을 볼 수 있다. 기원후 424년에 만들어졌다는, 많이 알려지지는 않
은 『아미타-선경阿彌陀-禪經』에 나오는 호수에도 7개의 보석으로 이루어
진 연꽃이 있다. 7개의 보석은 모든 세계가 내부로 흡수된 상태를 지나
서 만나게 된다.[55] 그러므로 숫자 7은 인격의 전체성을 나타낸다고 볼
수 있다. 부처를 출생시킴으로써 마야왕비의 인격은 인격의 전체를 이
룬 것이다.

물론 여기서 죽음의 의미를 물리적 죽음으로 보아서는 안 될 것이
다. 그것은 정신의 구조가 나타내는 상징적 죽음이다. 신화적 관점에서
마야왕비의 죽음은 매우 중요한 상징적 의미를 갖는다. 여성성을 대표
하는 마야왕비는 무의식적 정신이다. 아기 붓다의 상징은 의식이다. 무
의식은 어둠이고 의식은 밝음이다. 정신의 구조는 무의식이 의식을 탄
생시키고 자아에 의해서 보호되고 양육되어 강력한 의식으로 성장하
여 무의식의 내용들은 의식의 세계로 편입하도록 되어있다. 불교적으
로 말하자면 무명無明을 밝히는 것이다.

---

54 칼 구스타프 융/정명진 옮김, 『쿤달리니 요가의 심리학』(부글북스, 2018), 191.
55 칼 구스타프 융/융 저작 번역위원회 옮김, 『인간과 문화』, 206-207.

아기 붓다가 마야왕비의 몸에서 태어나기 전에는 의식과 무의식은 구분되지 않는다. 왜냐하면 무의식 상태에서는 분별의식이 없기 때문이다. 아기 붓다가 태어남으로써 의식이 발생하고 분별이 일어난다. 하지만 의식의 힘은 약하다. 약한 것은 무의식의 거대한 힘에 쉽게 휩쓸려 그 생명력이 꺼져버릴 수 있다. 그러므로 의식이 힘을 키우기 위하여 무의식의 희생이 필요하다. 그것이 정신의 발전과정에서 일어나는 '근원적 마음'의 첫 번째 희생이다.

말하자면 마야왕비의 죽음은 창조를 위한 파괴인 것이다. 상징이 말하는 죽음이란 없어지는 것이 아니라 잠재되어 있다는 의미다. 잠재되어 있는 무의식은 자아의식의 힘이 강화되고 자아의 구조가 단단해질 때까지 자신의 존재를 드러내지 않고 기다린다. 자아의식이 성숙하면 잃어버린 본성인 어머니를 그리워하여 스스로 찾아 나선다. 그것이 바로 십우도에서 사람이 소를 찾아 나서는 이유다.

소를 찾아 소를 길들이는 시기가 되면 그때는 거꾸로 자아의 희생이 요구된다. 자아의 희생은 정신의 통합의 과정을 위한 두 번째 희생이다. 자아의 희생에 의해서 순수한 의식인 무아의식이 출현하게 된다. 무아의식에 의해서 자아의식과 무의식으로 분리되어 있던 정신은 한마음(一心)으로 통합을 이룬다. 중생과 부처가 한마음을 이루는 것이 바로 '윤원구족輪圓具足'이다. 분리된 정신은 바퀴가 원만하고 충분하게 갖추어지지 않았다. 정신의 바퀴를 온전하게 갖추는 일은 남성(의식)과 여성(무의식)의 합일을 말한다. 불교가 말하는 깨달음의 목적은 윤원구족을 이룸으로써 '자신을 구원'하는 것에 있다.[56]

자신을 구원하는 일이 어떻게 일어나는지를 탄트라의 세계관은 다

---

56 칼 구스타프 융/정명진 옮김, 『쿤달리니 요가의 심리학』 (부글북스, 2018), 15.

음과 같이 설명한다. 우주는 남성성의 상징인 시바와 여성성의 상징인 샥티로 구성되어 있다. 이것은 동양에서는 '음'과 '양'을 말하고, 육조 혜능선사는 모든 진리의 양변성을 말한다. 불교에서의 대표적인 양변 성은 부처와 중생이다. 융심리학에서는 남성성을 의미하는 '사고'와 여 성성을 의미하는 '감성'이다.

우주의 모든 창조활동은 시바와 샥티의 결합, 즉 음과 양의 결합, 중 생과 부처의 결합으로 시작한다. 그것은 현실에서 사람에게 있어 남자 와 여자의 결합으로 일어난다. 탄트라의 결합에서 더 많이 강조되는 것 은 남성성보다 여성성이다. 왜냐하면 해탈에 이르는 길은 여성성을 개 발하는 데 있기 때문이다. 이것은 물론 남성적 관점에서 본 것이다. 이 것을 여성적 관점에서 보면 해탈에 이르는 길은 내면의 남성성을 개발 하는 데 있다.

III. 마야왕비, 여성 영웅의 상징

오늘날 대표적인 종교들에서 여성성은 거의 강조되지 않는다. 왜 그렇게 되었을까? 그것은 정신 발달 과정에서 일어나는 하나의 단계적 현상으로 볼 수 있을 것이다. 즉 정신의 본질은 여성성이지만 남성성인 의식이 태어나고 성장하여 결합함으로써 온전한 전체성을 이루게 된 다. 여성성인 무의식의 희생은 의식의 성장을 위한 필연적 과정이다. 이것이 인류 역사에서 그대로 발견된다. 원시시대는 무의식의 세계다. 그러므로 최초의 세계는 모계 중심 사회였다.

그런데 점차 의식이 발달하고 의식의 힘이 강화되면서 모계 중심 사회는 부계 중심 사회로 이동한다. 하지만 의식이 적절한 수준에 도달하게 되면 어머니인 무의식은 자신의 존재를 드러내기 시작한다. 왜냐하면 의식 주도 사회는 무의식과 분리된 세계이기 때문이다. 분리된 세계는 갈등과 반목만이 존재하는 병든 세계다. 그러므로 정신의 목적은 분리가 아닌 통합이다. 의식의 성장을 위하여 무의식의 첫 번째 희생이 일어났다면 이제는 두 번째로 자아의식의 희생이 필요하다. 자아의식의 희생은 무의식의 의식화를 촉진하게 된다. 의식성장의 목척은 무의식의 의식화를 위한 것이었다.

그러므로 오랫동안 지속되어 온 세계는 남성 중심적 가치관으로 형성된 의식 중심적 세계였다. 하지만 의식의 일방성은 남성성의 팽창이라는 불균형의 역사를 만들었다. 정신은 균형을 목적으로 한다. 무의식은 의식의 일방적 질주를 막고 정신의 균형을 잡아주는 평형추이다.[57] 이제 자아의식의 팽창을 막기 위해서 무의식의 반격이 시작된다. 자아의식이 무의식을 대극으로 보고 분리하면 할수록 무의식의 모습은 무서운 형상을 띠게 된다.

이것이 사회 현상으로 나타난 것이 바로 페미니즘의 운동이다. 남성 중심 시대의 산물로서 여성에 자행된 남성의 폭력성은 페미니즘의 발전을 가져왔다. 모든 삶의 현상은 정신 본질이 나타내는 현상이다. 건강하고 올바른 페미니즘 운동이 되기 위해서는 정신적 구조에 대한 이해가 우선되는 것이 중요하다. 왜냐하면 정신 구조에 대한 정확한 이해는 곧 사회운동의 올바른 전개로 이어질 수 있다고 보기 때문이다.

불교에서 부처는 융심리학에서 말하는 자기Self에 유비된다. 이것은 다른 종교영역에서 또 다른 이름들로 불린다. 부처는 인간존재를 말하

---

57 칼 구스타프 융(2014), 김세영 옮김, 『무엇이 개인을 만드는가』, 부글북스 138.

는 것이 아니라 정신의 전체성을 말한다. 이것을 달마는 한마음(一心)
이라고 했다. 한마음은 의식과 무의식으로 분리되기 이전의 전체 정신
이다. 한마음은 융심리학에서 자기Self를 단일성Einheit의 원형이라고 말
하는 이유와 동일하다.

본래 근원적 마음은 '완전한 형상'을 갖추기는 했다.[58] 그러나 의식
이 없는 마음은 혼돈 그 자체였다. 혼돈을 질서로 바꾸기 위해서 필요
한 것이 바로 의식의 발생이다. 의식의 특성은 구별이다. 의식은 자아
라는 껍질의 보호를 받고 자란다. 자아의식의 특성은 '나'를 중심으로
모든 것을 나누게 된다. '나'가 있음으로써 '너'를 분별한다. 뿐만 아니
라 선과 악, 의식과 무의식을 분별함으로써 대극이 발생된다. 대극의
분별은 중요하다. 그것에 의해서 의식은 강화되고, 그것에 의해서 독자
성을 획득할 수 있기 때문이다. 반면에 대극은 갈등과 번뇌의 원인으로
써 인간에게는 모든 고통의 근원이기도 하다.

자아의식은 '나'라는 틀 속에 있는 의식이기 때문에 불완전한 의식
이다. 즉 자아의식으로는 대극의 합일이 일어날 수 없다. 대극은 오직
자기 혹은 부처 속에서 지양된다. 이것이 바로 불교가 깨달음을 말하
고, 융이 무의식의 의식화를 말하는 이유다. 자기Self는 자아의식에 포
함되지 않는 정신이다. 그렇기 때문에 고타마 싯다르타는 깨달음을 통
해 무아의식의 필요성을 말하게 된다. 무아의식은 정신에 내재된 근원
적 의식성이다. 무아의식은 자아를 절대적 객관성으로 인식하다. 그러
므로 무아의식에 의해서 대극으로 분리된 마음은 전체성인 한마음(一
心)으로 회귀할 수 있는 것이다. 혼돈의 한마음이 무아의식에 의해서
질서로 편입된 한마음이라는 점에서 근본적인 차이를 갖는다.

---

58 『의식의 기원사』, 313.

정신 진화과정의 모든 침전물이 담고 있는 부처 또는 자기Self는 살아 있는 체계의 총괄 개념이면서 미래 삶을 잉태한 모체이자 시작점이 된다. 부처는 인간의 모든 사유와 행동의 시발점이며 궁극적 도착점이다. 현재 삶이나 미래 삶을 통해서 만나게 되는 감정 또한 내재되어 있었던 것들이다. 이러한 심리적 토대로부터 인간은 불멸성에 대한 관념을 잉태하게 된 것이다.[59]

우리가 부처나 자기 혹은 신을 포착할 수 없는 것은 자아의식의 이해영역을 넘어서 있기 때문이다. 인간 정신 최상의 그리고 최후의 목표는 부처 혹은 자기Self로 말해지는 이 중심을 향하고 있다.[60] 인간이 갖는 종교적 염원, 완전함에 대한 열망이 바로 이러한 정신의 중심 작용으로 인한 것이다.

그런데 마야왕비의 위대성은 자기 내면의 부처를 낳았다는 것이다. 부처의 출생은 태양이 떠오르는 것에 비유된다. 태양에 의해서 어두웠던 내면은 의식의 빛으로 가득히 채워진다. 그렇기 때문에 위대한 인격의 출생의 순간이 '깨달음'이라고 말해지는 것이다.[61] 그것은 자아의식의 편협하고 일방적 삶에서 벗어나 정신의 전체성을 이루는 정신 발전의 최상에 도달하는 것이다. 그러므로 마야왕비로 사는 일은 그 누구에게도 종속되지 않는 자유인이자 진정한 자기 자신이 되는 것이다.

그것은 대극으로 인한 갈등이 해소되는 일이고, 부처를 낳는 일은 마야왕비의 내면에 잠자고 있던 남성성의 부활이다. 그로 인해 여성은 감성과 사고의 통합을 이루어낸다. 통합은 분리로 인한 고통의 의미를

---

59 『원형과 무의식』, 99.
60 『인격과 전이』, 159.
61 칼 쿠스타프 융/융저작 번역위원회 옮김, 『인간과 문화』, 30.

발견하게 한다. 그것은 분리로 인하여 일어났던 정신 에너지 소비를 생명력의 원천으로 되돌리는 일이다. 그것을 불교에서는 전륜성왕이 된다고 말하는 것이다. 전륜성왕은 남자와 여자를 극복한 존재다. 진정한 존재의 모습을 담고 있는 천상천하유아독존으로서의 온전한 인간이다.

마음의 바퀴가 원활하게 돌아갈 때 개인은 자신의 삶을 충분하게 경험되고 그 의미가 실현된다. 마야왕비의 죽음은 물리적 죽음이 아니라 상징적 죽음이다. 죽음의 상징은 부활을 담고 있다. 분리된 정신에서 통합이라는 새로운 인격으로 재탄생함을 의미한다. 그것이 바로 온전한 바퀴를 다 갖추어 마음이 어디에도 막히지 않고 목적지를 향해 잘 굴러가게 만드는 전륜성왕의 상징이다.

그러므로 전륜성왕은 축복받은 이 시대의 여성이 해내야만 하는 가장 개성 있고, 가장 가치 있는 고귀한 삶의 의무다. 이것은 인간 정신의 위대성을 실현한 최초의 여성으로서의 마야왕비가 현대의 여성들에게 전하는 상징의 메시지인 것이다. 여성들이 영웅 마야왕비로 다시 태어나는 날, 페미니즘의 진정성은 가장 아름답게 실현될 수 있다.

마야왕비는 잠재된 여성적 가치관을 수면 위로 끌어 올리는 기폭제가 될 것이고, 통합된 정신이라는 새 시대를 여는 데 있어서 중추적 역할을 할 것이다. 왜냐하면 마야왕비는 여성 영웅의 상징으로 나타나기 때문이다.

보살의 탄생과 마야(摩耶, Māyā)왕비의 죽음*

안양규**

I. 보살이 선택한 어머니 마야왕비

천상에서 내려와 인간의 몸으로 탄생하기 위해서는 여인의 몸에 의탁해야 한다. 천신으로 지내다가 인간으로 태어나기 위해서 보살은 마야왕비를 선택하게 된다. 청정한 보살을 잉태할 수 있는 자격과 자질을 갖춘 이가 마야왕비이었기 때문이다. 세상의 여인들을 두루 살펴보았지만 마야왕비만큼 청정하고 자비로운 분이 없었던 것이다. 마야왕비가 없었더라면 보살이 인간으로 탄생하기 힘들었을 것이므로 마야왕비의 위대함을 인정하지 아니할 수 없다.

붓다의 생모인 마야Māyā왕비에 관한 체계적이고 독립적인 연구는

---

* 본고는 2015년 「불교연구」 42호에 게재되었던 "마야(摩耶, Māyā) 부인의 죽음에 관한 연구"를 약간 수정한 것이다.
** 동국대(경주캠퍼스) 불교학부 교수, 한국불교상담학회 회장

국내·외 학계에서 거의 이루어지지 않고 있다. 불교 문헌 자체만 보더라도 마야왕비에 관한 내용은 대승불교 시대에 생성된 문헌에서 간헐적으로 나오고 있을 정도로 중요하게 다루어지지 않았다. 가톨릭교의 예수의 어머니 성모 마리아에 비교하면 불교에서의 마야왕비는 주요한 신앙의 대상도 아니고, 긴요한 위치를 차지하고 있지도 않다. 마야왕비는 붓다를 낳은 생모임에도 불구하고 그다지 주요한 인물로 여겨지지 않은 이유는 불교의 특성에서 찾아야 할 것이다. 굳이 한 특성을 언급하자면 불교의 기본 성격이 인물보다는 법法을 중시한다. 이러한 특성으로 인해 사실상 붓다의 전기도 붓다의 입멸 후 수백 년이 지난 이후에야 나타난다.

하나의 온전한 체계로 작성된 불타전傳은 붓다의 입멸 후 상당한 시간이 지난 뒤에 나타났기 때문에 초역사적인 기술과 문학적인 서술의 요소가 농후하다. 불타전이 발달하면서 붓다의 주변 인물에 대한 전기도 단편적이나마 나타나기 시작한다. 이러한 주변 인물에 대한 전기도 붓다와 관련하여 이야기될 수밖에 없다. 붓다의 가족이나 제자에 관한 전기는 붓다와 그의 가르침을 찬양하는 의도가 기본적으로 내재해 있다. 붓다의 직계 가족에 관한 전기도 붓다의 고귀한 품위에 기여하는 방향으로 작성될 수밖에 없다는 것을 쉽게 짐작할 수 있다.

현대 불제자들도 마야왕비에 대하여 단편적인 지식만 알고 있을 뿐이다. 마야왕비는 동산에서 우협으로 아들 싯다르타를 낳고, 낳은 지 7일 만에 죽었다. 우리는 이런 지식에 만족하고 더 이상 알아보려고 하지 않는다. 초기 불교 시대에도 그리고 부파불교 시대에서도 이러한 방관적인 태도는 지속되었다. 이 시기에는 마야왕비에 관한 것을 비중 있게 독립적으로 다루는 문헌이 나타나지 않았다.[1] 붓다의 입멸 후 시간이 지나 불타관이 발달하면서 마야왕비에 관한 관심을 가질 수밖에 없었다. 붓다의 생모인 마야가 출산한 지 7일 만에 죽었다는 기록은 경건한 불제자들에게 자칫하면 불타관에 흠집을 낼 수 있는 문젯거리였다.

붓다의 전신인 보살의 탄생과 관련한 생모 마야왕비의 죽음은 붓다의 전기 작가에게 어려움을 던져주고 있다. 보살이 태어난 지 7일 만에 생모 마야왕비가 죽었다는 사실은 붓다의 전기에서 결코 아름다운 사건으로 여겨지기 어렵다. 외도들은 보살의 탄생으로 인하여 산모가 사망하였다고 보살에게 허물을 돌릴 수 있다. 초기 불교 문헌에선 이러한 문제의식이 대두되지 않았지만 시간이 지나면서 이 문제는 불교도들에게 풀어야 할 과제로 남겨지게 되었다.

대승불교 시대에 이르면 마야왕비의 죽음이 보살의 탄생과 관련이 없다고 주장하는 불타전이 등장하게 된다. "너의 스승 구담은 정말 나쁜 사람이다. 낳은 지 7일 만에 그 어미가 죽었다. 어찌 악인이 아니겠느냐."[2] 이런 힐난에 대해 불제자들은 침묵할 수 없었고, 힐난을 반박할 수 있는 설명을 주어야 하였다. 불타전이 점차 체계화되고 발전하면서 다양한 논의가 이루어지게 된 것이다. 대승불교 시대에 이르러 마야왕비의 죽음에 대한 논의가 불타전에 등장하게 된다. 붓다의 탄생이 마야왕비의 죽음의 원인이 아니라고 역설하는 문헌을 중심으로 살펴보고자 한다.

---

1 초기 불교 한역 경전에 국한해서 보면 마야왕비는 5번 경전에 간략히 등장하고 있다: 붓다의 입멸과 관련하여 마야왕비가 등장하는 경우(『대정장』 1, 27a; 『대정장』 2, 179b), 보살의 우협 탄생과 관련된 내용(『대정장』 2, 166c), 붓다가 생모가 마야왕비라고 밝히는 내용(『대정장』 2, 637b); 붓다가 천상에서 마야왕비에게 설법하는 경우(『대정장』 2, 705c).
2 『대방편불보은경』(『대정장』 3, 124c). "汝師瞿曇實是惡人 適生一七 其母命終 豈非惡人也."

II. 마야왕비의 임신과 출산

1. 보살의 어머니 선택

인간으로 태어나기 전 도솔천상에서 보살은 몇 가지를 자세히 살피는데 이 중에 미래의 생모가 갖추어야 할 조건을 살핀다. 『과거현재인과경』에 의하면 부모를 정한 이유를 다음과 같이 설명하고 있다. "감자甘蔗의 자손이 전륜성왕의 후손이며, 백정왕白淨王의 과거 인연을 살펴건대 부부가 진실되어서 부모가 될 만하겠으며, 또 마야摩耶왕비의 수명이 길고 짧음을 살펴도 태자를 깨서 열 달을 다 채우고 태자가 탄생하면 태어난 지 7일 만에 그 어머니의 목숨이 끝나겠구나."[3] 먼저 전륜성왕의 후손으로 부모의 혈통이 뛰어남이 고려되고 있다. 마야왕비의 수명을 살펴보니 출생 후 7일 만에 죽을 것임을 알게 되었다.

『근본설일체유부비나야파승사』에는 더 자세하게 마야왕비를 어머니로 선택한 이유가 나오고 있다. "한 여인의 7대 종족을 살펴보니, 모두가 청정하여 음란하거나 더럽지 않고 얼굴이 단정하며, 계품戒品을 잘 닦아서 보살을 열 달 동안 태 안에 갈무리하는 일을 충분히 감당할 만하였다. 이 여인은 생애의 업과 오고 가고 나아가고 그침에 한 번도 장애 된 일이 없었다. 대환화大幻化 부인은 과거의 여러 부처님 세상에서 최상의 소원을 빌기를 '내가 내세에 낳은 아들로 하여금 종각種覺을 이루도록 하여 주소서'라고 하였다."[4]

---

3 『과거현재인과경』(『대정장』 3, 623b). "諸族種姓釋迦第一甘蔗苗裔聖王之後 觀白淨王過去因緣 夫妻眞正 堪爲父母又觀摩耶夫人 壽命脩短 懷抱太子 滿足十月 太子便生 生七日已 其母命終."

4 『근본설일체유부비나야파승사』(『대정장』 24, 106c). "觀彼女人七世種族 悉皆淸淨

먼저 마야왕비의 가문이 훌륭하여 선조 7대까지 혈통이 순수하다
고 밝히고 있으며, 마야왕비의 외모가 단정하다는 것이 언급되고 있다.
10개월 동안 보살을 잘 간직할 수 있을 정도로 도덕적인 성품을 지니고
있다고 예측하였다. 마야왕비의 전생을 보니 선업을 많이 지었다는 것
을 살필 수 있었다. 생사윤회하는 과정에서 커다란 장애가 없었다는 것
은 고통이 적었다는 것을 의미하고, 고통이 적었다는 것은 악업은 많이
짓지 않았고 선업을 많이 지었다는 것을 말하는 것이다. 나아가 마야왕
비가 전생에 붓다가 될 보살을 잉태하고자 하는 대원을 이미 세우고 있
었다고 이야기함으로써 마야왕비의 종교적 심성을 엿보게 해준다. 이
문헌에선 마야왕비의 수명에 관한 내용은 빠져 있다.

『불설중허마하제경』에는 앞서 살펴본 내용과 다른 부분이 첨가되
었다. "만약 이 여인이 지혜가 매우 깊고 복과 덕이 한량없으며, 모든 상
호가 단정 엄숙하고, 지계하여 청정하며, 과거의 모든 부처님께서 같이
수기授記를 주셨다. 나는 곧 받아 나리라."[5]

이 문헌에서 특이한 것은 마야왕비가 과거의 제불諸佛로부터 수기
를 받았다는 내용이 들어있다. 앞서 우리는 마야왕비가 보살을 잉태하
고자 하는 원을 세웠다는 것을 살펴보았는데, 마야왕비의 방원과 제
불의 수기가 상응하고 있는 것이다.

남방불교 문헌인 니다나카타Nidānakathā에 의하면 보살은 다섯 가지

無有婬汚 形貌端嚴 善修戒品 堪任菩薩具足十月處其胎藏 而此女人 所其生業往來進
止 曾無障礙 復次大幻化夫人 曾於過去諸佛發無上願 使我來世所生之子得成種覺,"
이 문헌에선 보살이 자기를 낳아 줄 어머니를 관찰하는 이유를 밝히고 있다. '무엇 때문
에 보살은 저 보잘것없는 여인의 태를 통하여 세상에 태어난다 말이냐?' 하는 비방의
말을 막기 위해 완벽한 여인을 관찰한다는 것이다.
5 『불설중허마하제경』(『대정장』 3, 938b). "五觀母身 若是女人智慧甚深 福德無量 諸
相端嚴 持戒淸潔 過去諸佛同與受記 我卽受生."

를 고려하는데, 특이하게도 두 가지가 미래의 생모에 관련된 것이다.[6] 먼저 미래의 생모가 갖추어야 할 자질을 제시하고 있다. "붓다의 어머니는 탐욕스럽거나 술 중독에 빠져있어서는 안 된다. 십만 억겁 동안 바라밀을 수행하여야 하고, 5계의 수지가 출생한 이래 깨어지지 않고 유지되어야 한다. 마하마야MahāMāya왕비가 그러한 사람이다. 그녀가 나의 어머니가 될 것이다."[7]

요컨대 마야왕비는 전생의 오랜 기간 바라밀을 수행하여 종교적으로 뛰어나며, 현생에서도 출생한 이래 5계를 엄격하게 지켜 도덕적으로 훌륭한 자질을 갖추고 있으므로 붓다의 생모가 될 수 있다는 것이다. 마지막으로 보살은 마야왕비의 수명이 얼마나 남았는가를 관찰하였다. "부인의 남은 수명이 10개월하고 7일이었다."[8] 10개월은 임신 기간을, 7일은 출산 후 7일을 의미한다.

이상의 문헌들은 마야왕비를 보살의 생모로 선택할 수밖에 없는 이유에 대해 밝히고 있다. 즉 우연히 마야왕비가 보살의 생모가 되었다는 것이 아니다. 마야왕비의 아름다운 외모와 성품, 전생의 어머니 인연, 대원, 수기, 수명 등 미래 생모의 여러 가지 자질과 상황을 충분히 고려하고 난 후 보살이 마야왕비를 생모로 선택하였다고 강조하고 있다. 보살이 생모를 여러 가지 측면에서 살폈으므로 병약한 여인을 선택하지 않는 것은 당연할 것이다.

『과거현재인과경』과 『니다나카타』에선 마야왕비의 수명을 언급

---

6 Nidānakathā 48ff. Jayawickrama, (1990), 64ff. 나머지 세 개는 시기, 나라, 가족인데, 크샤트리아 가족에 태어날 것을 정하고 그 가족으로 정반왕을 언급하고 있을 뿐이다. 상대적으로 마야왕비와 비교하면 정반왕을 아버지로 고려하는 내용은 매우 간략하고 중요하게 다루어지지 않고 있다.

7 Nidānakathā 49; Jayawickrama, (1990), 66.

8 Nidānakathā 49; Jayawickrama, (1990), 66.

하고 있다. 이러한 언급은 마야왕비의 출산 후 죽음과 관련하여 보살에게 전혀 허물이 없다는 것을 주장하는 논거로 사용하게 된다. 이 부분에 관한 자세한 논의는 뒤에서 자세히 다룰 것이다.

2. 마야왕비의 수태와 태몽

보살이 도솔천에서 하강하여 마야왕비의 태에 들어가 머물기 전에 마야왕비가 보살을 맞이할 준비가 되어있음을 강조하고 있는 이야기가 전승되고 있다. 이 전승 속에서 우리는 마야왕비의 심신이 안녕하여 건강에 어떠한 문제도 없었음을 읽을 수 있다. "그 일생보처보살이 어머니 태에 들기에 앞서 그 어머니가 반드시 8관재八關齋를 받아야 한다. 그런 뒤에 보살이 그 태에 든다."[9]

8관재는 재가 신자들이 출가 수행자처럼 생활할 수 있도록 해주는 계율이다. 8관재는 5계에다 세 가지를 더하고 5계중 불사음계를 불음계로 바꾼 것이다. 5계에 추가된 계목은 높고 넓은 침상을 쓰지 않고, 노래하고 춤추지 않고 일부러 그것을 구경하지도 않으며 향수 등을 바르지 않고, 정오가 지나서 음식을 먹지 않는 것을 말한다.

불사음계에서 불음계로 바뀌면 부부생활도 금지된다. 배우자 이외의 이성에게 사음을 하지 않는 것은 물론이고 부부간의 동침도 허용되지 않는다. 마야왕비가 8관재를 지켰다는 것은 정반왕과 육체적인 관계를 가지지 않았다는 것을 말한다. 정반왕은 마야왕비의 지계를 위해 마야왕비를 향한 음욕을 일으키지 않았다.

---

9 『불본행집경』(『대정장』 3, 679c). "其受一生補處菩薩胎母已前 其母必須受八關齋然後菩薩入於彼胎."

왕이 보살의 어머니를 보고 자리에서 공경하며 일어나네. 어머님같
이 누이들같이(여겨), 마음으로 음욕 생각을 하지 않았네.[10]

　정반왕이 마야왕비를 어머니나 누이처럼 여겨 약간의 음욕도 일으
키지 않았고 역시 마야왕비도 음행을 하지 않기로 맹세하였다.
　보살이 도솔천에서 하생할 때 마야왕비는 목욕하고 단정한 모습을
갖추고 심신이 청정하였다. 마야왕비는 남편인 왕에게 부탁하였다.

이로부터 언제나 인자한 맘 일으키고 8관(關)의 청정 계율을 지녀
야 합니다. 중생들 해치지 않음을 제 몸 사랑하듯 하며, 세 가지 업으
로 열과 선을 항상 닦고 익히며, 시새움과 간사한 마음을 멀리 떠나
고자 합니다. 원컨대 왕은 저에게 욕정을 내지 마소서.
이 계율 들으시고 따라 기뻐하지 않으면 아마 왕은 오랜 세상에 고통
과보 당할 것입니다. 원컨대 저에게 따로 살게 하시고 궁전을 향·꽃
으로 꾸며 주소서. 여러 착한 채녀에게 언제나 둘러싸여 치고 타며
노래하고 법의 소리 연출하게 하소서. 속되고 나쁜 사람은 나를 떠나
게 하고, 음탕한 향·꽃으로 시중 않게 하소서.[11]

　마야왕비는 청정한 8관재를 함께 지킬 것을 정반왕에게 요청하고
있다. 만약에 왕이 욕정을 내어 8재계를 어기게 되면 고통의 과보를 받
을 것이라고 엄중하게 경고하고 있다.

---

10 『불본행집경』(『대정장』3, 682c). "王見菩薩母 從座恭敬起 如母如姊妹 心不行欲想."
11 『방광대장엄경』(『대정장』3, 546b). "從是恒起仁慈心 當持八關清淨戒 不害衆生如
　愛己 三業十善常修習 遠離嫉妬諂曲心 願王於我莫生染 聞此禁戒非隨喜 恐王長夜
　嬰苦報 惟願令我得別居 宮殿香花自嚴飾 諸善婇女常圍遶 鼓樂絃歌演法音 凡鄙惡
　人令離我 婬穢香花皆不御".

더 나아가 마야왕비는 따로 자신이 머물 수 있는 처소를 마련해 달라고 부탁하고 있다. 이렇게 함으로써 공간적으로 왕과 분리되어 욕정의 관계가 완전히 단절된다. 주위에 아름다운 향과 꽃으로 심신을 평온하게 하여 달라고 부탁하고 있다. 임신 기간 동안 이렇게 생활한다면 건강에 이상이 생길 수가 없을 것이다. 음욕과 같은 행위 등은 심신을 괴롭힐 수 있는 것이므로 임신 기간 동안 자제하면 건강한 상태로 생활할 수 있다. 8재계의 준수는 결국 심신의 안녕과 행복을 가져다주는 것이고, 따라서 건강에 이상이 있었다고 생각하기 어렵게 만든다.

대부분의 경전들이 보살의 하강과 태몽이 함께 일어나고 있는 것으로 묘사하고 있다. 본 고에선 수태와 태몽이 이루어질 때 마야왕비의 건강 상태에 초점을 두어 경전들을 살펴보기로 한다.

입태 시 어떠한 고통도 없었다. 피곤이나 슬픔, 무지도 없었다.[12] 수태 순간 부인은 이전에는 결코 경험하지 못한 행복을 느꼈으며, 이순간 행복한 적이 없었다고 말하고 있다. "나의 마음은 명료하고 평화롭습니다. 근심도, 무지도, 증오도 없어졌습니다. 나는 선정의 즐거움을 알았습니다."[13]

『수행본기경』에 의하면 부인으로부터 코끼리 태몽을 들은 정반왕은 두렵고 걱정이 되었다. 길몽이라는 해몽을 듣고서야 정반왕은 기뻐하고 마야왕비도 이에 평온하게 된다. "이에 부인의 심신이 평화롭고 우아하게 되었다."[14] 『불설태자서응본기경』에 의하면 태몽에서 깨어

---

12 Buddhacarita ii 4.; Ashvaghosa, (1992), 3.
13 Dharmachakra Translation Committee(tr), (2013), 98.
14 『수행본기경』(『대정장』 3, 463b). "於是夫人 身意和雅."

나는 순간 몸이 무거워지는 것을 느낀다. "부인이 꿈에서 깨어나 스스로 몸이 무거움을 알았다."15 몸이 무거움을 느낀 것은 수태하였다는 것을 알았다는 것이다.

『방광대장엄경』에 의하면 마야왕비는 즐거웠다. "불모佛母는 이것(수태)으로 인하여 지극히 환희하였다. 이때 성후의 신심이 즐거움으로 가득 찼다."16 『과거현재인과경』에선 다른 경전보다 자세하게 묘사하고 있다. 보살이 부인의 태에 들어오는 순간 부인은 그 광경을 보고 매우 즐거워하였다고 전하고 있다.

> 부인의 몸이 편안하고 상쾌함이 마치 단 이슬을 먹은 것과 같았다. 자신을 돌아보매 해와 달이 비치는 것과 같았다. 마음으로 크게 기뻐하며 날뛰기를 한량이 없었다.17

『대보적경』에도 수태 순간 마야왕비가 즐거움을 얻었다고 묘사하고 있다.

> 마야(摩若) 부인은 일찍이 느끼지 못했던 몸과 마음의 쾌락을 얻었다.18
> 나의 우협으로 들어오는 순간 제 몸은 쾌락을 느꼈습니다. 일찍이 있지 않았습니다. 금일 이후 나는 진실로 세간의 쾌락을 이용하지 않을 것입니다.19

---

15 『불설태자서응본기경』(『대정장』 3, 473b). "夫人夢寤 自知身重."
16 『방광대장엄경』(『대정장』 3, 548c18). "佛母因斯極歡喜 爾時聖后身心遍喜."
17 『과거현재인과경』(『대정장』 3, 624a). "夫人體安快樂 如服甘露 顧見自身 如日月照 心大歡喜 踊躍無量."
18 『대보적경』(『대정장』 11, 600b). "摩耶夫人 昔來未曾得也 如是身心快樂."

수태 순간이나, 태몽을 꿀 때, 또는 해몽할 때도 마야왕비의 심신이 즐거워하였다고 많은 경전이 전하고 있다. 물론 몇몇 경전에선 언급하고 있지 않지만 여러 가지 전후 맥락을 보았을 때 마야왕비가 즐거워하였고 건강에도 전혀 이상이 없었다고 생각하고 있었다. 어떤 경전도 마야왕비의 건강에 이상이 있었다라고 말하지 않고 있는 것은 분명하다.

3. 임신 중 마야왕비의 건강 상태

보살이 모태에 자리 잡은 이래 마야왕비는 심리적으로나 육체적으로나 편안하고 건강하였다. 임신 중 왕비는 몸이 무거워진다거나 불편함도 고통도 없었다. 경안하고 안락하고 모든 번뇌가 사라졌다(Lalitavistara 113). 특히 마야왕비의 심리적 상태는 마치 선정에 들어있는 것 같았는데 "그(마야왕비) 몸은 편안하고 온화하였다. 처음부터 지금까지 일찍이 듣거나 보지도 못한 일이다. 몸과 마음이 편안하고 고요함이 마치 선정에 나아가서 정수正受에 도달함과 같았다"[20]라고 묘사하고 있다. 마야왕비는 마치 선정에 머무는 것처럼 심신이 편안하였음을 말하고 있다.

보살이 태 안에 10개월 머무는 동안, 마야왕비는 4지四肢와 상호가 모두 구족하였다. 어머니의 감관을 고요하고 안정되게 하여 동산이며 숲에서 계시기를 즐기고 시끄러운 데를 기꺼워하지 않게 하였다.[21]

19 『불본행집경』(『대정장』 3, 683b). "當入於我右脅之時 我受快樂 昔所未有 從今日後 我實不用世間快樂."
20 『불설보요경』(『대정장』 3, 491b). "其身安和 從始至今 未曾見聞 身心安隱 猶如建禪致正受矣."

임신 기간 중 4지四肢와 상호가 모두 구족하였다는 것은 어떤 사고
나 질병이 없었다는 것을 보여준다. 번잡한 곳에서 벗어나 숲이나 동산
에 머물기를 좋아하였다는 것은 선정과 관련된 것이다.

보살의 공능에 의해 마야왕비는 보호되었다.

보살의 힘 때문에 보살의 어머니는 움직이거나 서거나 앉거나 누울
때 편안하였다. 보살의 힘 때문에 어떠한 무기도 마야왕비의 몸을
다치게 할 수도 없고, 독이나, 불, 칼도 부인을 해칠 수 없다.[22]

보살은 다른 존재와 달리 불가사의한 힘을 갖추고 있기 때문에 어
머니를 보호하고 어려움이 없게 하였다. 여기서 보살의 힘은 선정에서
생기는 공능으로 보인다.

보살이 태 안에 있을 때에는 성후의 몸이 무지근하거나 모든 괴로움
이거나 간에 느끼게 되지 아니하게 하고, 부드러우며 가뿐하여 기쁘
고 화창하게 하며, 탐내고 성내고 어리석은 뜨거운 번뇌의 근심도
없게 한다.[23]

제석천 등 천신들이 보살과 마야왕비를 보호하였으므로 마야왕비
는 건강하였다. 제석천과 4천왕은 각기 칼과 활이며 화살을 가지고 보
살을 수호하고 "어머니의 몸 기력이 더욱 왕성하게 하여 모든 질병의

---

21 『과거현재인과경』(『대정장』 3, 624c). "菩薩處胎 垂滿十月 身諸支節及以相好 皆悉
具足 亦使其母諸根寂定 樂處園林 不喜憒鬧."

22 Mahāvastu 14. Jones (1976), 13.

23 『방광대장엄경』(『대정장』 3, 550c). "菩薩處胎之時 不令聖后身覺沈重及諸苦逼 柔
軟輕安怡懌歡暢 無有貪欲瞋恚愚癡熱惱之患."

고통이 없게 하였고, 의지가 견고하여 다섯 가지 계율을 받아 지니며, 정진하여 범함이 없고 모든 허물을 여의게 하였다.”[24]

Nidānakathā에는 좀 더 구체적으로 묘사하고 있다. “보살이 입태할 때, 4명의 천신이 손에 칼을 들고 보살과 보살의 어머니를 어떠한 위험으로부터 보호하였다.”[25]

마야왕비는 세속의 음식을 먹지 않고 천상에서 가져온 특별한 음식을 먹었기 때문에 건강에 이상이 있을 수 없다. 인간의 음식은 식중독을 불러일으키기도 하지만 천상의 음식은 그러한 위험이 없다는 것이다. “마야왕비는 보살을 배게 된 이래로 날마다 여섯 가지 바라밀다를 닦았으며, 천신이 음식을 공양하여 저절로 이르렀으므로 다시는 인간의 맛을 좋아하지 않았다.”[26]

보살이 마야왕비의 모태에 머무를 때 마야왕비의 상태가 어떠했는가를 보여주는 문헌이 있다.

① 보살이 항상 오른쪽 옆구리에 머물러 마야왕비는 괴롭지 않았다. 다른 중생들은 일정하지 않아서 혹은 오른쪽 옆구리에 갔다가 혹은 왼쪽 옆구리에 가기 때문에 그 어머니는 한량없는 고통을 받는다.

② 보살이 모태에 있을 때 마야왕비는 크게 즐거움을 느끼고 몸이

---

24 『불설중허마하제경』(『대정장』 3, 939a). “又令母身 氣力增盛 無諸疾苦 志意堅固 受持五戒 精進無犯 離諸過失.” 『불본행집경』(『대정장』 3, 684b)에도 천신이 보살과 부인을 호위한다. 『대본경』(『대정장』 1, 4a)은 천신이 보살과 보살의 어머니를 보호하는 것은 상법(常法)이라고 밝히고 있다.

25 Nidānakathā 51. Jayawickrama, (1990; 68).

26 『과거현재인과경』(『대정장』 3, 624b). “自從菩薩處胎以來 摩耶夫人 日更修行六波羅蜜 天獻飲食 自然而至 不復樂於人間之味.”

피로하지 않았다.

③ 보살이 태중에 있을 때 마야왕비는 금계禁戒를 받아 마음에 항상 받들어 계행을 행한다.

④ 마야왕비는 욕심에 물든 생각을 내지 않고 항상 범행을 행한다. 마야왕비는 남편에 향해서도 다른 사람에 향해서도 음욕을 행하지 않았다.

⑤ 마야왕비는 이상한 맛을 탐내지 않았다. 차고, 덥고, 주리고, 목마른 걱정이 없어 몸이 괴롭지 않다.

⑥ 마야왕비는 즐겨 보시를 행하였다.

⑦ 마야왕비는 항상 자비로움을 행하여 모든 중생을 불쌍히 여기고 모든 중생에게 큰 이익과 안락을 주려는 마음을 갖는다.

⑧ 마야왕비는 여전히 단정하고 여러 가지 상호가 모두 아름다웠다.

⑨ 마야왕비는 보살을 보고자 하면 곧 태 안에 있는 보살의 몸이 크게 원만하고 모든 근이 구족함을 본다.

⑩ 마야왕비는 치병할 수 있는 능력을 보여준다. 환자가 마야왕비를 보거나 마야왕비가 환자를 만져주면 각종 질병이 치유되었다.[27]

보통 임신부는 임신 이후 시간이 지나면 태아가 자라기 때문에 여러 가지 불편을 겪게 된다. 신체의 변화에 민감해지고, 스트레스도 받게 되어 심신이 약해져 병에 걸리기 쉽다. 그러나 마야왕비는 전혀 건강에 문제가 없었고 오히려 안락하게 지냈다는 것이다. ①, ②, ⑤, ⑧

---

27 『불본행집경』(『대정장』 3, 684c). 『불설태자서응본기경』에는 보살의 어머니는 32가지를 구족해야 보살을 감당하게 된다고 밝히고 있는데, 『과거현재인과경』의 내용과 유사하다. 눈에 띄게 다른 것은 어머니는 임신한 적이 없어야 한다는 것이다.

은 마야왕비의 건강한 육체를 직접 보여주고 있다. 태중에서 보살은 전혀 움직임이 없었기 때문에 왕비는 전혀 고통을 느끼지 않아 피로가 없었다. 평소에 생각하지도 않은 이상한 음식을 먹으려고 하지 않았고 체온이 일정하게 유지되어 몸에 피로가 없었다. 임신이 진행됨에 따라 외모도 변하기 마련인데 마야왕비의 상호는 여전히 아름다웠기 때문에 외모의 변화로 인한 염려는 없었다.

③, ④는 임신 중에 성욕을 표출하거나 성행위를 하지 않아서 심신이 극도로 흥분되지 않고 안정을 유지할 수 있었다. ⑥, ⑦은 보시의 효과는 건강을 가져오는 과보를 만들어 낸다. 선업은 낙과를 가져오므로 평소에 특히 수태 이래 지계하였기 때문에 심신이 안락할 수 있다. ⑨는 임신부의 주요 걱정은 태아가 제대로 자라고 있는지에 있다. 마야왕비는 보살의 원만한 모습을 보게 됨으로 태아에 대한 염려도 없다. ⑩은 마야왕비가 다른 병든 사람을 고칠 수 있을 정도로 건강함을 보여주고 있다.[28]

임신 기간 중 마야왕비가 안락하게 지낼 수 있었던 이유로, 보살의 공능, 천신의 보호, 천상의 음식 섭취, 계율 준수, 보시 등 선업을 행하였기 때문이라고 문헌들은 기술하고 있다. 임신 중에 어떠한 건강을 해칠 수 있는 문제가 있었다고는 보지 않고 있는 것이다. 대신 안락한 생활을 하여 그 즐거움이 천상에서의 즐거움과 동등하다고 말하는 경전도 있다. 마야왕비는 목숨을 마친 뒤에 곧 도리천에 왕생往生하였다. 마야왕비는 천상에서 내려와 정반왕에게 이런 말을 했다.

---

28 『방광대장엄경』(『대정장』 3, 550c)과 『불설보요경』(『대정장』 3, 492a)에도 마야왕비의 치유 능력에 대해 이야기하고 있다.

저는 지난 옛날 저 청정한 중생인 대왕의 동자를 가져 열 달이 차도
록 쾌락을 누렸으며, 지금 저는 삼십삼천에 나서 다시 쾌락을 누리
는데 그때의 즐거움과 지금의 즐거움이 전혀 다르지 않습니다.[29]

4. 마야왕비의 출산

마야왕비가 동산에서 나뭇가지를 잡고 서 있는 동안 보살이 태어났
다고 모든 불타전에서 이야기하고 있다. 그런데 왜 동산으로 가고자 했
을까? 현재 잘 알려진 이유로는 그 당시 풍습에 따라 친정에서 출산하
기 위해 가는 도중 룸비니동산에서 보살을 낳았다는 것이다. 그러나 경
전에서 다르게 설명하고 있다. 우연히 도착한 곳이 아니라 애초부터 출
산지로 룸비니동산이 정해져 있었다는 것이다. 동산에 간 경위를 설명
하는 경전 중 먼저 마야왕비의 죽음과 관련된 내용을 먼저 살펴보기로
한다.

마야왕비가 보살을 잉태한 지 열 달이 차서 낳으려 할 무렵 마야왕
비의 아버지 선각善覺장자는 곧 사람을 보내어 정반왕에게 가서 아뢰게
하였다.

내가 알기로는 내 딸 마야, 왕의 부인이 성인의 태를 배어 위덕이
이미 큽니다. 만약 그가 출생하게 되면 내 딸의 목숨이 짧아서 오래
지 않아 반드시 목숨을 마칠 것입니다. 내 생각에 내 딸 마야를 맞이
하고 싶습니다. 도로 나의 집으로 돌려보내 주소서. 저 람비니(嵐毘
尼) 동산에서 함께 즐기며 부녀의 정을 다할까 합니다. 대왕이여, 부

---

29 『불본행집경』(『대정장』 3, 701b). "我於往昔 胎懷於彼清淨衆生 大王童子 滿足十月
受於快樂 今我生於三十三天 還受快樂 如前不異 彼樂此樂 一種無殊."

디 망설이거나 어렵게 생각 마시고 어여삐 여겨서 놓아 보내주소서.
나의 집에서 출산하여 편안해지면 곧 돌려보내도록 하겠나이다.[30]

마야왕비의 아버지는 딸 마야가 출산 후 곧 죽을 것임을 알고 있다.
어떻게 알게 되었는지에 대한 설명은 주어지지 않고 있지만 마야왕비
가 곧 죽을 것이라는 소문이 적어도 가족과 친지들을 중심으로 돌고 있
었던 것을 보여주고 있다. 현대인의 일상적인 시각에서 본다면 마야왕
비가 그 당시 건강 상태가 좋지 않았기 때문에 이런 소문이 나고 있었는
지 모른다. 그러나 이러한 일상적인 해석은 불타전 작가에겐 용납될 수
없는 것이다. 마야왕비의 아버지인 선각은 딸의 임박한 죽음을 언급하
면서 딸이 죽기 전 부모와 자식 간의 정을 나누려고 한다.

룸비니동산에 가게 된 계기를 살펴보면 마야왕비가 출산일이 다가
오자 스스로 동산에 가고자 하였다.

저 람비니(藍毘尼)의 아름다운 동산 / 샘물 흐르고 꽃과 열매 무성
하네 / 고요하고 고요하여 선정(禪思) 들기 알맞기에 / 거기서 노닐
기를 왕에게 청하시니 / 왕은 그 마음 알아차리고 / 기특한 생각이라
여기셨네."[31]

동산은 아름답고 고요하여 선정에 알맞은 장소로 그려지고 있다.

30 『불본행집경』(『대정장』 3, 685b). "如我所知 我女摩耶 王大夫人 懷藏聖胎 威德旣
大 若彼産出 我女命短 不久必終 我意欲迎 我女摩耶 還來我家 安止住於嵐毘尼中 共
相娛樂 盡父子情 唯願大王 莫生留難 乞垂哀遣 放來我家 於此生産 平安 訖已 卽奉
送還."
31 『불소행찬』(『대정장』 4, 1a). "藍毘尼勝園流泉花果茂 寂靜順禪思 啓王請遊彼 王知
其志願 而生奇特想."

여기서 주목할 만한 것은 선정에 알맞은 장소라는 것이다. 출산 장소가 선정 장소와 중복되면서 마야왕비와 보살의 종교적 모습을 불어넣어 주고 있다. 『방광대장엄경』에도 부인이 출산이 임박한 것을 알고 동산 에 가고자 한다. 마야 성후는 보살의 거룩한 신통력으로 곧 보살이 장 차 탄생하려 함을 알고 초저녁에 수단왕에게 나아가 용비원龍毘園:룸비니 에 가는 것을 허락해 달라고 청한다.32

룸비니동산에 가게 된 경위는 두 가지로 요약할 수 있다. 첫째 마야 왕비의 아버지가 딸의 임박한 죽음을 미리 알고 마지막 시간을 딸과 보 내고자 하여 룸비니동산에 데리고 간 것이다. 둘째 마야왕비 스스로가 원하여 가게 된 것이다. 왜 왕비가 동산에 가고자 하였는가는 한역 불 타전에선 분명하게 설해지지 않고 있지만 다른 문헌에선 설명이 주어 지고 있다.

> 보살이 긴긴 밤에도 한가히 있기를 익히고 마음이 고요함을 좋아하
> 고 평등 청정함을 닦았다. 천신·용·귀신·건달바·아수라·가류라(迦
> 留羅)·진타라(眞陀羅)·사람·사람 아닌 것들로 하여금 모두 집을
> 떠나서 고요히 공양하게 한다. 이 모든 꽃과 향이 온 천하(天下)에
> 널리 퍼질 것이다. 가유라위국(迦維羅衛國)의 인민으로 하여금 기
> 쁘게 하고 방일(放逸)하지 않게 함이다.33

동산에 가게 된 이유는 세 가지로 분류할 수 있다. 첫째 보살이 선정

---

32 『방광대장엄경』(『대정장』 3, 552a).

33 『혜상보살문대선권경』(『대정장』 12, 160c). "菩薩長夜習在閑居 志樂寂寞行平等淨
欲令天龍鬼神揵沓和阿須倫迦留羅眞陀羅摩睺羅人與非人皆捨室宇寂然供養 此諸
華香普流天下 使迦維羅衛國中人民歡喜悅預不爲放逸 是故菩薩在於樹下寂寞處生
不在宮館." 『대보적경』(『대정장』 11, 600b)에도 유사한 내용이 있다.

을 좋아하므로 왕비가 선정에 알맞은 고요한 장소로 동산을 택하였다
는 것이다. 둘째는 천신 등 모든 중생으로 하여금 집을 나와 공양하게
끔 하기 위함이다. 만약 집 안에서 태어나면 수많은 천신 등이 꽃이나
향으로 공양하지 못하였을 것이다. 집에서 머무는 것이 아니라 출가하
여 수행할 것을 권하고 있다고 해석된다. 물론 장차 붓다의 출가도 암
시하고 있지만 다른 중생도 붓다처럼 출가 수행할 것을 간접적으로 권
하고 있는 것이다. 셋째, 모든 중생, 특히 가유라위국迦維羅衛國의 인민으
로 하여금 붓다의 위대함을 알게 하고 게으르지 않고 붓다를 따르게 하
고자 한 것이다. 가유라위국迦維羅衛國의 인민을 교화하기 위하여 동산
에 가서 보살을 낳았다는 것이다. 두 번째와 세 번째 이유는 명료하지
않다. 그러나 분명한 것은 마야왕비가 우연히 동산에 간 것이 아니라는
사실이다. 이미 예정된 곳이었다는 사실이다.

동산에 가게 된 경위로 세 가지로 제시되고 있는 것을 살펴보았다.
첫째, 마야왕비의 아버지가 딸의 임박한 죽음을 알고 남은 시간을 같이
보내고자 한 것이다. 둘째, 마야왕비 본인이 동산에 간 것이다. 동산에
간 이유 세 가지 중 첫 번째 이유는 문헌의 맥락에서 보면 상당히 일관
성을 갖추고 있다. 태몽을 가진 이래 마야왕비는 고요한 것을 즐겨 하
고 있었기 때문에 자연히 고요한 동산에 가고자 한 것이다. 보살의 탄
생지가 우연히 선택된 것이 아니라 이미 정해져 있었다고 보는 것이다.

동산에 이르러 마야왕비가 손으로 나뭇가지를 잡을 때 보살이 태어
난 것으로 모든 문헌이 묘사하고 있다.[34] 마야왕비가 보살을 낳을 때,
어떠한 산통도 없었고 오히려 즐거움이 있었다고 많은 문헌들이 전하

34 『수행본기경』(『대정장』 3, 463c); 『과거현재인과경』(『대정장』 3, 625b). 나무 이
　름에 대해서 모든 문헌이 똑같이 말하고 있지 않다.

고 있다.

> 보살의 힘 때문에 보살이 태어난 직후 보살의 어머니는 고통도 상처
> 도 없었다.[35]
> 다른 모든 중생의 어머니들은 자식을 낳으려 할 때 몸이 두루 아프
> 고, 그 때문에 큰 괴로움을 받아 앉았다 일어났다 하면서 스스로 편
> 안하지 못하지만 그 보살의 어머니는 즐겁고 태연하며 안정되고 기
> 뻐서 몸에 큰 즐거움을 받았다.[36]
> 보살이 처음 오른쪽 옆구리로 나오자 바른 마음으로 생각하였다. 그
> 때 보살의 어머니는 몸이 평안하여 손상이 없고 상처도 없고 아픔도
> 없으며 그 몸이 본래와 다르지 않았다. 보살이 태어날 때 갖가지로
> 이익을 주었다. 이런 인연으로 어머니는 근심이 없고 몸과 입과 마
> 음에 한 가지 번뇌도 없었다.[37]

왕비의 우협으로 탄생하였다면 우협에 어떠한 상처나 흔적은 없었
을까라는 의문이 생긴다. 이러한 의문에 대하여 답이 주어지고 있다.
"보살이 탄생하자 성모聖母의 우협은 그대로 회복되어 예와 같이 되었
다."[38] 『혜상보살문대선권경』은 왕비의 우협이 회복된 것이 아니라 출
산 시 어떠한 상처도 없었다고 강조하고 있다. "보살은 비록 오늘 옆구

---

35 Mahāvastu 23. Jones J.J. (1976), 20.
36 『불본행집경』(『대정장』 3, 686b). "自餘一切諸衆生母 欲生子時 身體遍痛 以痛因
緣 受大苦惱 數坐數起 不能自安 其菩薩母 熙怡坦然 安靜歡喜 身受大樂."
37 『불본행집경』(『대정장』 3, 686c). "菩薩初從右脅出已 正心憶念 時菩薩母 身體安
常 不傷不損 無瘡無痛 菩薩母身 如本不異 菩薩生時 種種資益 以是因緣 母無患苦
身口及心 無有一惱."
38 『방광대장엄경』(『대정장』 3, 555b). "菩薩生已 聖母右脅平復如故."

리로부터 탄생하였으나 어머니는 흉터가 없고 나옴의 고통이 없었다."39 보살이 마야왕비의 우협으로 태어나는 순간 마야왕비의 우협은 어떠한 상처도 없었고 통증도 없었다고 강조하고 있는 것이다.

출산 과정에서 어떠한 문제도 없었다고 말하는 것이다. 오히려 통증이 전혀 없었다는 것을 역설하고 있다. 마야왕비의 출산 직후 한 여인이 왕비에게 아기를 낳으실 때 몸에 고통이 없었느냐고 묻자 보살의 어머니는 말했다. "이 대인의 위신력으로 내 몸에는 아픔이 없었으며 나는 지금 몸에 아무런 결함도 손실도 없다."40 마야왕비가 어떠한 통증도 경험하지 않은 이유는 보살의 위신력으로 기인한 것이라고 설명하고 있다.

다른 문헌에선 왜 마야왕비가 나뭇가지를 잡고 보살을 낳았는지에 대한 문제를 제기하고 그 해답을 제시하고 있다.

만일 그와 같이 아니하였다면 뭇 사람들은 말할 것이다. '황후(皇后)가 비록 보살을 출생하였으나 반드시 고뇌와 통증이 있었을 것이고, 일반 사람과 같아서 다름이 없다'. 여러 사람들에게 편안함을 보이기 위함이다.41

유정들은 의심을 내기를 '마야왕비가 보살을 낳으실 때에도 모든 고통을 받는 것이 다른 여인들과 같았다'라고 할 것이므로, 그 중생들에게 오히려 즐거웠음을 보이려고 나뭇가지를 잡고 보살을 낳으

---

39 『혜상보살문대선권경』(『대정장』 12, 160c). "菩薩雖從右脅而生 母無瘡瘢出入之患."
40 『불본행집경』(『대정장』 3, 686c). "以是大人威神力故 令我身體不覺痛痒 我今身體無缺無減."
41 『혜상보살문대선권경』(『대정장』 12, 160c). "設不爾者 衆人當謂 皇后雖生菩薩必有惱患 若如凡庶而無殊別 欲爲黎元 示現安隱."

셨다.42

나뭇가지로 잡고 선 채로 보살을 낳은 이유는 보통 사람과 달리 전혀 산통이 없었으며 오히려 즐거움을 느꼈다는 것을 보여주기 위한 것으로 해석하고 있다. 보통 산모는 누운 채로 격심한 산통을 경험하면서 아이를 낳지만 마야왕비는 위대한 보살을 낳았으므로 완전히 달랐다는 것을 보여주기 위해 선 채로 낳았다는 것이다.

보살이 마야왕비의 우협을 통하여 태어났다는 이야기와 다르게 전하는 불타전은 없다. 보통 사람과 다른 방식으로 보살이 태어난 것에 대하여 마야왕비는 근심하고 두려워하였다고 말하는 것에는 인간적인 상식과 입장이 반영되어 있다. 마야왕비가 걱정하였고 아울러 주위 시녀들도 걱정하며 각종 신에게 태자의 안위를 기도하였다는 내용은 보통 인간의 시각을 잘 보여주는 것이다.

부인은 그 아드님이 / 평범한 방법으로 태어나지 않음을 보았네 / 여인의 성품은 겁 많고 나약하여 / 얼음이나 숯불을 품은 듯 두려워져 / 좋고 나쁜 얼굴상을 분별하지 못하고 / 도리어 근심하고 무서워하였네.43

보살의 우협 탄생은 과거의 다른 왕의 탄생 방식처럼 길상이지 결코 흉상이 아니라고 경전에선 변호하고 있다.

---

42 『대보적경』(『대정장』 11, 600b). "有情生疑 摩耶夫人生菩薩時 受諸苦惱如餘女人 示彼衆生受快樂故."
43 『불소행찬』(『대정장』 4, 1c) "夫人見其子 不由常道生女人性怯弱 (怡-台+求) 惕懷 冰炭 不別吉凶相 反更生憂怖."

보살의 우협 탄생은 이번이 처음이 아니라 과거에도 있었으니 걱정할 것이 아니라 경축해야 할 것이라고 말하고 있다.

우류왕(優留王)은 다리로 태어났고 비투왕(卑偸王)은 손으로 태어났으며 만타왕(曼陀王)은 정수리로 태어났고 가차왕(伽叉王)은 겨드랑이로 태어난 것처럼, 보살도 또한 그와 같아서 오른쪽 옆구리로 탄생하셨네.44

이상의 모든 왕은 특별한 사람이기 때문에 그 출생 방식이 불가사의하고 크게 희유한 일이라는 것이다. 따라서 우협 출생은 근심할 것이 전혀 아니며 오히려 길상한 것으로 여겨야 한다는 것이다. 이상의 변론은 태자가 우협으로 탄생하였다는 것을 역사적 사실로 전제하고 변론하고 있다.

동산에 가게 된 경위는 마야왕비의 아버지가 요청한 것이든, 마야왕비 스스로 간 것이든 간에 확실한 것은 우연히 간 것은 아니라는 사실이다. 이미 예정되어 있던 장소라는 것이다. 마야왕비가 선 채로 우협으로 보살을 낳았다는 전승도 마야왕비의 건강 악화와 전혀 관련이 없고, 오히려 산통이나 없다는 것을 보여주기 위한 자세라고 주장하는 경전도 있다.

---

44 『불소행찬』(『대정장』 4, 1a). "優留王股生 界偸王手生 曼陀王頂生 伽叉王腋生 菩薩亦如是 誕從右脅生". 『불본행집경』(『대정장』 3, 690a)도 특이한 출생 방식의 예를 들어주고 있다.

III. 마야왕비의 죽음 원인에 관한 논의

초기 불교 문헌 중에서 마야왕비가 출산 후 7일 만에 죽었다고 말하는 최초의 문헌은 Mahāpadāna suttanta이다. 비파시Vipassi불 등 제불諸佛의 어머니는 출산 후 7일에 죽는 것이 상법常法, dhammatā이라고 밝히고 있을 뿐이다.[45] 직접적으로 고타마 붓다의 생모인 마야왕비의 죽음과 그 시기에 대해서 언급하고 있는 초기 불교 문헌은 없다. 초기 불교 문헌에선 마야왕비의 죽음과 그 원인에 관한 문제는 전혀 제기되지 않았다고 할 수 있다. 부파불교 논서에도 이 문제는 거론되지 않는다.

대승불교에 이르면 이 문제는 심각하게 논의되기 시작한다. Mahāvastu와 같은 독립된 불타전이 형성되면서 마야왕비의 죽음이 언급되고 이에 근거하여 죽음 원인에 관한 여러 가지 해명이 나타나게 된다. 보살의 출생이 마야왕비의 죽음의 원인이 되었다는 비난을 변호하기 위해서 여러 가지 설명이 불전佛傳에서 주어지고 있다.

① 마야왕비가 태어난 보살을 보고 너무 기뻐한 나머지 임종하게 되었다고 밝히고 있다.

마야왕비는 마치 천안을 지닌 성자처럼 아들의 광대한 힘을 보았을 때, 왕비는 그로 인한 즐거움을 견뎌낼 수 없었다. 그러고 나서 천상으로 가서 거기에 머물렀다.[46]

---

45 Dīgha Nikāya II 15. 상응하는 한역 대본경에서 모든 붓다의 생모는 출산 후 7일 만에 죽는다는 내용은 없다. 보살의 어머니는 죽어 천상에 태어난다고 말하고 있지만 출산 후 7일이라는 구체적인 일수를 밝히고 있지 않다(『장아함경』, 『대정장』 1, 4b).
46 Buddhacarita ii 18. Ashvaghosa (1992), 23.

그때 마야(摩耶)부인은 / 그가 낳은 아들 모습이 / 하늘 아기처럼
단정하고 / 온갖 아름다움 갖춘 것 보았네. 지나친 기쁨을 스스로
이기지 못하여 / 목숨 마치고 천상에 태어났네.[47]

마야왕비는 너무 기뻐서 목숨을 잃게 되었다는 것이다.

그 보살의 어머니가 탄생한 태자를 보니 몸이 원만하고 단정하고 어
여뻐서 세상에 짝이 없는지라 이런 희귀한 일과 미증유한 법을 보고
온몸 가득 기뻐 뛰면서 어쩔 줄 몰랐기 때문에 목숨을 거두었다.[48]

② 마야왕비의 수명이 원래 출산 후 7일에 마치게 되어 있었다. 보
살이 마야왕비의 남은 수명이 10개월 7일인 것을 알고 입태하였다. 마
야왕비가 죽은 것은 보살의 탄생과 상관이 없고 원래 왕비의 수명이 그
러하였기 때문이다.

앞서 도솔천에 있을 때에 왕후 마야(摩耶)가 목숨을 장차 마치는데
열 달 7일이 남아있음을 관찰하였다. 그러므로 도솔천으로부터 신
변(神變)으로 내려와서 왕후의 태장(胎藏)에 들어감을 시현했나
니, 이로써 미루어 보건대 보살의 허물이 아니다.[49]
보살은 먼저 도솔천에 있을 때에 천안(天眼)으로 마야왕비의 목숨

---

47 『불소행찬』(『대정장』4, 4b). "時摩耶夫人 見其所生子 端正如天童 衆美悉備足 過
　　喜不自勝 命終生天上."
48 『불본행집경』(『대정장』3, 701b). "其菩薩母 見所生子 身體洪滿 端正可喜 於世少
　　雙 旣睹如是希奇之事未曾有法 歡喜踊躍 遍滿身中 以不勝故 卽便命終."
49 『혜상보살문대선권경』(『대정장』12, 161a). "前處兜術觀后摩耶大命將終 餘有十月
　　七日之期 故從兜術神變來下現入后藏 以是推之非菩薩咎."

을 살펴보았더니 열 달을 채운 뒤에 이레가 남아있었다. 그때 보살
은 마야왕비의 목숨이 다하려 함을 보고 일부러 내려와 태어난 것이
다. 보살의 허물은 아니다.[50]
본 수명이 마땅히 그러하였기 때문이다. 보살이 그를 살펴보고 어머
니의 목숨이 끝나려 하므로 그대로 내려와서 태어났다.[51]
그 어머니의 숙명이 스스로 그렇게 응한 것이다.[52]

③ 보살은 본래 어머니 되실 분의 덕이 예를 받을 만하지 못하고 그
로 인하여 목숨을 마칠 것을 알고서 거기에 태어났다.

보살은 본래 어머님의 덕이 자기의 예를 받는 것을 감당할 수 없기
때문에 자신이 장차 세상을 마치려는 사람으로 인해 태어났음을 스
스로 알았다.[53]
태자는 복과 덕이 거룩하고 지중하여 달리 예배를 받을 만한 여인은
없다는 것을 알고 곧 돌아가시려 한 이에게 의탁하여 태어났다.[54]
생사법(生死法)에 따라 마땅히 어머니께 예를 드려야 한다. 보살이
존중하기 때문에 어머니가 7일 만에 임종하는 것이다.[55]

---

50 『대보적경』(『대정장』11, 601a). "此是摩耶夫人命根盡故 非菩薩咎也 菩薩先在兜
　術天時 以天眼觀摩耶夫人命根 滿十月已餘有七日在 爾時菩薩 便從兜術天來 菩薩
　以方便 知摩耶夫人命根欲盡 故來下生 非菩薩咎."
51 『불설보요경』(『대정장』3, 494c). "本命應然 菩薩察之臨母命終 因來下生."
52 『유일잡난경』(『대정장』17, 607c). "其母宿命自應爾."
53 『불설태자서응본기경』(『대정장』, 474b). "菩薩本知母人之德不堪受其禮故 因其將
　終."
54 『과거현재인과경』(『대정장』3, 627c). "太子自知 福德威重 無有女人堪受禮者 故因
　將終託之而生."
55 『유일잡난경』(『대정장』17, 607c). "如生死法當禮母 以菩薩尊故 母七日終."

자식이 부모에게 예를 표하는 것이 일반적인 관례이다. 그러나 붓
다의 경우 비록 마야왕비가 보살의 어머니일지라도 보살로부터 예배
를 받을 수 없다는 것이다.[56] 만약 붓다보다 덕이 적은 사람이 붓다로부
터 예를 받으면 그 사람은 머리가 파열되어 죽는다.[57]

④ 마야왕비는 태자가 장성하여 출가하는 것을 감당하지 못해 그
이전에 목숨을 잃게 된다는 것이다.

마야왕비의 수명이 오직 7일뿐이었으므로 목숨을 마쳤다. 그런데
옛적부터 항상 보살이 탄생하여 7일이 찬 뒤에는 그 보살의 어머니
는 으레 목숨을 마쳤다. 왜냐면 모든 보살은 어려서 출가하게 마련
인데 그 어머니가 이런 일을 알고는 마음이 괴로워 찢어질 것이기
때문에 목숨을 거두는 것이었다.[58]

⑤ 보살을 잉태하고 낳은 공덕으로 반드시 천상의 과보를 받아야
하기 때문에 죽을 수밖에 없다.

보살을 배었을 때에는 여러 천신의 공양이 탄생하기까지에 이르렀
는데, 천상의 음식을 먹고 세상의 공양을 달게 여기지 아니함도 본
래의 복이 마땅히 그러하기 때문이다.[59]

56 아버지 정반왕도 갓 태어난 보살에게 절을 올리고 있다.
57 Dharmachakra Translation Committee(tr) (2013), 128.
58 『불본행집경』(『대정장』3, 701b). "摩耶夫人 壽命算數 唯在七日 是故命終 雖然但
往昔來常有是法 其菩薩生 滿七日已 而菩薩母 皆取命終 何以故 以諸菩薩幼年出家
母見是事 其心碎裂 卽便命終."
59 『불설보요경』(『대정장』3, 494c). "懷菩薩時 諸天供養至見生矣 以服天食不甘世養

보살이 탄생할 때에는 어머니의 감관과 몸이 완전하여 흠은 없다.
도리어 천상의 공과 복과 의복이며 음식을 받아야 하기 때문이었
다.60

사람이 공덕을 지으면 받아야 한다. 하늘에 올라가 태어났다.61

⑥ 마야왕비가 태자를 회임하고 있는 동안 모든 천신의 위력을 얻
을 수 있었고, 아울러 즐거움을 얻을 수 있었는데 출산 후 천신의 도움
을 얻지 못하고 즐거움도 얻지 못해 기운이 줄어들고 몸이 약해져 목숨
을 잃게 되었다는 것이다.

태자의 어머니 마야왕비는 모든 하늘들의 위신력을 다시는 얻지 못
하고, 또 태자가 태중에 있을 때 받던 쾌락을 얻지 못하여 기운이
쇠잔하고 몸이 야위어 드디어 목숨을 마치고 말았다.62

⑦ 붓다의 생모가 출산 후 다시 부부관계를 가진다는 적절하지 못
하다. "나와 같은 무상사無上士 잉태한 여인이 출산 후 애욕에 빠지는 것
은 적절하지 않기 때문이다"(Mahāvastu II 3).
여래의 어머니가 애욕의 쾌락에 빠지면 정반왕이 자신의 의무를 저
버렸다고 비난받을 것이다. 붓다는 항상 감각적 쾌락의 위험을 가르친

本福應然."

60 『불설보요경』(『대정장』 3, 494c). "菩薩生時 母根身具無有([乖/土]*央)漏 應受忉
利天上功祚服食."

61 『유일잡난경』(『대정장』 17, 607c). "譬如人有功當封 便上天生."

62 『불본행집경』(『대정장』 3권, 701a). "其太子母摩耶夫人 更不能得諸天威力 復不能
得太子 在胎所受快樂 以力薄故 其形羸瘦 遂便命終."

다. 그런데 붓다의 어머니가 감각적 쾌락에 빠지면 곤란하게 된다는 것
이다.

⑧ 보살이 머물었던 곳을 순결하게 보존하기 위해서 마야왕비가 죽
었다는 견해이다.

보살이 머물었던 자궁은 마치 사리를 모신 사당과 같아 다른 존재가
거기에 들어가거나 머물 수 없으므로 보살의 어머니는 출산 후 7일
만에 죽어 도솔천에 태어났다.[63]

보살이 머물었던 모태에 다른 존재가 다시 머물게 할 수 없다는 것
이다. 마야왕비의 모태가 성교로 인해 더럽혀질 수 없다. 보살을 제외
하곤 어떤 존재도 마야왕비의 연꽃 같은 태 속에 들어갈 수 있는 자격을
갖추지 못하였다. 보살과 같은 존재가 아니면 들어갈 수 없으므로 일찍
이 임신할 수 없었던 것이고 출산 후에는 다른 존재가 들어와 더럽힐
수 없다는 것이다.

⑨ 모든 붓다의 생모는 출산한 후 7일 만에 죽는다는 것은 하나의
정해진 규칙이다.

보살의 어머니가 출산 후 7일에 죽어 도솔천에 태어나는 것은 규칙
이다.[64]

---

63 Nidānakathā 52. Jayawickrama (1990), 69.
64 Dīgha Nikāya II 14 "Dhammatā esā, bhikkhave, sattāhajāte bodhisatte
   bodhisattamātā kālaṅkaroti tusitaṃ kāyam upapajjati. Ayamettha dhammatā."

과거와 미래며 지금의 부처님께서도 모두 역시 그러하여 어머니는 7일 만에 돌아가셨다.[65]

이상 아홉 가지 견해의 공통점은 보살의 탄생이 마야왕비의 죽음에 책임이 있다는 논란을 막고 있는 것이다. 임신에서 출산까지의 과정 중에 마야왕비에게 무엇인가가 잘못되어 일찍 죽었다고 말하는 것은 곧 '보살의 잉태가 문제가 되었다'라고 연상하기 쉽다. 따라서 이러한 생각을 바로 잡기 위해서 여러 가지 이론들이 제시되고 있는 것이다. ① 크나큰 기쁨을 스스로 이겨내지 못해 수명을 마쳤다는 것은 출산의 고통 등의 문제가 없었다는 정면으로 반박하고 있는 것이다. ② 보살이 입태할 때 마야왕비의 남은 수명이 10개월 7일이었다. 원래 수명이 출산 후 7일에 죽게 되어있었으므로 왕비의 죽음은 보살의 탄생과 전혀 상관이 없다. 우리는 여기서 이런 의문을 가질 수 있다.

왜 보살은 10개월 7일의 수명을 가진 마야왕비를 생모로 선택하였을까? 이에 대한 답변이 ③과 ④이다. ③은 부모가 자식의 예를 받는 것이 일반적인 관습이지만 붓다의 경우는 적용이 되지 않는다. 붓다는 중생의 스승이기 때문에 부모도 붓다로부터 예를 받을 수 없다. 따라서 마야왕비가 예를 받을 수 없어서 일찍 죽었다는 설명은 설득력이 약하다. 아버지 정반왕에게도 이 이유는 적용되지 않는다. ④ 보살이 장성하여 출가하는 장면에 너무 슬퍼할 것을 미리 방지하기 위한 것이라는 설명은 인간의 정서에 호소하지만 이성적으로 보면 설득력이 약하다.

⑤ 위대한 보살을 낳은 공덕이 너무 크므로 그 큰 과보를 받기 위해 일찍 천상에 갈 수밖에 없었다는 설명은 업보의 교리에 근거한 것이다.

---

65 『불설보요경』(『대정장』 3, 494c). "去來今佛皆亦如是 母七日終."

교리적인 접근이지만 충분한 설명은 되지 못한다. ⑥은 가장 비신앙적인 관점으로 일반적인 상식과 연결될 수 있다. 산모가 출산 후 기력이 떨어져 심한 병에 걸리거나 죽기도 한다. 이런 일반적인 사실에 천신의 공양 단절이라는 요소를 첨가하고 있다.

⑦ 붓다의 어머니로서 순결을 지키기 위해서 일찍 죽었다는 설명은 마야왕비와 정반왕은 부부관계를 하지 말아야 한다는 것이다. ⑧에 부부관계를 해서는 안 되는 이유가 나온다. 보살이 머문 장소는 오염이 되어서는 안 된다는 것이다. ⑨는 모든 논의를 종식시킨다. 보살의 생모는 출산 후 7일에 목숨을 마치는 것이 모든 붓다의 어머니에게 적용되는 법칙이기 때문에 더 이상 이런저런 논란은 필요하지 않다는 입장이다. 이 입장이 초기 불교의 가장 오래된 대답이다. 이 대답에 만족하지 않게 되면서 ①에서 ⑧까지 논의가 대승불교 시대에 이르러 이루어진 것이다.

IV. 보살의 잉태를 서원한 마야왕비

본 고에선 한역불전, 팔리어 문헌, 산스크리트 불타전을 중심으로 마야왕비의 죽음에 관한 논의를 살펴보았다. 보살은 천상에서 인간 세계로 하강하기 전 생모가 될 마야왕비를 미리 선택하였다. 이미 보살을 10개월간 잉태하고 출산할 수 있는 조건과 자질을 모두 갖춘 마야왕비를 선택하였다. 그리고 왕비의 남은 수명이 10개월 7일이라는 것을 미리 알고 왕비의 태에 들어갔다.

그러므로 마야왕비의 죽음에 보살에겐 어떠한 허물도 있을 수 없다. 보살을 잉태한 이래 왕비는 항상 정신적으로, 육체적으로 안락하였다. 8재계를 항상 지켜서 애욕을 행하지 않고 널리 선업을 지었다. 동산에 이른 것도 우연히 그곳에 이른 것이 아니라 이미 예정된 장소로 선정과 관련이 있는 것으로 불타전은 파악하고 있다. 우협 탄생은 마야왕비가 고통 없이 편안하게 출산하였다는 것을 보여주는 자세라고 불타전은 이야기하고 있다.

이상 우리는 보살의 어머니 선택, 수태, 임신 기간 중의 상태, 출산, 죽음의 원인을 전하고 있는 경전을 살피면서, 공통적인 관심사는 마야왕비가 건강하고 안락하게 임신과 출산을 하였다는 것이다. 달리 말하면 임신과 관련한 질병이 있었다거나 임신 기간 중 어떠한 문제도 없었으며, 출산 시에도 어떤 문제도 없었다고 모든 불타전은 전하고 있는 것이다. 이런 불타전의 기술에 근거하면 보살의 탄생과 마야왕비의 죽음은 어떠한 연관이 없는 것이다. 보살의 탄생이 마야왕비의 죽음의 원인이라는 비방도 근거 없는 것이 되고 만다.

불타전은 마야왕비가 건강하였으며 보살의 탄생이 허물이 아니라는 것에 머물지 않고, 더 나아가 왜 마야왕비가 일찍 목숨을 마쳤는가를 논의하였다. 이를 본 고에선 아홉 가지로 정리하여 살펴보았다. 마야왕비의 죽음은 자칫하면 붓다의 위대성에 오점이 될 수 있었기 때문에 불타전 작가들은 이 부분을 적극적으로 해명할 수밖에 없었다.

마야왕비의 죽음의 원인에 관한 다양한 해석은 궁극적으로 붓다의 탄생과 전혀 관련이 없다는 것을 보여주는 것이었다. 산모가 아이를 출산한 후 얼마 되지 않아 죽으면 출산 시 산모에게 문제가 발생한 것으로 생각한다. 이런 상식은 더 나아가 신생아의 출산 때문에 산모가 죽었다는 추론을 가지게 한다. 그래서 산모의 죽음에 대하여 신생아가 책임과 비난을 받게 된다.

붓다의 생모인 마야왕비에 대한 연구의 일환으로, 대승불교의 문헌들에서 붓다의 출생과 마야왕비의 죽음에 대한 논의를 체계적으로 분석하였다. 마야왕비를 연구하면서 연구되어야 할 주제가 많다는 것을 실감하게 되었다. 임신과 관련한 마야왕비의 준비와 임신 기간 중의 마야왕비의 자세에 관한 연구는 현대의 임산부 교육에 커다란 도움이 될 것이라는 생각이 들었다. 하나 더 들자면 예수의 생모 마리아와의 비교 연구는 불교와 가톨릭교, 개신교와의 차별성을 보여줄 것이다. 마야왕비와 마리아는 유사한 부분도 있고, 다른 부분도 있다. 두 성인의 생모 두 분에 대한 비교 연구는 흥미로운 사실을 보여줄 것이다.

전생담에 의하면 마야왕비는 붓다가 될 보살을 잉태하고자 서원하였다. 과거 전생에 부처님을 뵙고서 신심(信心)과 희열이 일어나 미래세에 부처가 될 아이를 잉태하여 낳아 기르는 것을 서원으로 굳게 세웠다. 이런 전생의 서원으로 이번 생에 고타마 싯다르타 보살을 잉태할 수 있는 기회를 지니게 되었다. 마야왕비는 평소에도 탐욕이나 분노 등 번뇌에서 자유로웠지만 태몽을 꾼 이후에는 더욱더 몸가짐과 마음가짐을 조심하면서 고타마를 출산하게 된다. 부처님이 일체중생에게 위대한 만큼 그를 잉태한 마야왕비도 우리 중생에게 소중하고 위대한 것이다.

제3부

불교문학에 나타난 마야왕비

인도 미술에 등장하는 마야왕비의 도상학 / 주수완

한국 역사 속 마야왕비 신앙 — 인도, 일본의 사례를 포함한 여신 신앙의 관점에서 / 김신명숙

조선시대 불교회화로 만나는 마하마야와 여성 신도들 / 고승희

인도 미술에 등장하는 마야왕비의 도상학

주수완*

I. 마야왕비, 석가의 탄생을 세심하게 준비하다

현재 천주교에서 성모聖母가 차지하는 위상에 비하여, 말하자면 석
모釋母라 할 수 있는 불교에서의 마야왕비에 대한 위상은 그다지 비중이
크지 않다고 볼 수 있다. 성모 마리아는 아들인 예수보다 더 오래 살면
서 교단의 운영에 관해서도 일정 부분 역할을 했던 것에 반해 마야왕비
는 석가모니를 출산한 후 7일 만에 세상을 떠나셨기 때문에 사실상 불
교사에 있어 흔적을 거의 남기지 않았다고 볼 수 있다. 불교에 있어서
마야왕비는 단지 석가모니를 낳아 주신 분이라는 의미 외에는 큰 역할
이 없는 셈이다. 이러한 점이 불교신앙에 있어 마야왕비의 위상이 제한
적일 수밖에 없었던 원인이다.

물론 성인의 어머니라는 것은 그분이 아니었다면 성인이 존재하지

---

* 우석대학교 교수/불교미술사학

않았을 수도 있었다는 점에서 중요한 역할을 한 것이기 때문에 어느 종교에서든 그 역할만으로도 존중받으며 숭고한 인물로 그려지고 있다. 그러나 성모 마리아의 경우는 천주교에 있어서 일종의 신과 인간의 중간자적 존재로서 인간의 기도에 응하여 신이 움직일 수 있도록 도와주는 존재, 혹은 매개해주는 존재로서 적극적인 신앙적 의미를 지니고 있는 반면, 불교에서는 그 역할을 마야왕비가 아닌 관음보살이 담당하기 때문에 분명 마야왕비와 성모 마리아의 각 종교에서의 위상은 큰 차이가 있을 수밖에 없다. 한편 같은 성서에 기반을 두고 있음에도 기독교에서는 천주교와 달리 성모의 역할이 크지 않다.

그렇다면 종교적 위상을 떠나 종교미술에서의 성인의 어머니의 이미지는 어떻게 묘사되고 있을까?

가톨릭에서는 성모 마리아의 위상이 중요한 만큼 다양한 성모를 주제로 한 작품들이 제작되었다. '수태고지', '예수의 탄생', '성聖 모자母子' 그리고 '피에타'에 이르기까지 주로 예수의 탄생과 죽음이라는 양 끝의 과정마다 성모는 중요한 의미로서 등장하고 있다. 그밖에도 '가나의 혼인잔치'라는 예수 기적의 장면 중에 등장하는 경우나 혹은 '성모의 장례식'처럼 성모의 죽음 자체를 다룬 이야기에서도 중요한 등장인물로 그려진다.

이에 비교하자면 마야왕비도 석가모니 부처님의 탄생과 관련된 이야기에 집중적으로 등장한다. '태몽을 꾸는 장면' 그리고 '룸비니에서의 출산'이 그 대표적인 예이다. 그 이후 '카필라성으로의 귀환', '아시타선인의 예언' 등도 석가 출산 직후의 이야기이다. 그러나 이후 7일 만에 세상을 떠나셨기 때문에 그 이후의 불전 장면에서는 마야왕비의 모습을 찾아볼 수 없다. 다만 일찍 세상을 떠나 도리천에 태어난 마야왕

성 모자(베네치아 산 마르코 대성당의 작은 경당의 모자이크)

비를 위해 석가모니께서 도리천에 올라 설법하셨다는 설화 속에 부분적으로 등장하는 정도를 추가할 수 있을 뿐이다.

　이처럼 마야왕비는 직접적으로 석가모니의 생애에 출생을 제외하고는 큰 영향을 주지 않은 것 같지만, 우선 출생 그 자체에 있어 숫도다나왕과 마야왕비는 그 덕행과 공덕으로 인하여 선택되었다는 점, 석가모니의 회임 이후 지금의 개념으로 말하자면 훌륭한 태교로 석가모니의 마지막 삶을 준비하는 데 있어 완벽한 역할을 함으로써 드러나지는 않지만 매우 적극적으로 석가의 탄생을 준비했다는 점에서 그 의의는 과소평가될 수 없는 것이다. 이 글에서는 마야왕비가 등장하는 불교미술 작품들을 통해서 옛 불교도들이 마야왕비를 어떻게 인식했는지를 추적해보고자 한다.

II. 불교미술에 등장하는 마야왕비의 다양한 모습들

1. 회임

석가모니의 일대기를 묘사한 불전 장면에서 마야왕비가 가장 먼저 등장하는 장면은 '백상입태白象入胎'로서 흰 코끼리로 변한 석가모니가 잠든 마야왕비의 오른쪽 옆구리를 통해 태에 드는 장면을 묘사한 것이

[사진 1] 바르후트 스투파 난순에 새겨진 〈백상입태〉 부조(인도 콜카타박물관, 기원전 2~1세기경)

다. 이 장면은 대체로 유사한 구도로 묘사되지만, 몇 가지 미세한 표현상의 차이가 있다. 이러한 사례로 가장 오래된 작품은 바르후트 Bhārhut 스투파의 난순欄楯, Vedikā에 새겨진 부조 가운데서 찾아볼 수 있다(사진 1).[1]

다음에 살펴볼 작품들에 비해 이 부조가 지닌 가장 큰 특징은 코끼리가 마야왕비의 태에 드는 장면을 측면이 아닌 위에서 아래로 내려다보는 시점으로 묘사했다는 점이다. 때문에 마야왕비는 측면

---

1 이 스투파는 인도의 숭가왕조 시대의 작품으로 BC 2~1세기 무렵으로 편년되고 있다. 1873년 영국의 알렉산더 커닝햄에 의해 발굴되어 현재는 인도 콜카타박물관에 전시되어 있다. Alexander Cunningham, *The stupa of Bharhut: a Buddhist monument ornamented with numerous sculptures illustrative of Buddhist legend and history in the third century BC*, (London: Wm. H. Allen & Company, 1879). (Reprint. New Delhi: Munshiram Manoharlal Publishers Pvt. Ltd., 1998).

으로 돌아누운 모습이 아니라 침대에 바로 누운 자세처럼 묘사되어 있
다. 이렇게 위에서 본 모습으로 묘사한 것은 주인공인 마야왕비를 정면
에서 본 모습으로 표현하기 위한 의도로 생각된다. 다른 한편으로는 마
치 하늘에서 지상으로 내려오는 석가모니의 시각에서 이 장면을 묘사한
것으로도 볼 수 있다. 마야왕비와 달리 주변의 인물들은 정면이나 뒤쪽
에서 보는 방향으로 묘사되어있고, 주변의 기물들도 측면에서 보는 방
향으로 묘사된 것을 보면 마야왕비를 위에서 내려다본 모습, 즉 정면으
로 묘사하여 이 장면의 주인공임을 분명히 드러낸 것으로 볼 수 있다.

　　여기서 한 가지 특이한 것은 모든 경전이 석가모니를 암시하는 흰
코끼리가 마야왕비의 태에 든 방향은 오른쪽으로 되어있으나 여기서
는 마치 왼쪽에서 들어가는 것처럼 묘사된 것이다. 물론 위에서 내려가
는 코끼리가 마야왕비를 가리지 않도록 하기 위해 옆으로 비껴 표현한
것이므로 굳이 오른쪽 옆구리인지, 왼쪽 옆구리인지 여기서는 구분되
지 않는다고 볼 수도 있다. 이렇게 수직 방향으로 내려오던 코끼리가
결국 오른쪽 옆구리로 들어갔다고 해석할 할 수도 있다. 그러나 이후의
장면들이 마야왕비가 오른쪽을 위로 향하도록 돌아누워 분명하게 오
른쪽 옆구리로 코끼리가 들어가는 모습을 강조한 것에 비하면 이 작품
에서는 "오른쪽 옆구리로 태에 들으셨다"라는 경전의 내용을 그다지
강조한 것 같지는 않다.

　　만약 코끼리가 오른쪽을 통해 태에 들었다는 점을 강조하기 위해서
는 마야왕비의 왼쪽에 코끼리를 묘사해도 되었겠지만 그런 경우 코끼
리가 화면의 위가 아닌 아래쪽에 묘사된다는 점에서 하늘에서 아래로
내려오는 느낌이 강조되지 않는 구도가 되었을 것이다. 그런 경우라면
마야왕비를 향좌측이 아닌 향우측을 향해 누워계신 것으로 했다면 문

제가 자연스럽게 해결될 수 있다. 그럼에도 이처럼 향좌측에 머리를 두고 누워계신 것은 아마도 이 방향으로 눕는 것이 더 상서로운 방향으로 생각했던 당시 사람들의 생각의 반영일 수도 있다.

바르후트 부조의 또 다른 특징은 코끼리가 유독 크게 강조되어 있다는 점이다. 이는 이후의 도상에서 코끼리가 암시적으로만 작게 표현된 것과 분명한 차이가 있다. 그만큼 비록 마야왕비가 주인공이기는 하지만, 코끼리는 엄연히 석가모니를 상징하는 존재이기 때문에 그 크기에 비중을 두어 의미를 부각한 것으로 생각된다.

또한 이후에 보게 될 코끼리는 마치 풍선 안에 들어있는 것처럼, 혹은 광배를 지닌 것처럼 동그란 배경 안에 묘사되는데 반해 바르후트 부조에서는 그러한 둥근 배경이 없이 바로 코끼리만 묘사되어있다. 이처럼 둥근 배경이 없는 것과 그 안에 들어가 있는 것의 차이는 이 코끼리의 입태 장면이 단순히 마야왕비께서 꾸신 태몽인가, 아니면 실제 코끼리로 변한 석가모니가 태에 들었으며, 이를 마야왕비는 태몽으로 인식했다는 것인가의 차이로 해석한 연구도 있었다.[2] 즉, 둥그런 배경 안에 들어있는 것은 그것이 현실 세계와 구분된다는 점에서 실제로 일어난 일이 아니라 마야왕비의 꿈속에서 일어난 일임을 암시하는 것이며, 바르후트의 부조처럼 배경이 없이 코끼리만 묘사된 것은 그것을 실제 일어났던 일로 간주한다는 의미라는 것이다. 코끼리가 둥근 배경을 지니는 것은 주로 간다라 미술에서 그리고 아무런 배경이 없이 나타나는 것은 마투라 미술에서 주로 보인다는 점에서 두 지역에서 이 회임 장면을 어떻게 다르게 인식했는지를 보여준다.[3]

---

2 宮治 昭, 『インド佛教美術史論』(中央公論美術出版, 2010), 212-249.
3 『불본행집경』에서는 이 코끼리가 실제 코끼리였는지 태몽이었는지에 대해 그다지 상세

▶[사진 2] 간다라 불전 부조 중의
〈백상입태〉(파키스탄 라호르박
물관 소장. A.D. 2~3세기경)

▼[사진 3] 간다라의 〈백상입태〉
부조(파키스탄 페샤와르박물관
소장. A.D. 2~3세기경)

　　바르후트 스투파 부조가 인도의 전통적인 표현기법을 말해준다면,
간다라의 불전 부조들은 헬레니즘문화의 영향을 받아 보다 자연스럽
게 변화된 백상입태의 장면을 보여준다. 간다라의 불전도에 묘사된 이
장면 속의 마야왕비는 항상 옆으로 돌아누운 자세로 코끼리를 받아들
이고 있다. 또한 오른쪽 옆구리를 통해 태에 든다는 것을 분명하게 설
명하기 위해 마야왕비는 왼쪽이 바닥을 향하도록 돌아누워 있음을 확
인할 수 있다.

　　그런데 이 형식도 크게 두 형식으로 다시 세분화해볼 수 있다. 하나

허 설명하고 있지 않지만, 『방광대장엄경』에서는 원래 부처가 될 보살은 다른 모습이
아니라 코끼리로 변화하여 태에 들어야 한다고 명시하고 있어, '백상입태'를 단순한 꿈
이 아니라 실제 있었던 일로 묘사하고 있어 대비가 된다.

는 머리를 향우측으로 향하여 정면을 바라보고 누운 형식인데, 이 형식이 보다 일반적이다[사진 2]. 그에 반해 두 번째 형식은 머리를 향좌측으로 향하고 눕되, 오른쪽 옆구리가 위로 향해야 하기 때문에 등을 보이고 돌아누운 형식이다[사진 3]. 이러한 차이가 무엇을 의미하는지는 분명히 않다. 다만 눕는 두 방향에서 다음과 같은 추정을 해볼 수 있을 것 같다.

첫 번째, 침상의 마야왕비는 대부분 상체를 나신裸身으로 표현하고 있는데, 이때 드러난 상체를 가리기 위해 의도적으로 뒤로 돌아누운 자세가 등장한 것이 아닐까 하는 것이다. 상체를 드러내는 것이 거북하다면 상체에도 옷을 걸친 상태로 표현하는 대안도 있을 것이다. 그러나 굳이 돌아눕게 하면서까지 상체를 나신으로 표현한 것은 이 장면의 마야왕비가 상체를 나신으로 하고 있어야 하는 어떤 특별한 이유가 있었을지도 모른다. 그에 대해서도 몇 가지 이유를 추측해볼 수 있다. 우선 가장 가능성이 높은 것은 헬레니즘 미술에서는 원래 신적인 존재들을 표현할 때 누드로 표현하는 전통이 있었다.

서양미술사에서 누드는 매우 흔하지만, 결코 평범한 인간이 누드로 표현되는 일은 고대~중세 미술에서는 허용되지 않았다. 혹 평범한 인간이 누드로 표현되는 경우라 하더라도, 그것은 신화나 전설 속의 인간인 경우에 해당되었다. 즉, 누드는 까마득한 신화 속 과거의 이야기를 묘사하거나 신들의 세계를 묘사하는 방식이었다. 간다라 불전도에서 이 장면의 마야왕비의 상체를 굳이 나신으로 표현했던 것은 마야왕비가 평범한 인간이 아니라, 신적인 존재라는 것을 드러내는 방식이었기 때문에 고집했던 방식이었을 수 있다는 것이다.

그러나 이러한 해석만으로는 설명이 되지 않는 것이 석가모니의 출산 장면에서는 마야왕비가 상체에도 옷을 입고 있는 경우가 많다는 것이다. 마야왕비를 성스러운 인물로 묘사하기 위해 상체를 누드로 표현했다면 출산 장면에서도 마찬가지로 누드로 표현되어야 하는데 그렇지 않았다는 것은 이 회임 장면에서 특별히 누드로 표현되어야 하는 어떤 이유가 있었을 것이다.

두 번째는 마야왕비의 태에 코끼리가 들어가는 장면인데 옷을 입고 있으면 원칙적으로 코끼리가 들어갈 수 없으므로, 옆구리로 들어갈 수 있는 틈을 드러내기 위해 상체를 나신으로 했을 가능성이다. 그러나 이 해석도 설명이 어려운 이유는 출산 장면에서도 마찬가지로 마야왕비가 상체에 옷을 걸치고 계시면 옆구리로 아기 석가모니께서 나오시는 장면을 설명하기가 어려운데, 실제 마치 옷을 뚫고 나오시는 것처럼 마야왕비가 상체에 옷을 걸친 상태로 묘사되는 경우도 많기 때문이다. 따라서 회임이든 출산이든 옆구리로 석가모니께서 드나드는 데 있어 마야왕비의 옷은 크게 중요하지 않았을 수도 있다.

세 번째는 앞서 바르후트 스투파의 경우와 마찬가지로 원래는 머리를 왼쪽으로 하고 눕는 것이 상서로운 방향이었고 더불어 오른쪽 옆구리가 하늘 방향을 향해야 했기 때문에 등을 보이고 돌아누운 자세로 표현되는 것이 먼저 등장한 방식이었을 수 있지만, 어느 시점에서 점차 이것이 오른쪽을 향해 눕는 방식으로 변화한 것이 아닐까 하는 것이다. 아마도 그렇게 변화한 이유는 '백상입태' 도상이 인도에서의 완전한 창작이 아니라 서양 문화로부터의 도상을 차용해왔기 때문일 가능성이 있다.

예를 들어 로마 폼페이에서 발견된 벽화 중에 그리스신화 속 '디오니소스와 아리아드네'를 묘사한 그림이 보이는데, 이 장면에서 누워있

는 아리아드네의 모습과 '백상
입태' 도상 중 마야왕비가 누
워있는 모습이 서로 유사한 것
을 발견할 수 있다[사진 4].

특히 '디오니소스와 아리
아드네' 주제는 낙소스섬에서
잠들었다가 홀로 버려진 아리
아드네를 가엾게 여긴 디오니
소스 신이 다가와 자신의 아내
로 맞이한다는 이야기를 줄거
리로 하고 있다.[4] 폼페이 벽화
에서 서서 다가오고 있는 인물

[사진 4] 〈낙소스섬에 홀려 버려진 아리아드네를
찾아온 디오니소스〉 (폼페이 벽화, A.D. 1세기경)

이 디오니소스이다. 이 줄거리는 '잠든 여인과 그 여인을 아내로 선택
한 신'이라는 중심 모티프를 지니고 있으며, 그것은 비록 '어머니와 아
들'의 관계이기는 하지만 역시 '초월적 존재의 어머니로서 선택됨'이라
고 하는 불교적 주제와 유사한 골격을 지닌다. 고대 간다라 지역의 불
교도들은 이처럼 주제를 분명하게 전달하기 위해서 익히 알려진 서양
미술의 유사한 골격을 지닌 도상을 차용하여 불교도상으로 흡수해 나
갔던 것으로 보인다. '디오니소스와 아리아드네'를 묘사한 서양 미술에
서도 아리아드네가 왼쪽으로 머리를 두고 누운 장면이 전혀 없는 것은
아니지만, 도상적으로는 오른쪽으로 돌아누운 자세로 묘사된 것이 보
다 보편적이었다고 생각되기 때문에 아마도 이 도상이 간다라 지역에

---

4 디오니소스와 아리아드네 설화에 대해서는 스티븐 프라이/이영아 옮김, 『그리스신화:
  영웅이야기』 (현암사, 2019) 참조.

전파되었던 것으로 보인다.

궁극적으로 아리아드네는 죽은 후에 그녀를 사랑했던 디오니소스의 힘을 빌려 여신이 되었다. 특히나 이 장면이 마야왕비의 회임 장면을 묘사하는 기본 도상으로 선택된 것은 아리아드네의 이러한 운명과도 연관이 있는 것 같다. 즉, 마야왕비께서는 석가모니를 출산하신 후 비록 7일 만에 돌아가셨지만, 마치 아리아드네가 죽은 후 올림포스 여신의 반열에 들었던 것처럼 마야왕비 역시 그것이 끝이 아니며 도리천이라는 천상에 나실 것임을 암시한 것이라 볼 수 있다. 이러한 점이 더더욱 간다라 지역의 불자들에게 이 아리아드네 도상을 마야왕비의 도상으로 차용했던 이유였을 것이다.

이후에 불상이 본격적으로 만들어지기 시작하면서 석가모니의 열반 장면도 등장했는데, 이때 석가모니는 항상 머리를 왼쪽으로 두고 왼쪽 옆구리를 위로 하신 채 누워계신 모습으로 묘사되었다. 만약 마야왕비를 묘사할 때 계속 머리를 왼쪽 방향으로 누워계신 것으로 묘사했다면 비록 세부적으로는 차이가 있으나 전체 구도 면에서 열반 장면과 헷갈릴 가능성도 있었다. 아마도 석가모니의 열반 장면과의 혼동을 피해 마야왕비의 눕는 방향은 오른쪽으로 더욱 굳어졌던 것으로 생각된다.

마야왕비의 누워 있는 자세는 어느 방향으로 누워 있든 대체로 비슷하다. 이미 바르후트 스투파 부조에서는 오른팔로 머리를 베고 왼팔은 가지런히 몸에 붙이고 있다. 디르박물관 소장의 <백상입태> 부조에서는 팔의 좌우가 바뀌기는 했지만, 마찬가지로 한 팔은 머리를 베고, 한 팔은 가지런히 몸에 올려놓았다. 이 자세 역시 <디오니소스와 아리아드네> 벽화 속 아리아드네의 자세와 매우 유사하다. 여기서 약간 변화를 준 형식은 몸에 가지런히 올려두었던 팔을 내려 침대 위를 짚고 있는 자세로 바뀌는 것이다. 사실 바르후트 부조에서처럼 바로 누운 것 같은 자세에서는 몸에 팔을 붙이고 차렷 자세처럼 자는 것이 그다지 어색하지 않지만, 옆으로 돌아누운 상태에서 디르박물관 부조처럼 팔을 몸 위에 가지런히 올리고 자는 자세는 다소 어색한 모습이다. 아마도 디르박물관 부조는 바르후트 부조 같은 초기 형식에서 옆으로 돌아눕기 시작한 바로 다음 단계의 모습을 보여주고, 이것이 다시 자연스럽게 한 팔을 내려 침대 위를 짚고 있는 것으로 변화한 것으로 그 흐름을 추정해볼 수 있겠다.

한편 마야왕비의 회임 장면에서 그 주변에는 기본적으로 여성들이 시중을 드는 것으로 묘사되어 있다. 그런데 『불본행집경』에는 회임 이후에는 사천왕이 마야왕비를 호위했다고 되어있는데, 그 묘사에서 누군가 마야왕비와 태 안의 석가모니를 해칠 것을 염려하기 위해서는 아니었다고 명시되어 있다. 다만 혹시나 있을 불경한 사건으로 석가모니가 불편한 심경을 일으킬 것을 우려한 조처였다고 되어있다. 실제 페사와르박물관 소장의 한 부조에서는 이렇게 회임한 마야왕비를 무장한 인물들이 둘러서서 호위하고 있다. 비록 사천왕을 상징하는 네 명의 무사는 아니지만, 칼과 창을 든 인물들은 『불본행집경』의 묘사를 연상시킨다. 그런데 이들은 언뜻 남성인지 여성인지 분명치가 않다. 언뜻 무장은 했지만 커다란 머리장식이며, 가슴이 유독 강조된 것처럼 보이는 점, 특히 발에 발찌를 하고 있다는 점에서 여성일 가능성이 높다. 즉, 무장을 하고 있는 여전사로 추정되는 것이다. 아무리 사천왕이라고는 하지만 여성의 침소에 함부로 들 수는 없었기 때문에 이처럼 여전사의 모습으로 변신하여 호위를 했던 것이 아닌가 추정해볼 수 있겠다.

2. 출산

마야왕비가 묘사된 불교미술의 가장 대표적이고 가장 극적인 사례가 바로 출산일 것이다. 마야왕비의 불교사에서의 역할을 가장 분명하게 표현한 장면이다. 우리나라 팔상도에서 〈비람강생毘藍降生〉[5]으로 알려진 장면에 등장하는 '수하탄생樹下誕生' 장면이다. 경전에 의해 널리 알려진 것처럼 석가모니께서는 일반적인 아이들처럼 태어난 것이 아니라 태에 드셨던 마야왕비의 오른쪽 옆구리를 통해 도로 나오셨다. 이 옆구리로 나오셨다는 설화를 상징적인 의미로 해석하여 석가모니께서 크샤트리아 출신이라는 것을 강조하는 것으로 보기도 한다. 즉, 인도의 카스트제도의 네 계급 중 가장 위에 있는 종교 사제 브라만은 머리, 두 번째인 왕족인 크샤트리아는 팔과 옆구리, 평민 바이샤는 다리, 노예 수드라는 발로 상징되기 때문에 마야왕비가 옆구리에서 석가모니를 낳으셨다는 것은 석가모니가 크샤트리아 계급을 상징한다는 것이다.[6]

그러나 필자는 이에 대해 다소간 의문이 든다. 우선 아마도 각 계층을 신체의 일정 부분에 비유하고 그들이 이로부터 나왔다는 『리그베다』의 표현은 마치 플라톤이 『국가론』에서 지혜의 덕목을 갖춘 통치자가 머리, 용기의 덕목을 지닌 수호자가 가슴(심장), 절제의 덕목을 지닌 시민들이 배와 팔, 다리를 구성할 때 이상 국가가 된다는 비유와 유사하다.[7] 마찬가지로 『리그베다』에서 각 계급의 기원을 설명하면서 창조자

---

5 '비람강생'은 원래 '람비니원강생'(藍毘尼園降生)이 정식 명칭이었으나 '람비니'를 줄여 부르면서 '비람'으로 잘못 알려지게 되었다. "이영종 선생의 불화이야기 9,"「제주불교신문」2014.3.8. 참조.

6 이러한 해석은 최근 여러 글에서 제시되고 있는데, 대표적으로는 강희정, 『지상에 내려온 천상의 미』(서해문집, 2015) 등을 들 수 있다.

7 플라톤/최현 역, 『플라톤의 국가론』(집문당, 2006).

푸루샤의 각각의 신체 부위에서 각 계급의 조상이 된 사람들이 태어났다고 신화적으로 설명한 것이지 실제로 그들이 그러한 인체의 신체 부위에서 태어난다는 것을 강조했던 것은 아니었다.[8] 만약 그렇다면 머리를 통해 태어난 브라만도 있을 것이고, 다리나 발에서 태어난 바이샤와 수드라의 설화도 있어야 할 것 같은데, 그러한 사례는 잘 알려져 있지 않다.

오히려 같은 크샤트리아 계층의 왕이라고 하더라도 꼭 옆구리에서만 태어난 것이 아니라 다양한 곳에서 태어난 설화가 있었던 것 같다. 『불소행찬』(붓다차리타)에 의하면 "우류왕은 다리로 태어났고, 비투왕은 손으로 태어났으며, 만타왕은 정수리로 태어났고, 가차왕은 겨드랑이로 태어난 것처럼…"이라고 찬탄하며 석가모니께서 옆구리로 태어난 것 역시 성스러운 일이라고 찬탄하고 있다.[9] 아마도 이러한 찬탄은 뒤에서 "(마야)부인은 그 아드님이 평범한 방법으로 태어나지 않음을 보고 (중략) 도리어 근심하고 두려워하였다"라고 한 것과 연관된 것 같다. 즉 옆구리로 태어난 것이 불길하거나 잘못된 것이 아니라 오히려 영험하다는 것을 주변의 사제들이 칭송한 내용으로 생각된다. 즉 역대의 전설적인 왕들 중에서도 이처럼 신체의 특별한 곳에서 태어난 존재들이 있었던 것과 마찬가지라는 뜻인데, 여기 보면 왕들 중에도 머리나 발에서 태어난 존재가 있었다는 것은 이러한 특정 신체 부위로 태어나는 것이 곧 카스트의 계급을 상징하는 것은 아닌 것으로 보이기 때문이다. 특히나 앞으로 브라만 사제들과 끊임없는 논쟁을 벌여야 하는 입장

---

8 정승석 역, 『리그베다: 신, 자연, 인간의 화음』(김영사, 1984).

9 『불소행찬』 원문은 "優留王股生, 卑偸王手生, 曼陀王頂生, 伽叉王腋生. 菩薩亦如是, 誕從右脇生."

에서 석가모니가 브라만 출신이 아니라 그 아래 단계인 크샤트리아 출신이라는 점은 일종의 약점이었을 수도 있었을 텐데, 굳이 탄생 장면에서 그 출생 신분을 강조해야 했을까 하는 점도 의문이다.

그렇다고 필자가 석가모니께서 태어나신 경로가 다른 신체 부위가 아닌 굳이 옆구리였어야 했던 점에 대해 다른 답을 제시할 수 있는 것은 아니다. 그저 석가모니께서 코끼리의 모습으로 들어가실 때 옆구리를 통해 들어가셨고, 태에 머무실 때에도 오른쪽에 반듯하게 머무셨기 때문에 이리저리 옮겨 다니면서 산모를 힘들게 하지 않았으며, 나오실 때도 다시 들어가셨던 옆구리로 나오셨다는 맥락 속에서 이해해야 한다는 정도만 제시할 수 있을 뿐이다. 또 마야왕비의 머리를 뚫고 나온다든가, 팔이나 다리를 통해 나온다는 것은 출산의 모습으로 그리 아름다워 보이지 않은 반면, 배나 옆구리는 자궁과 가장 가까운 곳으로서 비록 신화적인 이야기이기는 하지만, 초월적 존재가 자궁으로 들어가고 나오는 통로로서 가장 자연스러웠을 뿐이 아닐까 생각된다. 특히 '오른쪽 옆구리'라는 것은 인도에서는 오른쪽을 청결하고 신성한 방향으로 생각하기 때문에 선택된 방향이었을 것이다.

궁극적으로 이처럼 일반적인 아기들처럼 회임하고 태어나지 않은 것은 결국은 석가모니 부처님은 비록 마야왕비의 몸을 빌리기는 했지만, 결코 숫도다나왕과 마야왕비의 유전적 아이가 아니라는 것을 상징한다.[10] 마치 '동정녀 마리아'의 개념에서와 같이 남녀의 관계 이전에 태에 든 예수는 결코 인간의 아이일 수 없다는 점을 강조하는 것처럼 부처님 역시 숫도다나왕과 마야왕비의 결합에 의한 결과가 아니라는

---

10 『불소행찬』에서는 이를 "마치 허공에서 떨어진 듯 자궁 문을 통해 탄생하지 않으셨네"라고 하여 석가모니가 숫도다나왕과 마야왕비의 인간적 아들이 아님을 강조하고 있다.

것을 상징하는 것이다. 예수는 요셉과 마리아의 결혼 이전에 태에 들었기 때문에 출산의 특이성을 언급하지 않아도 인간의 아기일 수 없었지만, 숫도다나왕과 마야왕비는 이미 혼인한 상태였기 때문에 특별한 언급이 없다면 자연스럽게 인간적·유전적으로 숫도다나왕과 마야왕비의 아들일 수밖에 없다. 그러나 이러한 옆구리를 통한 회임과 출산은 석가모니가 이 분들의 인간적 아들이 아니라는 점을 강조하는 하나의 중요한 모티프가 되는 것이다.

그런데 이러한 점은 석가모니께서 숫도다나왕과 마야왕비를 부모로서 인정하지 않았다는 것을 강조하는 것이 아니다. 오히려 이러한 생각은 비단 석가모니와 같은 성인에게만 해당하는 것이 아니라, 불교에서 일반적으로 가르치는 부모와 자식과의 관계를 이해하는 데 있어서도 많은 참고가 된다. 즉, 부모가 아이를 낳았다고 해서 그 자식을 부모의 소유로 생각해서는 안 된다는 것이다. 어쩌면 이러한 생각은 자식은 부모의 몸을 빌려서 태어나기는 하지만, 독립된 존재이며, 부모는 자식의 인생 윤회의 과정에서 잠시 만나 도움을 주는 존재로서 부모 역시 자식을 존중해야 한다는 생각과도 일맥상통하는 부분으로 볼 수 있다. 특히나 요즘처럼 가정폭력이 사회적 문제로 대두되고 있는 시점에서 석가모니의 탄생설화는 또한 우리들의 아이들 역시 누구나 불성을 지닌 존재로 태어난다는 점을 감안하면 마치 마야왕비께서 유전적 아이가 아니라, 신성한 존재를 초월적인 과정으로 잉태한 아이임을 태몽의 해석을 통해 아셨음에도 불구하고 더욱 몸가짐을 조심하고 공덕을 쌓는 등의 성실한 태교로 석가모니를 태에 품고 계셨던 그 정신을 높이 평가하고, 누구나 자식을 그렇게 대해야 함을 가르치는 것이라 하겠다.

이제 이 장면을 마야왕비의 입장에서 생각해 보면 출산을 누워서 하지 않고 서서 했다는 점은 근래의 출산법과 연상되어 흥미로운 점이 있다. 일반적으로 누워서 출산하는 방법은 중력에 의해 아이가 아래로 떨어지려는 힘을 받지 못하기 때문에 자연스럽지 못한 분만이라는 주장이 힘을 싣고 있으며, 그에 따라 앉아서, 혹은 서서, 혹은 물속에서 출산하는 다양한 자연분만법이 제시되고 있다. 특히나 마야왕비께서 출산하실 때에는 지금과 같은 의료적 힘을 빌리지 않는 자연분만법만이 존재했던 시절이었기 때문에 이처럼 룸비니동산 연못가에서 오른손을 들어 무수 가지를 붙잡는 순간 자연스럽게 석가모니를 출산했다는 점은 한편으로는 당시의 카필라국 궁정 의사들이 선보인 자연분만법의 흔적일 수도 있겠다.

간다라에서 이 장면을 묘사한 작품들을 살펴보면 대체로 동일한 도상을 지니고 있어서 일찍부터 하나의 정형화된 형태로 정립되었음을 알 수 있다. 그럼에도 몇 가지 차이점이 있어 주목된다.

우선 출산 장면을 묘사하는 데 있어 공통적인 형식은 마야왕비께서 오른팔을 높이 들어 무우수 가지를 잡고 있고, 왼팔은 왼쪽 옆에 있는 시녀의 어깨에 걸치고 부축을 받고 있는 모습이다[사진 5]. 그리고 왼발을 오른발 앞에 두어 다리를 꼬고 서 있는 자세이다. 경전에 의하면 오른팔을 들어 무우수 가지를 잡으실 때 출산하신 것은 명시되어 있기 때문에 간다라 부조에서 오른팔을 공통적으로 들고 계신 것은 당연한 표현으로 생각된다. 그러나 옆에 있는 시녀의 부축을 받고 있는 점이나 다리를 꼬고 있는 것은 경전에는 드러나지 않는 부분이다. 왜 경전에 없는 이러한 부분이 등장하게 되었을까? 오히려 경전에서는 마야왕비가 아무런 출산의 징후도 없었으며, 그저 오른팔로 무우수 가지를 붙잡았을 때 누군가의 도움도 없이 자연스럽게 석가모니를 출산하였다고 되어 있

기 때문에 마치 출산을 돕는 듯한 자세의 이 시녀는 경전의 내용과는 부
합하지 않는다.

여기서 한 가지 참고가 되는 것은 그리스신화 속 레토Leto가 아르테
미스와 아폴론을 출산할 때의 서사 구조가 '수하탄생'의 도상적 구조와
유사하다는 것이다. 우선 레토는 한 손으로 종려나무 가지를 붙잡고 무
릎을 꿇은 채 아르테미스와 아폴론을 출산했다고 한다. 여기서 한 손으
로 나뭇가지를 붙잡은 자세가 마야왕비의 출산 장면과 유사하다. 또한
레토는 아르테미스를 먼저 낳았고, 아르테미스는 낳자마자 소녀로 성
장해서 어머니 레토가 자신의 동생인 아폴론을 출산하는 것을 도왔다
고 하는데, 어쩌면 수하탄생 장면은 그리스신화를 바탕에 둔 레토의 출
산 장면에서 모티프를 차용한 것은 아닌가 추정해볼 수 있다.[11] 즉, 마

[사진 5] 라호르박물관 소장 〈수하탄생〉 부조. 파키스탄 라호르박물관 소장. A.D. 2~3세기경

11 레토가 아르테미스와 아폴론 자매를 출산하는 설화에 대해서는 유재원, 『그리스신화
  1: 올림포스의 신들』(북춘, 2015) 참조.

야왕비의 출산을 돕고 있는 시
녀는 아르테미스가 어머니 레토
의 출산을 돕는 것에서 모티프
를 차용해 온 것이고, 다리를 꼬
고 서 있는 모습은 무릎을 꿇고
아기를 낳았던 레토의 또 다른
표현일 수 있다. 종려나무 가지
를 잡고 아이를 낳았다는 것과
마야왕비가 무우수 가지를 잡고
출산했다는 것은 텍스트상 등장
하는 공통점이기도 하다.

　아쉽게도 필자는 이 레토의
출산 장면을 묘사한 헬레니즘
시기의 사례를 아직 찾지 못하
여 직접적인 비교는 어렵다. 다
만, 레토의 출산 장면이 특별히

[사진 6] 이탈리아 베이(Veii)의 아폴론 신전에
서 출토된 레토 입상. 로마 Etruscan Museum
of Villa Giulia 소장. 기원전 510년경

붓다의 탄생 장면으로 차용되었다면 거기에는 충분한 개연성이 있다.
왜냐하면 인도, 특히 간다라에서 붓다를 이미지화한 초기의 예는 그리
스 미술의 아폴론의 도상에서 차용한 것이라는 다양한 가설이 대체로
받아들여지고 있는 상황에서 아폴론의 탄생 장면에서 붓다의 탄생 장
면을 가져다 쓴 것은 충분한 개연성이 있다고 볼 수 있다.

　특히 원래 니오베Niobe를 표현한 것으로 알려졌으나 새롭게 아기 아
폴로를 데리고 있는 레토의 상으로 정정된 베이Veii 출토의 입상은 비록
레토의 출산 장면은 아니지만, 만약 출산 장면을 묘사한 상이 있었다면

'수하탄생'상과 유사하였을 것임을 짐작할 수 있게 한다[사진 6].[12]

　만약 그렇다면 간다라 사람들이 인식했던 마야왕비에 대한 개념을 추측해볼 수 있다. 레토는 최고의 신 제우스의 아이들인 쌍둥이 자매를 임신했음에도 헤라의 미움을 사 출산할 장소도 찾지 못할 정도로 어려운 상황이었으나 결국 델로스 섬의 신을 지혜롭게 설득하여 출산의 장소로 택하고, 난산 끝에 아르테미스와 아폴론을 낳았다. 비록 제우스의 뛰어난 자식들로서 그리스신화에서 매우 중요한 역할을 하는 두 신이었지만, 레토는 역경을 극복해야 했으며 이를 통해 두 신의 어머니가 될 수 있었고, 이후 아르테미스와 아폴론은 자신들의 어머니를 극진히 존중했다.

　불교 경전에서는 마야왕비에게 이러한 난관의 설화를 부여하지는 않았지만, 이와 같은 그리스식 이미지를 통해 마야왕비가 단순히 수동

[사진 7] 라호르박물관 소장 〈수하탄생〉 부조(A.D. 2~3세기경)

적으로 석가모니를 잉태하고 출산한 분, 그래서 단순히 석가모니께서 거쳐 가시기만 한 분이 아니라, 전생과 이승에서의 충만한 공덕을 적극적으로 쌓은 분이기에 붓다의 어머니로 선택되었으며, 나아가 태중에 붓다를 품은 동

---

12 이 상에 대해서는 Jenifer Neils, "Niobe(?) on the Portonaccio Temple at Veii," *ETRUSCAN STUDIES* Vol. 11(2008), Journal of the Etruscan Foundation, 참조.

안 불미스러운 일을 겪지 않기 위해 적극적으로 태교를 했던 동안의 어려움을 은연중에 드러내어 레토의 역경을 이겨낸 이미지와 중첩시킨 것으로 볼 수 있다.

이러한 출산 장면을 기본으로 하면서도 라호르박물관에 소장되어 있는 두 점의 <수하탄생> 부조는 표현상에서 미묘한 차이를 볼 수 있다. 이 중 한 점은 마야왕비께서 옆구리에서 태어나는 아기 부처님을 바라보는 시선으로 묘사되어 있는 것에 반해, 다른 한 점에서는 하늘을 바라보는 시점으로 표현된 것이다[사진 7]. 마야왕비의 시점뿐 아니라 주변에 함께 표현된 인물들도 마찬가지로 태어나고 있는 아기 붓다에 모두 시선을 집중시키고 있든가, 아니면 대체로 하늘을 바라보는 시점으로 묘사되었다. 이러한 차이가 무엇을 의미하는지는 분명치 않다. 다만 태어나는 아기 붓다에 집중된 시선은 보다 자연스럽고 인간적이다. 반면 하늘을 향하고 있는 시점은 마치 마야왕비를 포함한 등장인물들이 이 경탄스러운 일을 하늘에 감사하는 듯, 보다 신성하고 초월적인 일임을 강조한 것처럼 보인다.

이 장면에 등장하는 아기 붓다는 마치 스스로의 힘으로 옆구리에서 나오는 것처럼 고개를 들고 당당한 모습을 하고 있다. 마야왕비께서 힘들이지 않고 석가모니를 출산했다는 것을 시각적으로 보여주는 것이기도 하다. 이 장면에서 어떤 경우는 아기 붓다가 광배를 가지고 있지 않은 경우도 있지만, 많은 경우 이미 광배를 지니고 있어 붓다로서의 위엄을 갖추고 있기도 하다.

한편 남인도 아마라바티에서 출토된 부조에서는 아직 무불상 시대의 전통이 남아있어서 '수하탄생' 장면에서 마야왕비의 옆구리로 탄생하는 아기 붓다는 표현되지 않았다. 대신 그 옆에 있는 천신들이 천으로

아기 붓다를 받고 있
는 장면이 묘사되어
있는데 그 천에는 붓
다의 발자국이 표현
되어 있어서 사실상
석가모니 붓다께서
이미 출산되어 천 위
에 계심을 암시적으
로 표현했다[사진 8].[13]
이 장면에서 마야왕
비는 시녀의 부축을

[사진 8] 남인도 아마라바티 출토의 불전부조 중 〈수하탄생〉
(AD 2세기경, 영국 브리티쉬박물관 소장)

[사진 9] 마투라박물관 소장의 불전도 중 〈수하탄생〉

13 이 작품의 상세한 해석에 대해서는 Robert Knox, *Amaravati: Buddhist Sculpture from the Great Stupa*, (British Museum, 1992), 119의 [도판 61]에 대한 설명 참조

받지 않고 있으며, 팔도 왼팔을 들어 나뭇가지를 붙잡고 있다는 점에서 간다라의 도상과는 차이가 있다. 그러나 비록 왼팔을 들고 있어도 천신들이 아기 붓다를 받고 있는 장면은 마야왕비의 오른쪽에 위치하고 있어서 오른쪽 옆구리로 붓다가 탄생하고 있다는 사실에는 변함이 없다.

반면 인도 중부 마투라 미술에 나타난 수하탄생에서는 이미 붓다가 완전히 마야왕비의 몸에서 나와 천신이 두 손으로 떠받들고 있는 모습으로 등장한다. 남인도 불전도의 '수하탄생' 장면에서는 비록 아기 붓다는 표현되지 않았지만, 발자국이 천 위에 있다는 것은 비록 상징성을 띤 것이기는 해도 이미 완전히 마야왕비의 몸에서 나왔음을 의미한다고 볼 수 있다. 간다라 미술에서의 출산 중인 마야왕비와 마투라 및 남인도 미술에서 출산을 끝낸 마야왕비의 모습은 비록 시각적으로는 동일하지만, 서로 다른 조형적 개념에 바탕을 두고 있는 것으로도 볼 수 있다[사진 9].

우선 『불본행집경』에 의하면 막 태어난 붓다는 스스로 걸을 수 있을 정도로 성장해 있었다. 또한 천신들이 산모처럼 아기 붓다를 받는 장면도 등장하지 않는다. 오로지 막 태어난 아기 붓다가 앉을 수 있는 금상金床을 바쳤다고만 되어있다. 이를 바탕으로 수하탄생 부조를 살펴보면 우선 천신이 실제 아기처럼 아기 붓다를 받아 안고 있는 것은 경전에 부합하지 않는다. 아기 붓다는 아기처럼 천신에게 안기지 않았기 때문이다.

오히려 간다라 불전도 중에서는 출생 중에 어쩔 수 없이 어린아이의 모습으로 마야왕비의 옆구리에서 나오고 있으나, 마치 스스로 나오고 있는 것처럼 묘사한 것이 경전에 부합하다고 하겠다. 즉, 보다 초월적인 존재임을 강조한 것이다. 또한 마야왕비를 출산 중의 모습으로 묘

사함으로써 그 역할을 더 극적으로 보여주고 있다. 출산의 짧은 순간의
모습을 포착한 것은 현대적 시각으로도 매우 독특한 장면이라 볼 수 있
는데, 예를 들어 기독교에서 아기 예수의 출산 장면을 묘사한 사례라든
가, 공자나 마호메트의 출산 장면을 직접 묘사한 예는 찾아볼 수 없다.
이는 한편으로는 표현할 수 없는 금기시된 장면으로도 인식될 수 있다.
그럼에도 불교에서 이 장면을 묘사한 것은 물론 자궁을 통한 출산 장면
을 묘사한 것은 아니지만, 불교가 이와 같은 출산을 얼마나 적극적인
개념으로 받아들이고 있었는지를 짐작케 한다. 더불어 아기 붓다는 천
신과 마야왕비의 발치에 꼿꼿이 서 있는 모습으로 반복해서 묘사되는
경우도 있다. 소위 '천상천하유아독존'을 외치며 걸으셨다고 하는 설화
를 연상케 하는데, 이를 통해 아기 붓다가 그저 강보에 쌓여 안겨있을
만큼 어린아이가 아니었음을 분명히 드러내고 있다.

　　반면 마투라의 '수하탄생'은 마치 실제 강보에 쌓인 아기처럼 수동
적으로 안겨있다. 아무리 아기 붓다이지만 이렇게 천신이 어르듯이 안
고 있는 것은 경전 상에 묘사된 출산 후 아기 붓다의 모습과는 차이가
있다. 하지만 이 모습은 경전과는 부합하지 않아도 사실적인 묘사라는
측면에서는 더 설득력이 있다.

3. 카필라성으로의 귀환(종원환성從園還城)

　　룸비니에서 출산을 마친 마야왕비와 아기 붓다께서 카필라성으로
돌아오는 장면을 묘사한 도상인데, 앞서의 '백상입태'나 '수하탄생'만큼
적극적으로 만들어지지는 않았다. 또한 그 표현도 일정치 않고 다양한
편이다.

[사진 10] 〈카필라성으로의 귀환〉 (브리티쉬박물관 소장)

우선 주목되는 작품은 런던 브리티쉬박물관에 소장된 부조인데, 여기서는 가마를 타고 귀환하는 모습이 잘 묘사되어 있다[사진 10]. 『불본행집경』에 의하면 룸비니에서 돌아올 당시 마야왕비와 석가모니는 인도의 장인의 신이라 할 수 있는 비수갈마毘首葛磨: Vishvakarman가 제석천의 주문으로 만든 특별한 가마를 탔으며, 이 가마는 사천왕이 각각 사방에서 들었다고 되어 있다.

이 장면을 생생하게 묘사한 작품이 바로 브리티쉬박물관 소장의 부조이다.[14] 가마 안에는 세 명의 여인이 타고 있는데, 가운데 앉아 아기 붓다를 안고 있는 분이 마야왕비일 것이며, 그 앞에 마주 보고 앉은 분이 마야왕비와 함께 숫도다나왕의 왕비가 되었고, 마야왕비의 사후 사실상 어머니처럼 석가모니를 키운 동생 마하파자파티Mahāpajāpatī로 추정된다. 반면 가마의 왼쪽에 앉아있는 인물은 유모로 생각된다. 가마는 마치 궁전건축처럼 코린트식 주두를 갖춘 기둥이 지붕을 받치고 있으며, 주변에는 양탄자와 같은 두꺼운 천으로 보온을 위해 둘러쌓던 것으로 보인다. 가마는 눈에 보이는 앞뒤 두 명의 남성에 의해 운반되고 있

---

14 이 부조에 대해서는 W. Zwalf, *A Catalogue of the Gandhara Sculpture in the British Museum*, Vol. I(The British Museum, 1996), 154의 도판 157에 대한 해설 참조.

지만, 아래에 보면 가마 반대편으로 다시 두 사람의 발이 보이고 있어서 모두 네 사람에 의해 운반되고 있다.

『불본행집경』에 의하면 사천왕은 마야왕비와 아기 붓다를 카필라성으로 귀환시킬 때 동자의 모습으로 변신하여 가마를 들었다고 한다. 여기서는 아주 어린 모습은 아니지만, 젊은 청년의 모습으로 가마를 들고 있는 것으로 보인다.

한편 가마 안에는 마야왕비와 유모로 추정되는 사람들 사이로 발簾 같은 것이 드리워진 것이 보인다. 만약 이것이 발이라면 면적이 넓어야 할 것 같은데 너무 좁은 폭을 지니고 있어 발이라고 보기는 어려울 것 같다. 만약에 이 표현이 발이 아니라면, 그다음으로 가능성이 있는 것은 천상인 도리천으로 이어지는 계단일 가능성이다. 실제 이러한 세 줄로 이어진 계단 같은 모티프는 도리천에서 설법하고 상카시아라는 도시로 내려오는 석가모니를 묘사할 때 등장하는 '삼도보계三道寶階'의 묘사와 유사하다. 도리천과 가마를 이어주는 이러한 묘사는 아마도 현재 가마를 들고 있는 인물들이 도리천에서 내려온 사천왕이라는 사실을 암시하는 것일 수도 있고, 다른 한편으로는 마야왕비 역시 머지않아 도리천에 오를 것임을 암시하는 것으로 볼 수 있겠다.

라호르박물관에 소장되어 있는 또 다른 <카필라성으로의 귀환>을 묘사한 부조는 가마를 들고 있는 네 명의 인물이 정말로 소년들처럼 묘사된 것을 볼 수 있다. 『불본행집경』의 표현에 더 가깝다고 할 수 있겠는데, 다만 가마에는 브리티쉬박물관의 부조에서처럼 마야왕비 일행이 구체적으로 묘사되지는 않았다.

4. 상사점간相師占看

『불본행집경』의 '상사점간품'은 룸비니동산에서 카필라로 돌아온 아기 붓다를 궁궐의 점치는 브라만 사제들이 관상하고 예언하는 장면을 묘사한 이야기이다. 그러나 이미 룸비니에서도 점을 보게 하여, 전체적으로 보면 3회에 걸쳐 브라만 사제의 예언을 듣고 있다. 그중 첫 번째는 '수하탄생품'에서 이미 룸비니로 브라만 사제들을 불러 1차적으로 점을 보고 전륜성왕의 상임을 확인하였다. 두 번째로는 카필라성으로 돌아온 후 궁궐의 점치는 브라만들을 통해 재차 태자가 커서 전륜성왕이 된다는 예언을 들었다. 그리고 마지막 세 번째는 카필라성뿐 아니라 전 인도에서 이름을 날리던 남인도의 아시타선인이 태자의 탄생 소문을 듣고 몸소 찾아와 점을 본 내용인데, 이때 선인은 태자가 자라 장차 부처가 될 것임을 예언하였다. 아시타선인의 명성이 카필라성의 예언자들보다 더 신빙성 있게 받아들여졌고, 이에 숫도다나왕이 걱정하는 내용까지를 담았다.

이 장면과 유사한 장면이 하나 더 있는데, 마야왕비의 꿈을 해몽하는 장면으로서 이 장면에서도 해몽하는 숫도다나왕과 마야왕비가 나란히 앉고, 그 앞에 해몽하는 브라만이 마주한 것이 매우 유사하다. 다만 차이점이 있다면 브라만 사제의 무릎 위에 아기 붓다가 올라가 있으면 아시타선인의 예언 장면이고, 그렇지 않다면 해몽 장면으로 볼 수 있다.

상사점간 장면에서는 대체로 숫도다나왕과 마야왕비가 나란히 앉아 자신들의 아들인 싯다르타에 대한 예언을 유심히 듣고 있는 것으로 묘사된다. 『불본행집경』에 의하면 이때 마야왕비는 태자가 전륜성왕이 될 것이라는 브라만 예언자들에게 적극적으로 그 정확한 뜻을 풀어 달라고 물어보시는 역할을 담당한다. 사실상 이 예언 장면이 마야왕비의 지상에서의 마지막 모습이라고 할 수 있다. 어쩌면 숫도다나왕보다 더 적극적으로 예언의 의미를 풀어달라고 부탁한 마야왕비는 그 예언의 모습을 보지 못하고 세상을 떠나실 것을 예견이라도 하신 듯, 마치 눈앞에 미래의 모습을 그려보시려고 하신 것처럼 그렇게 상세히 물어보셨을지도 모르겠다. 반면 아시타선인의 예언에 대해서는 숫도다나왕이 더 적극적으로 질문을 하고 두려움을 표시하고 있다. 태자가 전륜성왕이 된다는 것은 반가운 예언이었지만, 출가하여 성인이 된다는 것은 크샤트리아로서는 불안한 예언이었던 것이다.

그런데 왜 이 부분에서 마야왕비는 침묵하고 계셨을까? 숫도다나왕이 충분히 질문을 하고 있기 때문에 굳이 왕비까지 나설 필요는 없었던 것일까? 아니면 마야왕비께서는 아기 붓다를 품고 계신 동안 이러한 사실을 이미 받아들이셨기 때문일까? 혹은 제왕의 자리보다 성인이 될 것이라는 예언이 오히려 더 마음에 들으셨기 때문일까?

『불본행집경』은 마야왕비가 출산 후 7일 만에 세상을 뜨신 이유에 대해 몇 가지 주장을 열거하였는데, 그중에 하나는 자신의 사랑하는 아들이 출가하는 모습을 보게 되는 것만큼 마음 아픈 일이 없으므로, 그 전에 차라리 세상을 뜨신 것이라는 해석을 소개하고 있다. 그것은 한편으로는 마야왕비도 태자의 출가를 바라지 않으셨다는 의미일 수 있다.[15] 그러나 일반적으로는 그러할지 몰라도 마야왕비의 침묵이 의미

---

15 이에 반해 남방불교에서 전하는 부처님 일대기인 『대불전경』(마하왐사)에서는 성인이 들었던 태에는 보통의 사람은 다시금 들 수 없기 때문에 부처가 될 사람을 나은 여성은 7일 후에 세상을 떠나는 것이 원칙이며, 석가모니께서도 이를 이미 알고 계셨다고 기술하고 있다. 『불본행집경』 및 『불소행찬』에서는 태자의 위엄을 보고 그 기쁨

[사진 11] 라호르박물관 소장 〈아시타선인의 예언〉 장면 부조(A.D. 2~3세기경)

하는 바에 대해서는 오로지 마야왕비만이 알고 계시리라.

상사점간을 묘사한 간다라의 부조에서 점을 보고 있는 브라만이 궁정의 브라만인지, 아니면 남인도에서 날아온 아시타선인인지 명확히 드러나지는 않는다. 그러나 일단 무릎에 올려놓고 점을 보고 있는 브라만은 아시타선인을 묘사한 것으로 생각된다. 다만 『불본행집경』에서는 아시타선인에게 아기 붓다를 건넨 것은 마야왕비 자신이었다. 당시 마야왕비는 아시타선인에게 아기 붓다께서 절을 하도록 하기 위해 안은 채로 아기 붓다의 허리를 숙이도록 몸을 움직이려 하였으나 그때마다 아기 붓다께서 몸을 뒤로 돌려 거부했다는 이야기로 이어진다.

그런데 라호르박물관 소장의 이 장면을 묘사한 불전 부조에 보면 아기 붓다를 무릎에 올린 브라만 앞에 한 여성이 서 있고, 숫도다나왕 옆에 또 여성이 앉아있다[사진 11]. 마치 마야왕비가 직접 태자를 브라

을 감당하지 못해 일찍 세상을 뜨신 것이라는 해석을 제시하고 있다.

만에게 인계한 것이 아니라 다른 시녀가 인계한 것처럼 보인다. 그렇다면 이 장면의 브라만은 아시타선인이 아닌 그 이전에 점치는 브라만에게 태자를 보인 장면이 될 것이다. 그러나 그 이전에는 여러 브라만들에게 태자를 보인 것이라면 이 장면에서는 오직 한 브라만만 앉아있기 때문에 아시타선인일 가능성이 높다. 그렇다면 이 장면을 어떻게 해석해야 할까.

아마도 이 부조에서 브라만 사제 앞에 서서 바로 태자를 인계한 것처럼 보이는 여성과 슛도다나왕 옆에 앉아있는 여성은 복식이나 머리모양이 서로 동일한 것으로 보인다. 이 시기 미술에서는 이야기의 흐름에 따라 주인공이 한 화면에 여러 번 등장하는 경우가 많은데, 이를 '이시동도異時同圖', 즉 다른 시간의 장면이 한 화면에 함께 들어가도록 도해하는 기법이라고 한다.

따라서 라호르 부조에서 서 있는 여성도 마야왕비이고, 왕 옆에 앉아있는 여성도 마야왕비이어서, 태자를 아시타선인에게 인계하고 자리로 돌아와 앉은 모습이라고 볼 수 있다. 특히 브라만의 모습이 매우 고령의 인물로 묘사되어 있고, 그 뒤에 시동도 거느리고 있는데, 이 시동 역시 『불본행집경』에 아시타선인을 모시는 '나라타'라는 인물로 추정되므로, 이 장면은 아시타선인의 예언 장면을 묘사한 것이 분명하다고 생각된다.

이를 상세히 설명한 이유는 '이시동도' 기법이 일반적이지만, 이렇게 한 화면에 등장하는 인물은 주로 주인공인 경우가 대부분이다. 주인공의 동선에 따라 주인공이 반복적으로 묘사되며 이야기가 전개되는 것이다. 그러한 점을 전제로 한다면, 이 장면의 주인공은 분명히 마야왕비이다. 마야왕비가 비록 아기 태자였지만 브라만 사제에게 인사를 하는 시늉이라도 해 보이려고 했던 점은 어른에 대한 공경을 가르치려고 했던 어머니의 마음이며, 또한 존경받는 어른인 아시타에게 다른 사람이 아닌 본인이 직접 태자를 인계하려고 했던 것 역시 마야왕비의 성품을 보여주는 한 대목이라 하겠다. 이 장면은 한편으로는 아기 붓다의 예언을 설명해줌과 동시에 이 세상에서의 마지막 마야왕비의 행적을 통해 그분이 어떤 분이었는가를 알려주는 작품이라 하겠다.

5. 도리천에서의 마야왕비

마지막으로 다루고자 하는 작품은 마야왕비께서 세상을 떠나신 후 도리천에 오르셨다는 전설과 관련된 것이다. 석가모니께서 자신을 낳아 주고 7일 만에 세상을 떠난 마야왕비를 위해 이 도리천에 올라 설법을 하셨다는 내용이다. 남전불교의 소의경전인 『대불전경』에서는 마야왕비가 세상을 마치신 후에 성인을 출산한 공덕으로 인해 남자로 환생했다고 되어있으나, 이는 고대 사회에서의 여성에 대한 편견이 다소 가미된 것으로 보인다.[16]

그밖에 다른 경전에는 단지 석가모니께서 도리천의 어머니를 위해 설법하셨다고만 되어있고, 그 어머니가 남성의 모습이었는지 여성의

---

16 또한 『대불전경』에서는 마야왕비가 나신 곳이 도리천이 아니라 그보다 더 위계가 높은 도솔천이라고 되어 있는데, 아마 그러한 배경이 더더욱 마야왕비를 남성으로서 도솔천에 환생했다고 믿게 만들었을 것이다. 도솔천은 이후 곧 부처가 될 사람들이 모이는 곳이고, 부처는 남성만이 이룰 수 있다는 관념이 결국 마야왕비가 남성으로 환생했다는 주장을 하지 않을 수 없게끔 되었던 것으로 보인다. 그러나 이런 경우에도 석가모니 부처님이 돌아가신 마야왕비를 위해 설법하신 곳은 도솔천이 아니라 도리천이었다. 부처님은 도리천으로 오르시고, 마야왕비는 도솔천에서 도리천으로 내려오셔서 두 분이 만나셨다는 서사구조를 지닌다. 이에 대해서는 밍군 사야도/최봉수 역, 『대불전경』 IV, (한언, 2009), 77-79.

[사진 12] 아잔타 17굴 〈도리천강하
(종33천강하)〉 벽화. 굽타시대. 전체
화면(좌) 및 상단 확대(아래)

모습이었는지에 대해 특별한 언급이 없는 것으로 보아 당연히 지상에
머무실 때의 마야왕비의 모습이었을 것으로 짐작할 수 있다.

불교미술에서는 이 설화를 언급함에 있어 도리천에 오르시는 장면
이나 도리천에서 설법하는 장면보다는 오히려 설법을 마치고 삼도보
계를 통해 상카시아로 내려오는 석가모니의 모습을 묘사한 것이 대부
분이다. 따라서 이 장면에서 마야왕비를 찾아보기는 쉽지 않은데, 드물
게 아잔타 제17굴에서 전체 장면을 묘사한 것으로 추정되는 벽화를 발
견할 수 있다[사진 12].[17]

이 벽화는 크게 상·중·하단의 3단으로 나눠 볼 수 있는데, 가장 상단이 도리천에서 설법하는 붓다, 가운데는 도리천에서 내려오시는 붓다 그리고 가장 하단은 이렇게 붓다께서 도리천에 오르신 동안 붓다를 사모하여 우다야나왕이 전단나무로 붓다의 초상조각을 만들어 모셨다는 설화를 묘사한 것으로 추정된다. 만약 이 해석이 맞는다면, 화면 상단의 도리천 설법 장면에 등장하는 여성 청문 중 한 분이 바로 마야왕비일 것이다. 중앙에 앉아계신 붓다를 중심으로 화면의 왼쪽, 즉 부처님의 오른쪽에 여성 청문 중, 그 맞은편에 남성 청문 중이 자리 잡고 앉아 설법을 듣고 있다. 여성 청문 중 아마도 가운데 앉아있는 여성이 마야왕비가 아닐까 추정해볼 수 있다.

이 설화가 우리에게 전달하는 메시지는 무엇일까? 첫째는 무엇보다도 석가모니 붓다의 효심일 것이다. 어머니를 위해 도리천에 올라 설법을 하신 것은 그만큼 자신을 낳아 주신 어머니에 대한 인연을 잊지 않고 계셨음을 의미한다. 그러나 두 번째로 이 글에서 강조하고 싶은 것은 석가모니 붓다께서 이러한 기적을 일으키도록 한 원인으로서의 마야왕비이시다. 마야왕비께서는 일부러 석가모니 붓다를 도리천으로 부르신 것은 아니지만, 그 존재 자체만으로도 붓다께서 기적을 일으키도록 만드셨다. 마치 기독교 성서의 '가나안의 혼인 잔치'에 등장하는 이야기처럼 어머니 마리아께서 단지 포도주가 부족하다는 말씀을 하신 것만으로도 예수께서 새 포도주를 만드시도록 하셨던 것처럼, 마야왕비께서도 비록 태자의 출산 후 7일 만에 돌아가시긴 하셨지만 붓다께서 도리천에 올라 설법을 행하는 기적을 만드시도록 이끄신 것이다.

---

17 이 벽화에 대해서는 주수완, "미륵의좌상의 도상적 기원에 대한 연구,"「진단학보」 111(2011), 진단학회.

어쩌면 가톨릭에서의 성모 마리아의 신앙의 기원은 바로 '가나안의 혼인 잔치'로 볼 수 있다. 사람들이 무엇이 부족한지 파악하고 그것을 예수께 전달함으로써 기적이 일어나도록 만드셨다. 그것이 바로 성모 마리아가 신자들과 예수를 연결해주는 매개의 신앙적 역할을 하시도록 만든 셈이다. 도리천에서의 설법도 마찬가지 시각에서 새롭게 마야왕비를 바라보는 출발점이 될 수 있다. 마야왕비는 비록 일찍 세상을 떠나셨어도 부처님을 움직일 수 있는 힘을 지니고 계셨다. 그것은 어머니의 자격이기도 했고, 공덕이 뛰어난 여성 불자의 자격이기도 했다.

『불본행집경』에 의하면 세상을 떠난 마야왕비는 잠시 도리천에서 내려와 상심에 잠긴 남편 숫도다나왕에게 다음과 같은 게송을 들려주셨다.

> 미워하는 마음도 친한 마음도 일절 없는 평정심으로
> 용맹하게 정진하여 잠시도 쉴 틈이 없습니다.
> 진여(眞如)의 참뜻을 생각하니
> 산란한 생각 사라지고 앞뒤가 분명해졌습니다.
> 형체는 찬란하고 금빛 찬란한 그 얼굴
> 모든 근 완전한 고요에 들어 조화를 이룬 채
> 아드님 뛰어난 설법으로 모든 법을 풀어주시니
> 선행으로 가장 높은 이 분께 정례하고자 합니다.[18]

---

18 『불본행집경』의 원문은 다음과 같다.
一切怨親平等心 精進勇猛無暫息
善思真如實諦理 念無錯亂有始終
形體炳著真金容 諸根寂靜善調御
我子巧能說諸法 善行頂禮最勝尊
이 번역문은 동국대 역경원 『불본행집경』 상권의 해당 번역문을 현대적으로 각색한 이는 자신의 죽음을 슬퍼할 남편 숫도다나왕에게 자신은 죽은 뒤에 비로소 참된 수행으로 잘 지내고 있으니 염려 말 것이며, 자신들의 아들인 태자가 예언대로 훌륭한 성인이므로, 죽어서도 귀의하여 깨달음의 세계로 나아가고자 한다는 마음을 담은 게송이라 하겠다. 바로 이 게송이야말로 도리천의 설법 기적을 일으킨 가장 근원적인 힘이었던 것이다.

III. 마야왕비의 숭고한 신앙적 위상

지금까지 마야왕비가 등장하는 인도의 불교미술을 통해 옛 사람들이 생각했던 마야왕비의 위상을 추적해보았다. 『마하마야경』과 같은 경전에 의하면 석가모니 열반 시에 마야왕비가 내려와 애통해하자 석가모니께서 관에서 나와 어머니 마야왕비를 위로하는 장면도 있어서 익히 알려진 석가 열반도 중에는 어쩌면 이러한 경전에 의해 도리천에서 내려온 마야왕비에 대한 묘사도 포함되어 있을지 모른다. 마치 기독교의 '피에타'와 같은 장면이라 하겠다. 그러나 현재까지 알려진 인도 미술 속 마야왕비의 모습은 앞서 본문에서 살펴본 백상입태, 수하탄생, 종원환성, 상사점간이 주류를 이루고 있으며 드물게 『불승도리천위모설법경』에 의한 도리천 설법 등이 주를 이루고 있다.

마야왕비는 석가모니 부처님을 출산하시고 비록 일찍이 세상을 떠나셨기 때문에 불교사에 미친 영향은 크지 않았지만, 만약 세상에 숫도다나왕과 마야왕비 같은 공덕이 많은 부부가 존재하지 않았다면 석가

것이다.

모니 부처님은 과연 세상에 어떻게 마지막 삶을 위해 내려오셨을지 모르는 일이다. 특히 성모 마리아와 마찬가지로 남성과 다르게 여성으로서 성인을 잉태한다는 것은 남모르는 의심과 비판을 감수해야 할지도 모르는 상황이므로, 성인의 아버지로서 숫도다나왕이나 (예수의 아버지) 요셉이 감수해야 했던 일보다 더 큰 일을 감내하지 않으면 안 되었을 것이다. 그러한 배경을 염두에 두고 불교미술 속에 등장하는 마야왕비의 모습을 통해 다음과 같은 사실을 유추해볼 수 있었다.

즉, 마야왕비의 회임 장면과 출산 장면은 각각 그리스신화에 바탕을 둔 "디오니소스와 아리아드네" 및 "레토의 출산" 도상을 차용한 것으로 보인다. 이 두 그리스신화 속 여주인공은 운명을 스스로 개척해나가는 인물들로서, 이러한 도상을 마야왕비를 표현하는데 차용했다는 것은 유사한 이미지로서 마야왕비를 인식했음을 뜻한다고 하겠다. 구체적으로는 다음을 생각해 볼 수 있다.

첫째는 옆구리를 통해 붓다를 잉태하고 출산하는 과정을 강조하는 것은 비록 석가모니가 숫도다나왕과 마야왕비의 유전적 아들이 아니라는 것을 의미하는 것이지만, 이것은 비록 우리와 같은 보통의 인간적인 부부라 할지라도 자신들의 자식을 자신들의 소유물로 생각할 것이 아니라, 수많은 윤회전생 속에서 잠시 나의 몸을 빌려 태어나는 독립된 존재로서 인정하고, 마치 부처님 대하듯이 대하는 마음이야말로 우리가 마야왕비의 태교와 이후 태자 싯다르타를 대하는 태도에서 배워야 할 점이라는 사실이다.

두 번째로는 마야왕비는 상사점간을 묘사한 부조 및 이와 연관된 경전 내용에서 보여주는 것처럼 아들 싯다르타가 원로 브라만인 아시타선인을 존중하기를 바랐고, 때문에 몇 번이나 인사를 시키려고 했던 점이 강조되어 있다. 이는 실제 이 장면에서 마야왕비가 이시동도법에 의해 두 번에 걸쳐 등장하고 있다는 점에서 이 주제에 있어 단연 주인공임을 암시한다.

세 번째로는 비록 출산 후 7일 만에 세상을 떠나 도리천으로 오른 이후의 일이기는 하지만, 석가모니께서 도리천에 오르셔서 어머니를 위해 설법을 하셨다는 사실이다. 이는 『불본행집경』에 소개된 마야왕비의 게송에서 보이다시피 자신의 아들이지만 성인인 부처에게 귀의하여 수행 정진하겠다는 서원을 세웠던 것과 연관이 있다고 인식되었을 것이다. 이러한 서원으로 비록 돌아가신 후에라도 아들인 석가모니를 움직일 수 있었다는 점 그리고 불교미술상에는 잘 드러나지 않지만 『마하마야경』 등에 보이는 것처럼 열반에 드신 석가모니조차 일으켜 다시금 설법을 하시도록 할 수 있는 힘을 지닌 존재로서 마야왕비가 그려지고 있다는 점에서 천주교에서의 성모 마리아와 같은 역할을 해내고 있음을 발견할 수 있다.

이처럼 미술 속에 나타난 마야왕비의 행적을 통해 우리는 어머니로서 자신의 자식에 대한 태도, 불교에 대한 서원 그리고 부처님께서 설법을 하실 수 있도록 이끌어내는 역할을 해준다고 하는 점에서 불교사에서 마야왕비의 위상이 결코 적지 않았음을 확인해볼 수 있었다.

한국 역사 속 마야왕비 신앙
─ 인도, 일본의 사례를 포함한 여신 신앙의 관점에서

김신명숙*

I. 한국 역사에서 주변화된 마야왕비

한국불교의 역사가 1,600년에 이르면서 불교는 명실상부한 한국의 종교로 뿌리내렸다. 한국이 다종교 사회라고 하지만 석가모니 부처나 관세음보살을 모르는 한국인은 없을 것이다. 그러나 석가모니를 낳은 마야왕비의 경우는 다르다. 많은 한국인들이 그녀의 이름 정도는 알고 있겠지만 불교계에서도 그녀의 존재감은 주변적이다. 그뿐만 아니라 그녀에 대해 관심을 갖는 사람도 찾아보기 힘들다. 그녀가 석가모니를 낳은 지 7일 만에 세상을 떴고, 여동생인 마하파자파티가 석가의 양모로서 뚜렷한 족적을 남긴 것이 큰 이유로 제기될 수 있다.

그러나 석가모니 전기들에 따르면 마야왕비는 죽어 도리천에 올라

* 서울과학기술대학교 강사. 여신학(Goddess Studies) 연구자

간 후에도 계속 어머니로서 아들의 일생에 개입했고, 『화엄경』 입법계품에서는 53선지식 가운데 등각等覺의 42번째 선지식으로 등장한다. 그녀의 이름이 붙은 『마하마야경』도 있다. 이는 불교계에서 그녀의 위상이 단지 석가모니의 생물학적 어머니에 그치거나 주변적이지 않음을 말해준다. 또 그녀가 석가를 낳은 룸비니동산에는 그녀에게 봉헌된 사원이 있었다. 그녀가 불교의 성녀 혹은 신과 같은 존재로 추앙되었던 역사를 증언하는 유적이다.

이러한 사실을 고려하면 한국 불교계에서 마야왕비의 위상은 지나치게 주변화되어 있다고 할 수 있다. 기독교의 성모 마리아와 비교하면 천지 차이라고 할만하다. 그런데 이러한 마야왕비의 존재감과 위상은 과거 한국 사회에서도 마찬가지였을까? 아마도 그렇지 않았을 가능성이 있다. 그녀에 대한 역사 기록 역시 여성사나 여신의 역사 전반이 그러하듯 매우 빈약해서 그러한 추정이 조심스럽기는 하다. 하지만 마야왕비를 직접 언급하거나 간접적으로 시사하는 사료들 그리고 같은 불교 문화권이었던 일본의 경우를 보면 그러한 추정이 억지라고 부르기는 힘들 것이다.

II. 한국 역사에 나타난 마야왕비

1. 지리산 성모와 마야왕비

1) 지리산 성모는 마야왕비

한국인들의 마야왕비에 대한 신앙을 가장 구체적으로 전해주는 기록은 조선시대 유학자들의 지리산유람록들이다. 특히 조선 전기의 성리학자 김종직이 쓴『유두류록遊頭流錄』이 자주 언급된다. 1472년 여름 지리산을 유람한 기록인데, 천왕봉의 성모와 관련해 마야왕비가 언급되어 있다.

신시(申時)에야 천왕봉을 올라가 보니, 구름과 안개가 성하게 일어나 산천이 모두 어두워져서 중봉(中峯) 또한 보이지 않았다. 해공과 법종이 먼저 성모묘(聖母廟)에 들어가서 소불(小佛)을 손에 들고 날씨가 개이게 해달라고 외치며 희롱하였다. 나는 처음에 이를 장난으로 여겼는데, 물어보니 말하기를, "세속에서 이렇게 하면 날이 갠다고 합니다"라고 하였다. 그래서 나는 손발을 씻고 관대(冠帶)를 정제한 다음 석등(石磴)을 잡고 올라가 사당에 들어가서 술과 과일을 올리고 성모에게 다음과 같이 고하였다.
"저는 일찍이 선니(宣尼)가 태산(泰山)에 올라 구경했던 일과 한자(韓子)가 형산(衡山)에 유람했던 뜻을 사모해 왔으나, 직무에 얽매여 소원을 이루지 못했습니다. 그런데 이번 중추(仲秋)에 남쪽 지경에 농사를 살피다가, 높은 봉우리를 쳐다보니 그 정성이 그치지 않았습니다. 그리하여 마침내 진사(進士) 한인효(韓仁孝), 유호인(兪好仁), 조위(曺偉) 등과 함께 구름 사다리(雲梯)를 타고 올라가 사당의 밑에 당도했는데, 비구름의 귀신이 빌미가 되어 운물(雲物)이 뭉게뭉게 일어나므로, 황급하고 답답한 나머지 좋은 때를 헛되이 저버리게 될까 염려하여, 삼가 성모께 비나니, 이 술잔을 흠향하시고 신통한 공효로써 보답하여 주소서. 그래서 오늘 저녁에는 하늘이 말끔해져서 달빛이 낮과 같이 밝고, 명일 아침에는 만리 경내가 환히 트여서 산과 바다가 절로 구분되게 해 주신다면 저희들은 장관

(壯觀)을 이루게 되리니, 감히 그 큰 은혜를 잊겠습니까."

제사를 마치고는 함께 신위(神位) 앞에 앉아서 술을 두어 잔씩 나누
고 파하였다. 그 사옥(祠屋)은 다만 3칸으로 되었는데, 엄천리(嚴
川里) 사람이 고쳐 지은 것으로, 이 또한 판자 지붕에다 못을 박아놓
아서 매우 튼튼하였다. 이렇게 하지 않으면 바람에 날릴 수밖에 없
었다. 두 승려가 그 벽(壁)에 그림을 그려 놓았는데, 이것이 이른바
성모(聖母)의 옛 석상(石像)이란 것이었다.

그런데 눈썹과 눈, 쪽머리(髻鬟)에는 모두 분대(粉黛)를 발라놓았
고 목에는 갈라진 틈이 있으므로 그 사실을 물어보니 말하기를, "태
조(太祖)가 인월역(引月驛)에서 왜구(倭寇)와 싸워 승첩을 거두
었던 해에 왜구가 이 봉우리에 올라와 그 곳을 찍고 갔으므로, 후인
이 풀을 발라서 다시 붙여놓은 것입니다"라고 하였다. 그 동편으로
움푹 들어간 석루(石壘)에는 해공 등이 희롱하던 소불(小佛)이 있
는데, 이를 국사(國師)라 호칭하며, 세속에서는 성모의 음부(淫夫)
라고 전해오고 있었다.

그래서 또 묻기를, "성모는 세속에서 무슨 신(神)이라 하는가?"라고
하니, 대답하기를, "석가의 어머니인 마야부인입니다"라고 하였다.
아! 이런 일이 있다니. 서축(西竺)과 우리나라는 천 개, 백 개의 세
계(世界)로 막혀 있는데, 가유국(迦維國)의 부인이 어떻게 이 땅의
귀신이 될 수 있겠는가? 내가 일찍이 이승휴(李承休)의 〈제왕운
기〉(帝王韻記)를 읽어보니, "성모가 선사를 명했다"〔聖母命詵師〕
라는 주석에 이르기를, "지금 지리산의 천왕(天王)이니, 바로 고려
태조의 비(妣)인 위숙왕후(威肅王后)를 가리킨다"라고 하였다.
이는 곧 고려 사람들이 선도성모(仙桃聖母)에 관한 말을 익히 듣고
서 자기 임금의 계통을 신격화시키기 위하여 이런 말을 만들어낸 것
인데, 이승휴는 그 말을 믿고 〈제왕운기〉에 기록해 놓았으니, 이도

고증하지 않을 수 없다. 그런데 더구나 승려들의 세상을 현혹시키는 황당무계한 말임에랴. 또 이미 마야왕비라 하고서 국사(國師)로써 더럽혔으니, 그 무례하고 방자하며 공경스럽지 못한 것이 무엇이 이보다 더 심하겠는가? 이것을 변론하지 않을 수 없다.

2) 지리산 마야왕비의 성격

위 기록은 지리산 천왕봉의 성모묘에서 숭앙되던 여신이 마야왕비로 인식됐던 15세기 후반의 상황을 전해준다. 그리고 그 마야왕비가 어떤 성격의 신으로 인식됐는지도 말해준다.

첫째, 그녀는 성모, 즉 성스러운 어머니로서 천신으로 여겨졌다. 신성한 석가모니를 낳았고 사후 도리천에 거주한다는 사실이 근거가 됐을 것이다.

둘째, 그녀는 날씨를 개게 할 수 있는 신통력을 지닌 기후 관장의 신으로 여겨졌다.

셋째, 그녀는 홀로 있는 정숙한 신이 아니라 남성과 성적 행위를 하는 여신이다. 이는 그녀가 석가모니를 낳기 위해 필요한 전제조건이면서 동시에 그녀의 다른 기능, 즉 출산이나 풍요와 관련된 숭배의 측면들을 추정케 한다.

넷째, 그녀는 나라를 지켜주는 호국신이었다. 때문에 이성계에게 패한 왜구들이 성모상의 목에 칼질을 한 것이다.

알다시피 이상의 내용 중 첫째를 제외한 나머지는 불교 전통 속 마야왕비의 성격과 별 관련이 없다. 심지어 서로 배치되기도 한다. 남성

과 성적 행위를 하는 마야왕비는 불교계에서는 신성모독에 해당할 것
이기 때문이다.

그래서 김종직도 성모가 마야왕비라는 승려들의 말을 "세상을 현
혹시키는 황당무계한 말"로 일축했을 것이다. 인도와 조선 사이의 멀
고 먼 거리만이 이유는 아니었을 법하다. 사실 김종직이 전해주는 천왕
봉의 성모는 한국의 전통적 여신 신앙(무속과 대체로 겹치는)의 주요 특
징들을 그대로 보여준다. 성모가 이름은 마야부인으로 불렸으되 그 신
앙 내용은 한국의 여신 신앙 그대로였던 것이다. 무불巫佛습합이라고
할 수도 있고, 마야왕비 신앙의 한국적 변용이라고 할 수도 있겠다.

3) 마야왕비와 선도성모(仙桃聖母)

천왕봉 성모가 지녔던 네 가지 성격은 김종직도 언급한 선도성모仙
桃聖母가 대표적으로 구현하고 있었다. 신라 시조 혁거세-알영 부부의
성스런 어머니인 그녀는 신성한 영웅의 어머니이자 호국신이었고, 출
산과 풍요의 신이자 천신이었으며 그 외 여러 신통력을 갖춘 신라의 대
여신이었다(김신명숙, 2018). 일연은 『삼국유사』 "선도성모수희불사
조"에서 그녀를 다음과 같이 소개하고 있다.

신모는 오랫동안 이 산에 머무르며 나라를 지켰는데, 신령스럽고 기
이한 일들이 매우 많았으므로 나라가 세워진 이래 항상 삼사(三祀)
의 하나로 삼았고, 그 서열도 여러 망제(望祭)의 위에 있게 하였다.
… 신모가 처음 진한에 와서 성자를 낳아 동국의 첫 번째 임금이 되
었으니, 아마도 혁거세(蓋赫居)와 알영(閼英) 두 성인을 낳았을 것
이다. 그러므로 계룡(雞龍)·계림(雞林)·백마(白馬) 등으로 일컬으

니, 이것은 닭(雞)이 서쪽에 속해 있기 때문이다. 일찍이 하늘나라
의 여러 선녀들에게 비단을 짜게 하여 붉은 빛으로 물들여 관복을
지어 남편에게 주었으니, 나라 사람들은 비로소 그의 신비한 영험을
알게 되었다.

흥미로운 사실은 선도성모 역시 지리산 성모와 동일한 존재로 여겨
져 왔다는 것이다(송화섭, 김형준, 2011). 즉 지리산 성모의 정체와 관련
해 마야왕비설, 위숙왕후설, 선도성모설이 병존해 전해져 온 것이다.
이는 마야왕비가 조선 민중에게 선도성모와 유사한 존재로 인식됐다
고 볼 수도 있는 대목이다. 위숙 왕후가 선도성모와 유사한 존재이듯,
마야왕비도 그러했으리라고 추정할 수 있기 때문이다.

4) 오른쪽 옆구리에서 출생한 알영

그런데 『삼국사기』에는 거꾸로 선도성모에게서 마야왕비의 흔적
을 읽을 수 있는 기록이 있다. "시조혁거세거서간" 조에 실린 알영의 탄
생과 관련한 기록이다.

5년(기원전 53) 봄 정월, 알영(閼英) 우물에 용이 나타나 오른쪽
옆구리로 여자아이를 낳았다.[1] 노파가 이를 보고 남다르다 여겨 거
두어 길렀는데, 우물 이름으로 아이의 이름을 지었다.

위 기록에서 용은 계룡으로 불렸던 선도성모(서술성모라고도 한다)

---

1 『삼국유사』 "신라시조혁거세왕" 조는 계룡의 왼쪽 옆구리에서 태어났다고 한다.

[사진 1] 알영왕비가 태어난 알영정

를 가리킨다. 그런데 선도성모도 마야왕비처럼 오른쪽 옆구리로 출산
했다는 것이다. 이는 한국 토착신앙의 출산 관련 화소에는 없는 것이어
서[2] 불교적 윤색이라고 해석된다. 위 설화가 불교 유입 이후 만들어졌
거나 변형되면서 '오른쪽 옆구리 탄생' 화소가 들어간 것으로 보인다.
즉, 위 설화를 만든 사람들은 알영과 선도성모의 성스러움을 석가모니
와 마야왕비에 의거해 주장하고자 한 것이다.

　여기서 주목해야 할 것은 선도성모가 오른쪽 옆구리로 낳은 자식이
혁거세가 아니라 알영이라는 사실이다. 성모가 혁거세를 낳기도 했으
므로 오른쪽 옆구리로 탄생한 인물을 혁거세로 할 수도 있었는데, 아니
사실은 석가모니처럼 아들인 그가 더 적격자였는데 그 대신 알영이 선
택된 것이다. 무슨 이유에서였을까?

　위 설화가 만들어진 역사적 맥락을 구체적으로 알 수는 없다. 하지

2 한국 토착신앙에서 왕이나 성인의 출생은 주로 알의 출현이나 알 상징을 통해 이뤄지는
　데 알은 자궁의 상징이다.

만 한 가지는 확실해 보인다. 설화가 만들어질 당시 신라 사회에는 강력한 여신 신앙이 살아있었을 것이라는 점이다. 여신이 신앙의 중심에 있는 비가부장제 사회들에서는 대체로 모계(혹은 여계)가 중심이어서 여신의 신성 또한 아들(남자)보다 딸(여자)에게 전승되기 때문이다.

신라의 시조묘 제사를 알영의 딸인 아로가 주관했고, 알영의 며느리인 운제부인이 산신으로 추앙된 이유다. '오른쪽 옆구리 탄생'이란 외래의 화소를 채택하면서도 마야왕비-석가모니의 '신성한 모자 관계'를 선도성모-알영의 '신성한 모녀 관계'로 변형시킨 것은 그러한 맥락에서 이해 가능하다.[3]

2. 삼국시대와 통일신라시대의 마야왕비

1) 여신 신앙의 맥락에서 수용된 마야왕비

이상의 이해는 신라에 불교가 유입됐을 당시 마야왕비가 여신 신앙의 맥락에서 받아들여지고 인식됐을 가능성을 제기한다. 그렇다면 당시 그녀는 외래의 성모로서 현재와는 달리 매우 비중 있는 존재로 부각됐을 것이다. 신라 사회 신앙의 중심에 있던 선도성모와 같은 존재로 여겨졌을 가능성이 크다.

이와 관련해 참고할 것이 불교 여신들인 변재천녀와 길상천녀다.[4] 신라에서 변재천녀는 영취산의 산신으로 숭배되었고, 최치원은 선덕

---

3 신라의 강력했던 여신 신앙에 대해서는 필자의 책『여신을 찾아서』(2018, 판미동)와 『여성관음의 탄생』(2019, 이프북스) 참고.
4 길상천녀는 힌두교의 풍요와 아름다움의 여신 락슈미가, 변재천녀는 지혜와 학문·음악의 여신 사라스와띠가 불교화한 여신들이다.

여왕을 길상천녀와 동일시했다. 불교신앙에서 마야왕비보다 비중이
덜한 두 여신이 산신이 되고 여왕과 동일시될 정도였다면 마야왕비의
경우는 미루어 짐작할 만하다. 마야왕비를 선도성모처럼 여겼던 신라
인들의 인식이 후대까지 이어져 지리산 성모 신앙과 습합된 것이 아닌
가 한다. 아니면 신라시대부터 마야왕비가 선도성모와 함께 지리산의
신으로 숭배됐을 가능성도 무시할 수 없다.

수년 전 언론에서는 백제 시대의 마야왕비상이 발견됐다는 보도가
나와 사람들의 이목을 끌었다. 2014년 국립부여문화재연구소가 부여
왕흥사 터 구역 가운데 강당이 있던 곳에서 수습한 소형 청동인물상을
공개한 것이다.[5] 이 인물상은 높이 6cm에 폭 2.5cm 크기로 발밑까지 내
려오는 주름치마를 입고 오른팔을 높이 들고 있어 마야왕비상일 것이
라는 추정을 불렀다. 실제로 강순형 당시 국립문화재연구소장 등 불교
미술사학자들은 인물상이 석가모니를 출산하는 마야왕비라고 주장
했다.

부여문화재연구소 측은 그 인물상이 양식으로 볼 때 백제 시대에
제작됐을 가능성이 크다고 밝혔는데, 그 말이 맞다면 그리고 그 인물상
이 정말 마야왕비라면 백제에서도 불교 유입 이후 마야왕비에 대한 관
심이 존재했음을 알 수 있다. 그 관심 역시 여신 신앙의 맥락에서 나왔
을 가능성이 크다. 부안 수성당의 개양할미 신앙과 발굴된 유적 유물
등 여러 정황으로 볼 때 백제에서도 토착 여신 신앙이 강했던 것으로
보이기 때문이다.

---

5 "석가모니 출산 마야부인 추정 청동인물상 공개" 연합뉴스 2014.2.20.
  https://www.yna.co.kr/view/AKR20140220055651005.

2) 선덕여왕의 어머니 마야왕비

마야왕비는『삼국유사』와『삼국사기』의 다른 기록들에서도 직·간접적으로 모습을 드러낸다. 선덕여왕과 원효 관련 기록들 그리고 노힐부득과 달달박박 설화에서다.

알다시피 선덕여왕 어머니의 이름은 마야부인이다. 아버지인 진평왕의 이름 백정白淨도 석가의 아버지 이름을 딴 것이라고 한다. 진평왕 부부가 자신들을 석가모니의 부모와 같은 존재로 표상했음을 알 수 있다.

그렇다면 그들은 석가모니 같은 아들을 기원했다고 볼 수 있는데 아이러니하게도 진평왕의 뒤를 이은 건 선덕여왕이었다. 한국의 마야왕비는 아들보다 딸과 관련되어 있는 것이다. 그러니까 마야왕비는 역사 기록상 첫 여왕이 될 딸을 낳은 특별한 왕비였다.

마야부인과 선덕여왕의 사이는 매우 각별했던 것 같다. 이는 여왕이 남겼다는 말을 통해 추정해 볼 수 있는데『삼국유사』"선덕왕지기삼사" 조에 담겨 있다.

왕이 아무런 병도 없었는데 여러 신하에게 이렇게 말하였다. "짐은 모년 모월 모일에 죽을 것이니, 나를 도리천(忉利天) 속에 장사지내라."
여러 신하들이 그곳을 몰라 다시 어디인지 물으니 왕이 말하였다. "낭산(狼山) 남쪽이다."
그 달 그 날이 되자 왕은 과연 세상을 떠났다. 여러 신하들이 낭산의 남쪽에 장사를 지냈다. 10여 년이 지난 뒤 문무대왕(文武大王)이 사천왕사(四天王寺)를 왕의 무덤 아래에 세웠다. 불경에 사천왕천(四天王天)의 위에 도리천이 있다고 하였으니, 그때서야 대왕의 신

[사진 2] 선덕여왕릉(경주)

령하고 성스러움을 알게 되었다.

　여왕은 왜 자신을 도리천 속에 장사지내라고 했을까? 여기서 떠오
르는 게 마야왕비의 도리천이다. 잘 알려져 있듯 그녀는 사후 도리천으
로 올라가 그곳에 머물렀다. 그렇다면 여왕이 사후 거처로 도리천을 지
목한 것은 어머니인 마야왕비와의 재회를 원했기 때문이라고 할 수 있
다. 선덕여왕의 귀의처가 바로 마야왕비이었던 셈이다.

　마야왕비-선덕여왕의 근원적 모녀 관계는 (마야왕비가 투영된) 선도
성모-알영의 모녀 관계와 중첩되며, 한국에서 등장한 마야왕비의 성격
에 대해 많은 생각을 하게 한다.6 알영은 혁거세와 함께 이성=聖으로 불
리며 나라를 공동 통치한 것으로 여겨진다. 그녀는 혁거세의 왕비라기
보다 스스로의 신화와 권위를 가진 신성한 여성이기 때문에 그녀를 여

---

6 진평왕비였던 마야왕비를 석가의 어머니 마야왕비와 관련시키는 게 적절치 않다고 생
　각할 수도 있다. 하지만 신라에서 왕비는 왕실의 여사제 역할을 했던 신성한 여성이었
　다. 앞서 언급했듯 남해왕의 비인 운제부인은 사후 산신으로 추앙되었다.

왕으로 재해석하기도 한다(김신명숙, 2019). 신라 왕실 시조묘에서 모셔진 신이 알영이라는 견해도 있다(김선주, 2010). 또 동아시아 고고학의 권위자 사라 넬슨은 신라 초기에는 부부가 공동으로 왕권을 행사했다고 본다.7

이런 여러 견해들을 고려하면 알영 또한 선덕여왕처럼 여왕이었던 것으로 볼 수 있다. 그렇다면 신라의 마야왕비는 남성 부처(혹은 전륜성왕)가 아니라 여성 왕의 출생과 관련되어 있는 셈이다.

3) 원효의 어머니와 마야왕비

하지만 『삼국유사』에는 보다 더 불교적 맥락에서 유추되는 마야왕비도 있다. 원효 설화에서다. 『삼국유사』 "원효불기" 조에는 원효의 탄생과 관련해 다음과 같은 내용이 실려 있다.

성사(聖師) 원효의 세속의 성은 설(薛)씨이다. … 원효는 처음에 압량군의 남쪽 불지촌(佛地村) 북쪽 밤나무골 사라수 아래에서 태어났다. 마을 이름이 불지인데 혹은 발지촌이라고도 한다. 사라수에 대해 민간에는 이러한 말이 있다.

"법사의 집은 본래 이 골짜기 서남쪽에 있었다. 어머니가 아기를 가져 만삭이 되었을 때 이 골짜기를 지나다 밤나무 아래에서 갑자기 해산하게 되었다. 너무나 급해서 집에 가지 못하고 남편의 옷을 나무에 걸고 그 속에 누워 아기를 낳았기 때문에 사라수(裟羅樹)라고 한다."

---

7 넬슨의 견해에 따르면 신라 초기 왕의 역할은 주로 전쟁과 관련됐고, 평상시의 정치적 종교적 통치권은 왕비(여왕)에게 속했을 것이라고 한다(Nelson, 2014).

그 나무의 열매도 보통 열매와 달라서 지금도 사라율이라고 한다.
…
스님은 출가하자… 사라수나무 옆에 절을 세우고 사라사(娑羅寺)
라고 했다.

알다시피 이 탄생 설화는 석가모니의 것을 본뜨고 있다. 내용 면에서도 유사하지만 '사라수'라는 이름에서 분명해진다.[8] 나뭇가지를 잡고 선 채로 해산한 마야왕비와 달리 남편 옷 속에 누웠고, 오른쪽 옆구리 출산도 아니지만 원효의 어머니에게는 마야왕비의 그림자가 짙게 투영돼 있다. 그녀 역시 마야왕비처럼 특별한 태몽을 꾸었고, 해산 때 탄생을 축하하는 신비한 현상이 일어났다.

이는 원효의 경우도 마찬가지다. 사라수가 그의 상징으로 쓰이면서 그가 신라의 석가모니 같은 존재라는 암시가 작동하기 때문이다. 실제로 원효는 신라에서 그런 존재로 여겨졌던 것 같다.[9] 이 설화는 신라 사회에서 존재했을 또 다른 마야왕비상을 추정케 한다. 즉 원효 같은 고승의 어머니로 상상된 마야왕비이다. 그러나 안타깝게도 원효 어머니에 대한 정보는 원효 탄생과 관련된 설화 외에는 알려진 것이 없다.

그런데 이런 맥락에서 관심을 가져야 할 곳이 구례 화엄사다. 경덕왕 때 연기 법사에 의해 창건된 것으로 판단되는 이 절에는 사사자 삼층 석탑(四獅子 三層石塔)이 있다. 이 탑이 주목되는 이유는 네 마리 사자가 받치

---

8 마야왕비가 출산 시 잡은 나무에 대해서는 사라수라는 기록과 무우수라는 기록이 병존한다. 위 기사의 사라수는 불교 문헌 속 사라수(沙羅樹)와 한자가 다르다. 그러나 일연은 『삼국유사』 "사복불언" 조에서 "娑羅樹"를 부처가 열반할 때 옆에 있었던 나무라고 하고 있어 글자의 상이가 문제될 것은 없다.
9 이에 대한 자세한 내용은 김신명숙, 『여성관음의 탄생』(2019, 이프북스) 참고.

고 있는 탑신부 아래 중앙에 합장한 채 서 있는 승상僧像 때문이다. 이 승상은 연기 조사의 어머니인 비구니의 모습이라고 전한다.

석탑 바로 앞 석등의 아랫부분에는 꿇어앉은 한 승상이 조각되어 있다. 이는 불탑을 머리에 이고 서 있는 어머니에게 연기 법사가 차 공양을 올리는 모습이라고 한다.[10] 이런 종류의 불교 유적으로는 국내에서 유일한 경우다.

사람들은 이를 유교적 효의 맥락에서만 이해해 왔지만[11] 그렇지 않다. 특히 연기 법사의 어머니가 비구니이고 부처를 상징하는 불탑의 중앙에 모셔졌으며, 아들의 정성스런 차 공양을 받고 있다는 사실은 불교적 깨달음(혹은 신성)의 맥락에서 다른 해석을 요구한다. 『삼국유사』를 비롯한 옛 기록들에서 차 공양은 부처나 고승을 대상으로 한다.

연기 법사 어머니에 대한 새로운 해석 중 하나는 고승의 어머니로서 상상되었던 마야왕비를 통할 때 나올 수 있을 것이다. 석가모니 역시 도리천에 올라 마야왕비에게 설법하고 열반에 들 때도 마야왕비에게 예를 다하는 등 지극히 어머니를 공경하는 아들이었다.

4) 출산하는 관음과 마야왕비

『삼국유사』속 마야왕비 탐색에서 빼놓을 수 없는 기사는 "남백월이성 노힐부득달달박박" 조다. 이 설화의 내용을 간단히 요약하면 아

---

10 이 내용은 『신증동국여지승람』(1530)에 담겨 있다. 그런데 정시한이 쓴 〈산중일기〉(1686)에는 도선 국사의 어머니라는 다른 내용이 있기도 하다. 이는 도선 국사의 어머니 역시 숭모의 대상이었다는 방증일 것이다.

11 현재 석탑과 석등이 있는 곳을 효대(孝臺)라고 부르고 있다. 이러한 명칭이 이 특이한 불교 유적에 대한 다른 해석들을 막고 있다.

래와 같다.

신라 성덕왕 때 백월산에 노힐부득과 달달박박이라는 승려가 각각
거처를 잡고 수행정진 중이었다. 하루는 날이 저물 무렵 박박이 사
는 북암에 20세 가량의 아름다운 낭자가 찾아와 하룻밤 자고 자기를
청했다. 그러나 박박은 깨끗한 절에 여자를 받을 수 없다며 거절했
다. 이에 낭자는 남암으로 가 부득에게 다시 같은 부탁을 했다. 부득
은 그녀와 이야기를 나눈 후 "중생을 따르는 것도 보살행의 하나"라
며 그녀를 받아들였다.

그런데 날이 샐 무렵 낭자는 갑자기 해산의 기미가 있다며 부득에게
도움을 청했다. 마침내 해산을 하자 이번에는 목욕을 시켜달라는 부
탁이 이어졌다. 부득은 어쩔 수 없이 목욕통을 준비해 목욕을 시켰다.
그러자 잠시 후 목욕물에서 향기가 진하게 풍기더니 물이 금빛으로
변하는 것이었다. 깜짝 놀란 부득에게 낭자는 그 물에 목욕하기를
권했다. 부득이 물 안에 들어가자 정신이 상쾌해지고 피부가 금빛으
로 변했다. 옆을 보니 홀연히 연화대좌가 있었다. 낭자는 부득에게
앉으라고 권하고는 이렇게 말한 후 사라졌다.

"나는 관음보살인데 대사를 도와 큰 깨달음(大菩提)을 이루어 주려
고 왔소."

한편 박박은 지난 밤 부득의 일이 궁금해 남암을 찾았다가 미륵존상
이 되어 연화대에 앉아있는 부득을 보고 깜짝 놀랐다. 자초지종을 들
은 후 탄식하며 도움을 요청하자 부득은 목욕통 속에 금물이 남아있
으니 목욕하라고 권했다. 이에 박박도 목욕을 한 후 무량수불이 되
었다.

산 아래 사람들이 몰려오자 두 부처는 불법의 요체를 설명한 뒤 구
름을 타고 떠나갔다.

여기까지가 『삼국유사』가 전하는 설화의 내용이다. 수행 중이던 두 승려가 낭자로 응신한 관음보살의 도움으로 성불했다는, 어찌 보면 단순한 이야기다.

그런데 일연은 이 이야기에 대해 다음과 같은 논평을 덧붙였다.

낭자는 부녀자의 몸으로 변화하여 중생을 교화했다 하겠다. 『화엄경』에 마야부인(摩耶夫人) 선지식(善知識)이 십일지(十一地)에 살면서 부처를 낳아 해탈문(解脫門)을 보인 것과 같다. 이제 낭자가 해산한 미묘한 뜻이 여기에 있다….

솔그늘 십 리에 길을 헤매다
스님 시험하러 밤에 절을 찾았네.
세 번 목욕하니 날이 새려 하는데
두 아이 낳고서 서쪽으로 갔다네.
— 관음보살 낭자를 찬미한 것이다.

일연은 승려였으므로 위 설화를 불교적으로 해석했다. 그래서 낭자가 해산한 것이 태아가 아니라 "두 아이", 즉 부처가 된 부득과 박박이라고 보았다. 낭자의 출산 행위를 사실이 아니라 비유로 본 것이다. 그리고 낭자의 교화 행위를 『화엄경』에서 마야부인이 부처를 낳은 일과 같은 것으로 판단했다.

하지만 이는 아무래도 어색하다. 『화엄경』 속 마야부인은 부처를 자신의 뱃속에 받아 탄생시킬 뿐 아니라 전체적인 서사의 맥락이 위 설화와 전혀 다르기 때문이다.[12] 어찌 됐든 일연이 관음보살 설화에서 마야왕비를 떠올린 것은 낭자의 해산 때문이었을 것이다. 이처럼 아이의 출산은 마야왕비의 정체성을 구성하는 핵심적인 요소다. 그녀는 무엇보다 출산하는 여성인 것이다. 그리고 이는 일본의 마야왕비 신앙과 직접적으로 관련돼 있다.

3. 일본과 인도의 마야 신앙과 출산의 여신

1) 일본의 마야왕비: 여성들의 수호신

일본 고베시 마야산은 일본의 마야왕비 신앙을 대표하는 곳이다. 이 산 정상부에 있는 도리천상사忉利天上寺에는 마야부인을 봉안한 마야부인당이 있다[사진 3]. 마야산, 도리천상사 모두 마야왕비에게서 비롯된 이름들이다. 마야부인당은 이 천상사에만 있다고 하나 마야왕비 신앙이 실제로 여기에만 국한돼 있었는지는 확언하기 어렵다. 법륭사도 7세기 무렵 만들어진 것으로 보이는 마야부인상을 소장하고 있기 때문이다. 중국풍의 금동상으로 넓은 오른쪽 소매에서 석가가 탄생하고 있는 형상이다[사진 4].

천상사는 646년에 인도에서 온 고승 법도 선인이 세웠다는데 그는 중국과 백제를 거쳐 일본에 들어왔다고 한다. 이 절이 마야왕비의 성소가 된 것은 8세기 홍법 대사 구카이가 당에서 돌아올 때 마야부인상을 가져와 이곳에 봉안하면서부터였다. 천상사는 오랜 세월 영향력 있는 절로 존재해왔으나 1975년 화재로 전소되다시피 해 현재의 건물을 새

---

12 노힐부득 달달박박 설화는 출산을 신성시하는 여신 신앙의 관점에서 해석할 때, 즉 위 설화를 무불습합의 맥락에서 이해할 때 훨씬 더 설득력을 얻게 된다. 이때 관음보살로 응신한 낭자는 출산의 여신으로 해석할 수 있다. 이에 대한 자세한 내용은 김신명숙, 『여성관음의 탄생』을 참고하라.

▲ [사진 3] 마야부인당에 봉안된 마야왕비상(가운데) (사진 출처: 박세연 고려대학교 한국사학과 박사 과정)

▶ [사진 4] 일본 법륭사 소장 마야부인상. 7세기 무렵(사진 출처: 박세연 고려대학교 한국사학과 박사 과정)

로 지었다고 한다. 마야부인상도 불에 타 새로 만들었다.

그런데 이 마야왕비는 일본인들에게 부처의 성스런 어머니나 선지식이라기보다 안전한 임신과 출산 그리고 양육을 관장하는 신으로 숭배돼 왔다고 한다.[13] 임신한 여성들의 수호신이었던 셈이다. 그래서인

[사진 5] 도리천상사 마야부인당과 그 앞에 있는 "日本第一女人守護" 석비(사진 출처: 박세연 고려대학교 한국사학과 박사과정)

지 마야부인당 앞에는 "일본제일여인수호日本第一女人守護"라는 글자가 쓰인 석비石碑가 세워져 있다[사진 5].14

이 천상사의 마야왕비 신앙은 비록 절에 모셔져 있지만 불교 신앙의 맥락 안에 있다고 보기 어렵다. 불교에서 마야왕비가 임신한 여성들의 수호신으로 숭배된 역사를 찾기 어렵기 때문이다. 천상사의 마야왕비는 오히려 지리산의 마야왕비와 닮아있다. 천상사의 마야왕비는 일본화되는 과정에서 고유의 임신, 출산, 양육의 여신과 만나 정체성이 바뀌어갔을 것이다. 일본식 신불습합의 한 양상으로 보인다. 그 과정은 석가모니의 신화적 탄생설화를 바탕으로 자연스럽게 진행되었을 것이다.

---

13 다음의 링크 참조. "Maya, the mother of the Buddha, in the Japanese tradition" https://en.unesco.org/silkroad/knowledge-bank/arts-and-literature/maya-mother-buddha-japanese-tradition.
　"Tenjo-ji", wikipedia. https://en.wikipedia.org/wiki/Tenj%C5%8D-ji.
14 다음 링크 참조. "摩耶山天上寺 摩耶夫人堂" https://4travel.jp/domestic/area/kinki/hyogo/kobe/rokkosan/tips/12359410.

2) 룸비니동산의 여신 룸미니와 출산의 여신 마야왕비

그런데 마야왕비가 출산의 여신과 습합되거나 관련되는 현상은 인도에서도 나타났다.『인도의 불교여신들』의 저자인 미란다 쇼는 룸비니동산에 있는 마야데비 사원의 역사를 살피며 마야왕비가 현지의 여신 신앙과 관련돼 온 과정을 소개한다. 사실 마야데비라는 명칭의 '데비devi'는 여신이라는 의미다.

석가모니의 탄생지인 룸비니동산에는 마야왕비를 모신 마야데비 사원이 있다. 기원전 249년 무렵 마우리아왕조의 아소카왕이 와서 참배한 후 세운 석주도 있으니 그 신앙의 역사는 유구하다. 하지만 그 신앙이 중단 없이 계속된 것은 아니다. 인도에서 불교가 쇠퇴하면서 현 룸비니동산이 석가의 탄생지라는 기억도 사라져갔기 때문이다. 대체로 14세기 이후의 일로 추정된다.

19세기 말 현 룸비니동산이 석가의 탄생지로 기념되었다는 사실이 발견되기 전까지 이곳은 지역주민들의 성소로 존재했다. 지역민들은 이곳을 룸민데이(Rummindei 혹은 Rummin-devi)라고 불러왔다. 룸민의 여신이 거주하는 신성한 숲이라는 의미로, 지금도 그렇게 부른다. 이 룸민은 룸비니가 변형된 말로 여겨지기도 한다. 하지만 그것이 현 룸비니동산의 원래 이름이자 그곳에 거주했던 여신인 룸미니Rummini에서 유래했다는 주장도 있다. 오히려 룸미니가 불교 세력에 의해 룸비니('숲'이라는 뜻)로 바뀌었다는 것이다. 어찌 됐든 지역민들은 현재도 매년 봄 룸민의 여신을 기리는 일주일간의 축제를 치르면서 여러 공물들을 바치고 있다. 이 축제는 같은 지역에서 석가의 탄생을 축하하는 행사와 시기가 겹친다.

코잠비Kosambi라는 학자는 룸미니가 인도 여러 토착 부족들의 어머니 여신처럼 아름다우면서도 동시에 무서운 여신이라고 한다. 현 룸비니동산 주변 마을들에 사는 여성들은 오래전부터 이 숲에 와서 안전한 출산과 아이의 건강을 기원해왔다.

3) 룸비니의 여성들에게 마야왕비는 출산의 여신

현 룸비니동산에 있었던 마야왕비 석상도 그러한 기원의 대상이었다. 지역 여성들은 그들의 관습대로 석상을 긁어 가루를 먹으면서 아이 갖기를 소망했다고 한다. 그 때문인지 현재 마야데비사원에 봉안돼 있는 석상은 많이 훼손된 상태다. 반면 현 룸비니동산의 여신도 "여래"라는 별칭이 있는 등 불교화된 측면이 있다.

이런 여러 정황들은 룸비니에서도 마야왕비가 토착적 여신 신앙과 밀접히 관련돼 온 역사를 말해준다. 지역의 여성들에게 마야왕비는 출산의 여신이자 신성한 숲의 여신으로 여겨져 온 것이다(Shaw, 2006: 59).

그런데 쇼는 여기서 더 나아가 룸비니 탄생설화 자체가 석가 당시의 여신 신앙과 출산 의례를 기반으로 만들어졌을 가능성을 제기한다. 마야왕비의 출산 장소로 편안한 궁궐이 아니라 룸비니동산이 선택된 것은 그것이 당시 출산의 여신이 거주하는 숲으로 숭배되었기 때문이라는 것이다. 『화엄경』에서도 룸비니 숲의 여신은 보살의 태어남과 관련된 선지식으로 등장해,[15] 이러한 추정에 설득력을 더해준다.

결국 마야왕비는 출산의 여신에게 안전한 출산을 의탁하러 룸비니

---

15 룸비니 숲의 여신은 Mahavastu(大事)나 『화엄경』같은 불교 경전에도 등장한다 (Shaw, 2006). 『화엄경』에서는 선지식 중 하나로 등장해 보살의 탄생과 관련한 가르침을 주면서 마야왕비가 석가모니를 출산할 때의 광경을 장엄하게 묘사하고 있다.

동산에 갔고, 그녀가 잡은 무우수는 그 여신이 거주하는 신성한 나무였을 가능성이 높다. 인도에서는 나무의 신이 임신이나 출산을 돕는 존재로 여겨졌기 때문이다.[16] 마야왕비가 무우수 나뭇가지를 잡은 것 역시 여신의 축복을 바라는 당시 출산 의례의 하나로 이해할 수 있다고 한다.[17] 쇼는 이러한 추정을 인도의 출산 풍습과 문화, 석가의 출생 장면을 묘사한 예술작품 등을 근거로 설득력 있게 이끌어낸다.

한편 웬디 갈링은 룸비니동산의 여신이 불교는 물론 브라만교 이전부터 존재해 온 오래된 여신일 것이라고 추정한다. 고대 인도의 가모장제 문화에 뿌리를 둔 여신이라는 것이다. 그러한 여신 신앙은 석가의 탄생설화와 관련해 풍부하게 구전됐을 것이나 문자로 기록되면서 약간의 흔적만 남긴 채 사라졌다는 것이다.

따라서 오늘날 우리는 그동안 잃어버린 것들을 다시 살려내 석가의 탄생설화를 재구성해야 한다는 주장이다. 물론 '잃어버린 것'의 요체는 신성한 여성sacred feminine이다(Garling, 2016).

---

16 2013년 발굴 결과에 의하면 마야데비 사원 아래에 고대의 나무신전(tree shrine)이 있었던 것으로 드러났다. 시기는 기원전 550년 이전으로 판단된다고 한다. 이 신전에 대해서는 가장 오래된 불교사원이라는 견해와 불교 이전 나무숭배 신앙 유적일 수 있다는 견해가 엇갈리고 있다. "Oldest Buddhist Shrine Uncovered In Nepal May Push Back the Buddha's Birth Date," *National Geographic* 2013.11.26. https://www.nationalgeographic.com/news/2013/11/131125-buddha-birth-nepal-archaeology-science-lumbini-religion-history/

17 인도, 특히 동북부 인도에서는 신생아를 보호해주는 여신이 나무 신전에서 나뭇가지를 신체로 해서 숭배되기도 한다(Shaw, 2006: 59).

4. 한국역사 속 마야 신앙 다시 보기

1) 지리산 성모, 조선말까지 마야왕비로 인식돼

이제 다시 우리의 지리산 성모로 돌아가 보자. 현재로서는 그녀가 한국의 마야왕비 신앙을 증언해주는 대표적 여신이기 때문이다. 앞서 보았듯『유두류록』은 승려의 입을 통해 지리산 성모가 마야왕비로 숭배되고 있던 상황을 전한다.

그런데 정말 그랬을까? 지리산 성모에 대해서는 지리산신이라는 기본적인 인식과 함께 선도성모설, 위숙왕후설, 마고여신설 등 여러 이설들이 있기 때문에 김종직처럼 "승려들의 세상을 현혹시키는 황당무계한 말"로 치부할 사람들도 적지 않을 듯하다.

하지만 조선시대 유학자들이 남긴 유람록들을 보면 지리산 성모가 마야왕비라는 기록이 조선말까지 계속 이어진다. 남효온의「지리산일과」(1487), 김일손의「두류기행록」(1489), 양대박의「두류산기행록」(1586), 성여신의「방장산선유일기」(1616), 이동항의「방장유록」(1790), 남주헌의「지리산행기」(1807), 박치복의「남유기행」(1877), 정재규의「두류록」(1887) 등이다(김지영, 2010). 일부 내용을 소개하면 아래와 같다.

이른바 천왕상(天王像)을 보았다. 한 승려가 말하기를 "이 분은 석가의 어머니인 마야부인입니다. 이 산의 산신령이 되어 이 세상의 화복을 주관하다가, 미래에 미륵불을 대신하여 태어날 것입니다"라고 했다.

_ 남효온,「지리산일과」

맨 꼭대기에 오르자 매우 좁고 누추한 판잣집이 있었는데 예전에 본 것과는 전혀 달랐다. 집안에는 시렁이 있었다. 시렁 위에 성모상이 놓여 있었는데, 곧 석가모니 부처의 어머니인 마야부인이다. 한 승려가 말하기를 "부인이 스스로 말하기를 '동방으로 1만 8천 리 길을 날아가 두류산 제일봉의 주인이 되고 싶다' 하여, 석상을 모셔놓고 천년토록 제사를 지내왔습니다. 이분은 공경해야지 업신여겨서는 안 됩니다" 했다.

_ 양대박, 「두류산기행록」

한편 조선후기에 편찬된 『구례속지求禮續誌』에도 지리산신을 마야 왕비라고 하는 내용이 있다.

지리산신을 마야부인이라고 한다. 천왕봉에 성모의 사당이 있어 그 곳에 성모상과 그림이 있었는데 어느 시대에 세워져 언제 폐지된 것 인지 알 수 없다. 고려의 김부식이 중국에 사신으로 갔을 때 중국인 이 오래된 여자상을 보여주면서 조선의 지리산신이라고 했다. 지금 도 성모천왕의 옛 석상이 남아 있다.

셋 다 지리산 성모를 마야왕비라 하는 건 같지만 그 내용은 매우 다 르다. 그만큼 그녀에 대한 인식이 다양했다는 것일 수도 있고, 통일된 설화를 생산하지 못할 만큼 '지리산 성모 마야왕비설'이 강력하지 못했 던 것일 수도 있다. 더구나 『구례속지』의 내용은 선도성모 설화를 잘못 인용한 것이다.

실제 얼마나 오래전부터 얼마나 많은 한국인들이 지리산 성모를 마 야왕비로 인식했으며, 구체적인 신앙 내용이 무엇이었는지는 사료가

빈약해 잘 알 수가 없다.[18] 하지만 조선시대 사람들이 마야왕비를 지리
산 성모 같은 대여신으로 여겼다는 것, 한국의 마야왕비 역시 인도나
일본에서처럼 토착 여신 신앙과 습합돼 있었다는 것은 분명하다.

2) 지리산 성모가 증언하는 마야왕비의 위상

지리산 성모는 고려시대까지도 국가적으로 숭배되는 신이었다. 한
번은 신상의 머리가 없어졌는데 왕이 직접 관리를 보내 찾게 할 정도였
다. 몇 달 후 찾았으나 그것으로 끝이 아니었다. 뒷날 권경중이란 문신
은 이 사건이 변괴라면서 "신령은 백성의 주인인데다, 지리산은 남방
의 큰 진산이라 그 신령은 더욱 영묘하고 특이"하니 분명 신령의 경고
라는 글을 올렸다. 신상에 일어난 일이 그처럼 무겁게 받아들여진 것이
다. 더불어 성모가 나라에 경고를 내릴 정도로 높은 위상에 있었음을
알 수 있다.

성모는 무엇보다 호국신으로 여겨졌다. 고려 우왕 때 장군 정지는
왜구들을 물리치기 위해 바다에 나갔는데, 비가 내려 전투가 어려워졌
다. 정지는 지리산 신사에 사람을 보내 비를 멈추게 해달라고 빌었다.
과연 비가 멈춰 그는 싸움에서 크게 이길 수 있었다.

성모는 병을 낫게 해주는 신통력으로도 유명했다. 고려 충렬왕은
몸이 편치 않자 사람을 시켜 지리산에 제사 지내도록 명했다. 고려 신
종 때 김척후가 민란 진압을 위해 경주에 출정했다 병들었을 때도 부하
들은 지리산 대왕에게 옷 한 벌을 올리고 병이 낫기를 기도했다. 성모

---

18 그 유래는 자세히 알 수 없으나 현재 지리산에는 마야독녀바위, 마야독녀탕, 마야계곡
등의 명칭이 남아 있다.

는 대왕으로도 불렸다.

지리산은 조선시대까지도 국가의 제사 대상이었다. 이성계가 지리
산에서 왜구를 토벌할 때 신통력을 발휘해 도왔다고 해서 태조 2년
(1393)에는 호국백護國伯으로 봉작, 왕이 직접 내관을 보내 성모에게 제
사를 지내도록 했다.

특히 중요한 것은 지리산이 한국 무속신앙의 최고 성지라는 사실이
다. 지리산 성모는 팔도 무당의 어머니이자 시조로 숭앙돼왔고 이 신앙
은 지금도 살아 있다. 조선시대의 무속 탄압에도 불구하고 성모의 석상
이 지금까지 전해져 온 이유이다[사진 6].[19]

한국 토착신앙사에서 가장 우뚝한 여신 중의 하나인 지리산 성모가
마야왕비와 동일시되었다는 사실은 과거 한국인들의 종교적 심상에서
마야왕비의 위상이 그만큼 높았다는 것을 방증하는 것일 수도 있다.

[사진 6] 지리산 천왕사에 봉안되어 있는 지리산 성모상

---

19 지리산 성모에 대한 자세한 내용은 『여신을 찾아서』를 참조.

III. 불교 여신 혹은 여성 부처로서의 마야부인

깨달음이 성별을 초월한다는 불교의 교리는 흔히 성평등한 것으로 이해된다. 하지만 불교학자인 버나드 포르는 그렇게 보지 않는다. 불교 교리의 성별 부정은 성평등의 관점이라기보다 초월을 지향하며 몸을 부정하는 관점에서 이해해야 한다는 것이다. 그리고 불교에서 세속적 성적 차이와 깨달음 차원의 평등은 후자가 전자를 무력화하는 게 아니라 오히려 상호의존적이다. 깨달음의 차원이 드러나기 위해서는 현실 속에서 성적 차이나 차별이 전제돼야 하기 때문이다. 즉 현실의 성적 차이는 궁극적인 성별 초월의 짝이다. 간단히 말해 비이원론의 이원적 관점이다.

포르는 불교에서 깨달음이 남성성과 관련돼 온 역사도 지적한다. 깨달음의 상태가 남성의 몸이나 그 활동과 관련해 표상돼 온 것이다. 부처가 갖췄다고 하는 삼십이상 팔십종호가 대표적이다. 인도 불교는 물론 선불교의 역사도 마찬가지다. 때문에 여성 몸에 대한 혐오와 전녀성남轉女成男의 논리가 등장하는 것이다.

포르는 대승불교가 성별을 부정하는 수사적 평등만을 말하고 있을 뿐 아니라 그것이 변혁의 시도를 막는 기능을 한다고 비판한다. 막스 베버가 말했듯 "성적 차이의 상징적 폐기는 성차별과 함께한다"는 입장이다. 따라서 불교가 진실로 차별 없는 평등한 종교로 거듭나기 위해서는 성적 차이를 드러내야 한다는 것이다. 즉 남성 부처만이 아니라 여성 부처도 있어야 한다(Faure, 2003).

이와 관련해 주목되는 존재가 티벳 불교의 타라 여신이다. 그녀는 여성과 남성의 구분이 없음을 보이기 위해 계속 여성의 몸을 취할 것을

서약했기 때문이다. 세속의 공주였던 타라가 보리심을 일으키자 승려
는 "가르침에 맞게 수행하면 남성으로 몸이 변할 것"이라고 했다. 그러
자 오랜 토론 끝에 그녀는 "나는 여성의 몸으로 성불하리라"며 이렇게
말했다.

> 이 세상에 남성이니 여성이니 하는 구별은 없다. 어리석은 중생들이
> 나 이것에 의해 미혹될 뿐이다…. 남성의 형상으로 깨달음을 얻으려
> 는 이는 많으나 여성의 형상으로 중생의 편안함을 위해 일하려는 이
> 는 거의 없다. 그러므로 나는 여성의 형상을 가지고 윤회가 없어질
> 때까지 중생의 편안함을 위해 일하겠다"(Gross, 1993: 110).

한편 또 다른 불교 여성학자인 미란다 쇼는 마야왕비를 인간 여성
이 아니라 불교의 여신으로 보아야 한다고 주장한다. 그녀의 명칭인 마
야데비부터가 이를 말해준다는 것이다. 또 불교에서도 마야왕비가 사
후 도리천으로 올라가 그곳에 거주한다고 함으로써 그녀에게 신적인
지위를 부여하고 있다. 쇼는 마야왕비와 관련된 설화들을 여신 신앙의
관점에서 재해석해, 여신으로서 그녀의 성격을 대략 세 측면에서 드러
낸다. 즉 치유의 여신, 창조의 여신, 우주적 어머니로서의 마야왕비이다.
  첫째, 임신한 마야왕비는 치유의 능력을 보였다. 불교 문헌인
Lalitavistara에 의하면 그녀는 손으로 만져 사람들을 치유했고, 효험 높
은 약초들을 나눠줬다고 한다. 심지어 그녀를 보는 것만으로도 모든 질
병이 치유됐다고 한다.
  둘째, 마야왕비는 창조하는 여신이다. 이는 그녀의 이름 마야가 환
상 혹은 현상세계를 의미한다는 데서 알 수 있다. 『화엄경』에서 마야왕
비는 석가모니뿐 아니라 모든 부처들의 어머니로서 한량없는 육신과

함께 "갖가지 형상을 두루 나타낸다"(普現種種諸形狀).

셋째, 『화엄경』은 마야왕비를 우주적 어머니 같은 존재로 묘사한다. 그녀의 몸은 허공과 같아서 몸 안에 한량없는 보살들과 세상들을 다 품는다는 것이다. 우주적 자궁이라고도 할 수 있다(Shaw, 2006).

쇼는 불교 문헌들이 초기부터 탄트라 시기에 이르기까지 '여신'이라는 용어를 사용해왔다는 사실도 강조한다. 불교는 전통적으로 여성적 신성을 포용해 왔다는 것이다.

그런데 『화엄경』이 전하는 마야왕비는 여성 부처라고도 할 수 있다. 그녀가 도달한 도의 경지가 11지 등각인데 이는 부처의 경지로도 여겨지기 때문이다. 등각은 수행이 꽉 차서 지혜와 공덕이 불타의 묘각妙覺과 같아지려고 하는 자리다.

여신이든 여성 부처든 마야왕비를 여성적 신성의 관점에서 재발견하는 일은 특히 현대 여성 불자들에게 매우 의미 있는 일일 것이다. 불교의 성평등적 재구성이라는 과제와 관련해 그녀의 새로운 역할이 기대되기 때문이다. 특히 마야왕비의 출산의 여신으로서의 측면은 불교의 오래된 여성 몸에 대한 혐오, 섹슈얼리티 기피 문제를 극복하는 데 있어 매우 중요한 자원이 될 수 있다.

조선시대 불교회화로 만나는
마하마야와 여성 신도들

고승희*

I. 팔상도八相圖로 만나는 마야왕비

조선시대 불교회화에서 표현된 마야왕비는 어떤 모습일까? 또 어떤 여성들이 실재적으로 불화 조성에 적극 참여하였을까? 마야왕비의 상징성은 부처님의 생애를 이야기할 때 항상 찾아볼 수 있다.

부처님 전생담 다음 순서로 서술되는 부분이 마야왕비의 태몽과 태자 출산에 관한 이야기이다. 이 부분을 『불소행찬佛所行讚』[1]에서는 이렇

* 서울특별시·대전광역시 문화재 전문위원

1 『불소행찬』은 1~2세기경 북인도에 살았던 '마명'(馬鳴:Asvaghosa)스님이 부처의 생애를 시적으로 서술한 장편 서사시이다. 정식 이름은 Bud-dhacarita-kāvya-sūtra ('부처의 행적에 대한 시적인 가르침'이라는 뜻)로서 불교문학 가운데 가장 훌륭한 작품 중의 하나이다. 마명스님은 이 작품에서 부처의 생애와 가르침에 대하여 매우 아름답게 서술하고 있는데, 묘사하는 방식이 예술적으로 구성되어 있으면서도 절제가 있어 부처님의 생애를 사실에 바탕하면서도 이상화하여 아름다운 시를 읽는 것처럼 감동받도록

게 이야기하고 있다.

"… 보살이 도솔천상에서 지상을 내려 보고 있을 그때, 구리찰제에 게는 두 딸이 있었는데, 보살은 손을 들어 가리키며 말하기를 "바로 나를 세세생생 낳아 주신 어머니로다. 가서 태어나야겠구나." 그때 범천(梵天)의 스승이 말하기를 "이 두 여인을 보느냐, 한 여인은 장차 32가지 몸매를 지닌 거룩한 부처님을 낳을 것이요. 한 여인은 장차 30가지 몸매를 지닌 사람을 낳으리라. 바로 그 위신력으로 우리들은 신통력을 잃게 될 것이다" 하였다. 이때의 음성이 천하가 울릴만큼 크게 들렸기에 정반왕은 매우 기뻐하며 구리찰제의 딸에게 구혼하여 허락을 받고는 아내로 삼았다.

이에 보살은 변화하여 흰 코끼리를 타고 마야왕비의 태 안으로 나아 갔는데 왕비는 목욕하고서 향을 바르고 새 옷을 입은 뒤에 몸을 편안히 기댔다. 잠시 꿈을 꾸었는데 꿈에 공중에서 웬 사람이 여섯 개의 어금니를 가진 흰 코끼리를 타고 광명을 천하에 두루 비추며 거문고를 뜯고 여러 가지 악기를 울리고 노래하면서, 꽃을 뿌리고 향을 사르며 자기 위에 와서는 갑자기 없어짐을 보고 왕비가 놀라 깨어났으므로, 왕이 묻기를, "무엇 때문에 놀라시오"라고 물었다. 왕비가 꿈의 내용을 이야기하자 왕은 마음이 불안하여 관상가 수약야를 불러서 그 꿈을 점치도록 하였다.

수약야가 말하기를, "이 꿈이야말로 왕에게 복과 경사입니다. 성자(聖者)가 태 안에 내려오셨다는 징후입니다. 탄생한 아들이 집에 있으면 장차 전륜성왕이 될 것이요, 집을 떠나 도를 배우면 장차 부처

표현되어있다. 또한 인도 신화 및 불교 이전의 인도 철학에 대한 지식이 반영되어 있다. 『불소행찬』은 산스크리트로는 전반부만 온전하게 남아있으나, 한역(5세기)과 티베트 어역으로는 28장 전체가 보존되어 있다.

님이 되어서 시방을 제도할 것입니다"라고 하자 왕은 크게 기뻐하였다. (중략) 마야왕비는 10개월 뒤 출산을 위해 친정으로 가던 도중 카필라바스투(迦毗羅城) 외곽에 있는 룸비니(Lumbini) 동산 사라수 아래에서 나뭇가지를 의지하고 오른쪽 옆구리로 아이를 출산하게 되는데…".[2]

이 이야기는 우리가 흔히 알고 있는 석가모니 탄생 신화 일부분이다. 그런데 이러한 이야기는 문자로 기록하고 전하는 것만으로 머무르지 않고 보다 구체적인 도상으로 표현하여 불교도들로 하여금 감동을 줄 수 있는 예술로 승화시켰다. 이는 회화, 조각, 공예, 건축 등의 불교 미술 작품에서 아름답게 묘사되고 있는 것을 볼 수 있다.

사찰에 가면 부처님 일생을 여덟 폭의 그림으로 압축하여 묘사한 불화가 걸려있는데 이것이 바로 '팔상도八相圖'이다. 그리고 조선시대 불화에서 찾아볼 수 있는 마야왕비의 표현은 이 '팔상도'가 대표적이라고 할 수 있다. 따라서 마야왕비가 조선시대 불화에서 어떻게 그려졌으며 그 의미는 무엇인지 '팔상도'의 개념과 전개 과정을 구체적으로 살펴서 마야왕비의 위상을 파악하는 것이 중요하다고 생각된다.

또한 숭유억불정책의 어려운 사회 상황 속에서 조선불교를 지켜낸 여성들의 활약상을 불화의 기록(畵記)을 통해서도 살펴볼 수 있다. 이것은 불화를 그릴 수 있도록 왕실 내명부 여성인 왕비와 상궁, 재가 여성 신도 등이 발원자와 시주자로서 많이 참여하고 있다는 점이다. 이렇게 화기를 통해 불화의 조성 주체자로서 여성들을 파악하여 당시 사회적 위치를 알아보는 것도 조선시대 불화를 이해하는데 있어서 주목되

2 마명/김달진 역, 『붓다차리타』 (고려원, 1998), 23-24 참조.

어야 할 부분이다.

그러므로 이 글은 조선시대 불화에서 나타난 마야왕비의 위상을 파악하고, 불교가 억압받던 조선시대에 불화 조성의 발원자이자 시주자였던 다양한 여성들을 통해 교단 수호에 여성의 역할을 다시 한번 확인하는 것이 목적이다.

II. 불화로 재현된 마야왕비와 여성 불자들

1. 석가모니 생애를 그린 '팔상도'와 마야왕비

'팔상도'는 석가모니의 생애를 알기 쉽게 여덟 장면으로 나누어 그린 그림으로 '여래본행지도如來本行之圖', '불전도佛傳圖'라고도 한다. 즉, 간단히 요약하면 입태入胎(임신)로부터 출생하고 세상을 살피어 출가한 뒤에, 설산雪山으로 들어가 마귀의 항복을 받고 비로소 30세에 부처가 되어 법을 전하고, 80세를 일기로 사라쌍수沙羅雙樹 아래에서 열반에 이르는 부처의 일대기를 표현한 그림이다.

그러면 '팔상'이라는 개념은 언제부터 생겨났을까? 답은 확실히 말을 할 수가 없다. 그러나 '팔상'의 기원과 관련하여 몇몇 이견들은 있는데 그중 가장 설득력이 있는 것은 인도에서 일찍부터 석가모니를 기념하며 석가모니와 관련된 여러 지역을 순례하는 전통과 관련이 있다고 한다. 즉, 석가모니가 탄생한 룸비니동산, 깨달음을 이룬 보드가야Bodh-Gaya, 처음 설법을 한 사르나트Sarnath, 열반에 든 쿠시나가라Kusinagara, 이렇게 4대 성지四大聖地는 석가모니 일생 중 가장 중요한 사건이 있었던 곳으로 대표적인 순례지다.

　이것이 나중에 네 곳이 더 추가되면서 8대 성지로 확대되었고, 각 성지와 관련된 설화들이 결합되면서 팔상의 개념이 확립되었다는 것이다.3 이렇게 확립된 인도의 '팔상' 개념은 중국으로 전해졌다. 중국은 인도의 영향을 받아 일찍부터 항도솔降兜率-입태入胎-주태住胎-출태出胎-출가出家-성도成道-전법륜轉法輪-입멸入滅, 또는 항도솔-입태-출태-출가-항마-성도-전법륜-열반 등이 팔상으로 확립되었다.4

　중국 남경 서하사栖霞寺 사리탑(601년경)[사진 1] 기단부에 조각된 '팔상도'는 오래된 '팔상도' 가운데 하나이다. 8각으로 조성된 7층 탑이며, 높이는 약 15m이고, 탑의 기단 위 수미대좌의 8면에 '팔상도'가 새겨져 있다. 석가모니의 전생인 호명보살이 흰 코끼리를 타고 도솔천에서 이 세상에 내려오는 장면, 룸비니동산에서 태어나신 장면, 아홉 마리 용왕이 아기 싯다르타를 따뜻한 물과 차가운 물로 씻어주는 장면, 사대문 밖에 나가 생·로·병·사를 보고 출가를 결심하게 되는 장면, 설산에서 수행하는 장면, 설

---

3 인도의 4성지는 룸비니(Lumbini), 보드가야(Budha Gaya), 사르나트(Sarnath), 쿠쉬나가르(Kushinagar)이고, 여기에 4성지가 추가되어 8성지로 확대되었다. 이렇게 성지와 관련된 팔상의 개념은 탄생(誕生), 항마성도(降魔成道), 초전법륜(初轉法輪), 대신변(大神變), 종도리천강하(從忉利天降下), 취상조복(醉象調伏), 원후봉밀(猿猴奉密), 열반(涅槃)이다. 즉, 룸비니동산에 태어나신 탄생(誕生), 마군을 물리치고 도를 이루신 항마성도(降魔成道), 사르나트에서 처음으로 설법하신 초전법륜(初轉法輪), 사위성에서 이교도를 불교에 귀의시키기 위해서 다양한 기적을 이루신 대신변(大神變), 어머니 마야왕비을 위해 도리천에서 설법한 뒤 하강하는 종도리천강화(從忉利天降下), 왕사성에서 술 취해 난동을 부리는 코끼리를 항복시킨 취상조복(醉象調伏), 원숭이가 석가모니의 사발을 찾아서 꿀을 가득 채워 공양했다는 원후봉밀(猿㺃奉蜜), 쿠시나가라의 사라쌍수 아래에서 열반에 드신 열반(涅槃) 등의 여덟 장면을 묘사한 팔상이 널리 알려졌다. 김정희, 『찬란한 불교 미술의 세계 – 불화』(돌베개, 2009), 170; 이영종, "朝鮮時代 八相圖 圖像의 淵源과 展開," 「미술사학연구」 215 (한국미술사학회, 1997), 29 참조.

4 김정희, 앞의 책, 170 참조.

[사진 1] 중국 남경 서하사 8각 7층 사리탑,
601년경, 높이 15m

산에서의 6년 고행을 중단하고 니련선하에 내려가 목욕하는 장면, 정각을 방해하는 마군을 항복시키는 장면, 보리수 아래 가부좌하고 앉아 정각을 이루는 장면, 쿠시나가라에서 열반하는 장면 등이다. 이렇게 각 상마다 석가모니의 일생을 아주 간결하게 표현했다.

또한 중국 사원에는 석가모니의 일생이 벽화로 현재 남아 있는데, 금대(1115~1234) 융흥사隆興寺와 암산사巖山寺, 명대(1368~1662)의 각원사覺苑寺 등이 있다. 이 중 각원사에는 대웅보전의 동남쪽 벽면에서 시작하여 서남쪽 벽면까지 14칸의 벽면에 총 205개 장면에 달하는 석가모니 일생에 관한 그림이 그려져 있다. 이 벽화는 여덟 장면이 아닌 훨씬 많은 장면들로 이루어졌는데, 탄생에서부터 열반에 이르기까지 행적을 찬탄한『석씨원류응화사적釋氏源流應化事跡』을 참고한 것으로 생각해 볼 수 있겠다.

이렇게 중국은 탄생에서 열반까지 서사적인 전개를 보이는 불전도의 전통이 일찍부터 있었으며 불전도의 집중 조성 시기도 굉장히 이르다. '돈황석굴'에서 발굴된 번화幡畵에서 이미 명나라 시대『석씨원류응화사적』과 유사한 도상들이 보이며 일정한 서사적인 전개를 하고 있다. 이후 조선시대 '팔상도'와 비교할 수 있는 불전도는 금~명대 각 사원을 장엄했던 불전 벽화들이다. 일본의 경우 일찍이 나량시대奈良時代 (8세기)의 '회인과경繪因果經' 등 비교적 불전 관계 문헌과 그림 등이 많이 남아있는데, 그중 조선시대 '팔상도'처럼 단편이 아닌 일정한 서사적인 전개를 보이는 불전도가 집중 조성되는 시기는 겸창시대鎌倉時代(12~14 세기)이다.

2. 조선시대 '팔상도'의 의미와 마야왕비의 묘사

이처럼 중국과 일본은 대체로 12~14세기 때 큰 화폭의 불전도가 다수 조성되었으나, 조선시대는 1459년 『월인석보』 팔상판화가 현존하는 최초의 '팔상도'이다. 이후 18세기부터 완폭의 '팔상도'가 다수 남아 있으며, 일정하게 『월인석보』에서 언급한 <도솔래의상>, <비람강생상> 등의 팔상으로 조성되고 있다.

우리나라의 '팔상도'는 고려시대 불화에는 남아있지 않다. 그러나 문헌으로는 고려 태조가 세운 안양사 7층 전탑의 남쪽 벽에 열반도를 비롯한 불화가 있었다고 전해진다.[5] 그리고 『석가여래행적송釋迦如來行蹟誦』[6]등 불타의 생애에 관한 글들이 남아있어 '팔상도'와 단편적인 불전도 등이 조성되었을 것으로 추측된다. 이렇게 조선시대 이전에는 와

---

5 『東文選』 卷76 「衿州安養寺塔中新記」 '其繪像 歲癸亥秋八月也 塔內四壁 東藥師會 南釋迦涅槃會 西彌陀極樂會 北金經神衆會'; 민족문화추진회, 『東文選 6』(솔, 1998), 171; 문명대, 『고려불화』7 (중앙일보, 1981), 232-256 참조.

6 『석가여래행적송』은 석가모니의 생애와 불교가 인도에서 중국으로 전파된 과정 등을 5언 776구의 194게송으로 되어 있다. 이 책의 권두에는 저자의 서문과 1330년에 이숙기(李叔琪)가 쓴 서(序)가 있으며 게송 밑에 저자의 주해를 자세히 더하고 있다. 현존하는 고간본으로는 1572년(선조 5) 두류산 신흥사(臣興寺) 개판본과 1643년(인조 21)의 수청산 용복사(龍腹寺) 개판본, 1709년(숙종 35)에 호연(浩然)이 발문을 쓴 판본이 국립중앙도서관, 동국대학교 도서관 등에 소장되어 있다.

관련된 불화가 존재하지 않으며, 1459년『월인석보月印釋譜』권1에 실린 <팔상판화>(서강대학교 소장)가 현존하는 최고最古의 '팔상도'이다.7

그 이후 회화로 된 여덟 폭의 '팔상도' 중 가장 오래된 것은 1709년에 조성한 용문사 '팔상도'이다. 완전한 팔상으로 남아있는 용문사 '팔상도'는 '강희 48년康熙 四十八年'이라는 조성 연대가 화기로 남아있어, 조선시대 '팔상도'의 도상 형식과 양식을 파악할 수 있는 중요한 가치를 지닌다.8 용문사 '팔상도'는 196cm × 223cm의 크기로 2개의 상을 한 폭에 담아 총 4폭으로 이루어졌으며, 가로 형식으로 구성된『월인석보』 판화를 세로 형식으로 다시 재구성하였다.

그런데 용문사 '팔상도' 이전에 조성된 것으로 석가모니의 일생과 관련된 불화들이 일본에 많이 있는데, 이는 16세기 때 조성된 본악사本岳寺 소장 <석가탄생도釋迦誕生圖>(대판시립미술관大阪市立美術館 소장 <불전도佛傳圖>, 1535년 작 금강봉사金剛奉寺 소장 <팔상도八相圖>, 1569년 작 천광사千光寺 소장 <열반도涅槃圖> 등이 있다. 이중 천광사 소장 <열반도>는 여덟 폭의 '팔상도' 가운데 한 폭으로 추정되고 있으며 금강봉사金剛奉寺 소장 <팔상도>는 현재 <설산수도상>에서 <쌍림열반상>까지 그려진 한 폭만이 남아있다.9 그리고 1692년작 화엄사華藏寺 소장 <석가

___
7 문종실록 권1 즉위년 2월 癸巳 18일 1450년, "議于承政院曰, 昭憲王后昇遐後, 爲作八相成道之圖, 今 不可更作此圖"("소헌왕후가 승하한 후에 왕후를 위해 팔상성도의 그림을 만들었는데, 지금은 다시 이 그림을 만들 수 없다"). 위 사실을 근거로 살펴보면 이미 1447년에 완성되어 1449년에 편찬된『석보상절』에도 1459년 판각된『월인석보』와 마찬가지로 팔상판화가 있었다는 사실을 유추해 볼 수 있겠다. 박수연, "朝鮮後期 八相圖의 展開," 이화여자대학교 대학원 미술사학과 석사학위논문, (2006), 5-6 참조.
8 '도솔래의상' 하단에는「康熙四十八年己丑五月日呂泉龍門寺幀」이라고 쓰여 있다. 용문사는 1165년(의종 19) 왕의 칙명으로 중수하였으며, 1171년(명종 1) 태자의 胎를 보관한 뒤 절 이름을 창기사(昌期寺)로 바꾸고 祝聖壽法會를 열어 낮에는『金光明經』을 읽고, 밤에는 관세음보살을 염하는 의식을 恒規로 삼았다.

탄생도釋迦誕生圖>는 용문사 '팔상도'보다 더 이른 시기에 조성되었는데, 그 구성이 다양하고『석씨원류응화사적』의 내용을 보다 적극적으로 활용하고 있어 주목되는 부분이다.

그러나 단편적인 상만으로는 전체적인 양식과 도상 특징들을 파악하기는 어려움이 있고, 대부분 일 폭一幅 혹은 이 폭二幅으로 조성되어 조선 후기에 일반적으로 보이는 여덟 폭 형식의 '팔상도'와는 다르다. 이외의 여덟 폭으로 된 대부분의 조선시대 '팔상도'는 18~20세기 초에 집중 조성된 불화이다.

용문사 '팔상도' 가운데 마야왕비의 표현은 <도솔래의상>, <비람강생상>, <쌍림열반상>에서 찾아볼 수 있다[사진 2]. 첫 번째 용문사 '팔상도' <도솔래의상>의 주된 내용은 '탁태托胎'로 호명보살이 여섯 개의 상아를 가진 흰 코끼리를 타고 제석·범천 등의 천신들과 함께 인간계로 내려오는 장면, 마야왕비가 꿈을 꾸고 정반왕이 바라문에게 해몽을 하도록 하는 장면 등으로 전개된다. 화제畵題에는 '마야탁몽태摩耶託夢胎'라는 방제를 두고 있는데 이는『석씨원류응화사적』과『월인석보』의 도상과 거의 유사한 장면으로 나타난다. 화면 하단의 작은 전각에서 정반왕에게 꿈 이야기를 하는 마야왕비의 모습과 기둥에 잠시 기대고 잠들어 태몽을 꾸고 있는 마야왕비의 모습이 매우 간략하게 묘사되어 있다.10

9 이영종, "조선시대 '팔상도'의 도상적 연원과 전개," 서울대학교 대학원 석사학위논문, (1995), 64-67참조.

10『석씨원류응화사적』도상 중 '도솔래의상'은 <마야탁몽>(摩耶託夢), <승상입태>(乘象入胎), <구담귀성>(瞿曇貴姓), <정반성왕>(淨飯聖王)으로 표현되고 있다. 또한『불본행집경』의「부강왕궁품」에서는 호명보살이 '한마음 바른 생각으로 마야왕비의 오른 옆구리로 조용히 들어갔느니라'라는 구절처럼 마야왕비의 오른쪽 옆구리로 들어갔음을 상징적으로 나타낸 것으로 추정되며『석가보』(釋迦譜)에서는 마야왕비가 정반

[사진 2] 용문사 '팔상도' 가운데 마야왕비가 나온 〈도솔래의상〉, 〈비람강생상〉, 〈쌍림열반상〉

둘째, 용문사 '팔상도' <비람강생상>에서 마야왕비의 묘사는 룸비니동산에서 무우수無憂樹 나뭇가지를 잡고 오른쪽 옆구리에서 태자가 탄생하는 장면이다. 화제 글자 중 '藍'(쪽 람, 볼 감)이 '濫'(퍼질 람, 샘 함, 넘칠 람)으로 표기되어 있다. 『석씨원류응화사적』에서는 '수하탄생樹下誕生', '구룡관정九龍灌頂' 내용을 중심으로 나타내고 있으며, 『월인석보』에서도 마야왕비가 태자를 탄생하고 있는 장면과 그 이후 마야왕비가 대좌에 앉아있는 모습으로 표현되어있다.[11]

셋째, 용문사 '팔상도' <쌍림열반상>에서는 마야왕비가 석가모니의 열반 소식을 듣고 하늘에서 내려오는 장면이 표현되어 있다. 화면

___

왕에게 꿈 이야기하는 장면을 호명보살이 마야왕비의 몸속으로 입태하는 도상을 잘 설명하고 있다. 송성수 옮김, 『한글대장경 釋迦譜 外』(동국대학교역경원, 1999), 68; 권필선, "예천 용문사 '팔상도' 연구," 동국대학교대학원 석사학위논문, (2017), 30-32 참조.

11 『석씨원류응화사적』도상 중 '비람강생상'은 〈수하탄생〉(樹下誕生), 〈구룡관정〉(九龍灌頂), 〈종원환성〉(從園還城), 〈선인점상〉(仙人占相)이 중심 내용이다. 그 외에도 〈이모양육〉(姨母養育), 〈왕알천사〉(往謁天祠), 〈원림희희〉(園林嬉戲), 〈학습서수〉(學習書數), 〈실달납비〉(悉達納妃)가 포함된다. 권필선, 앞 논문, 34 참조.

중단과 하단에는 사라쌍수 아래서 열반에 든 석가모니를 중심으로 보
살과 제자들이 슬퍼하는 장면으로 도해되고 있으며 상단에는 마야왕
비를 중심으로 좌우 측면에 천신들과 사천왕이 자리하고 있다.[12]

조선시대 '팔상도'가 집중 조성되는 18~20세기 초 사회적 배경과 함
께 그 시기에 '팔상도'가 집중 조성된 이유는 첫째, 임진왜란(1592~1598)
과 병자호란(1636~1637) 이후 사찰 재건에 있어서 활발히 일어난 불사佛事
를 들 수 있는데 이렇게 전쟁으로 소실된 사찰의 전각을 중창하는 과정
에서 불화는 집중적으로 조성되게 되었다. 또한 전쟁에 참여한 승병僧兵
의 공으로 승려들은 사회적 지위가 높아지게 되었고 이에 따라 불교계
는 중흥의 기회를 가지게 되었다.

둘째, 조선시대 불교계는 일반 민중들을 포교하기 위해 다양한 민
간 신앙을 불교에 차용하였고, 한글로 번역한 많은 불교 의례집을 간행
하였다. 따라서 왕실발원의 『월인석보』가 불교의 어려운 교리가 아닌
석가모니의 일대기를 이해하기 쉽게 시각적인 효과로 표현하여 '팔상
도'를 통해 민중들이 불교에 한 걸음 다가갈 수 있도록 하는 교화적인
측면이 매우 강하다고 할 수 있다.

셋째, 중국과의 문화교류의 연관성도 찾아볼 수 있다. 당시 중국의
불교는 점차 사상적으로 쇠퇴해가고 있었으며 교단의 제한적인 통제
가 이루어져 능동적인 불교 활동은 거의 찾아볼 수 없었다.[13] 따라서 불

---

12 『열반경』에서는 석가모니의 열반 장면을 이렇게 서술하고 있다. "모든 선남자들이여,
　스스로 그 마음을 닦아서 삼가 함부로 놓아 지내지 말라. 나는 지금 등이 아파 보통
　환자와 같다. 너희들 무수는 대중을 위해 법을 설하라. 지금 큰 법을 너희들에게 부촉
　한다." 나아가 가섭과 아난에게도 법을 설하여 마치시고, 동쪽을 등지고 서쪽을 향해
　오른쪽 옆구리로 누워 열반에 드셨다. 석가여래가 오른팔을 베고 옆으로 누운 열반상
　은 인도 초기 상에서도 보이는 것으로, '팔상도'에서 일반적으로 나타나는 도상이다.
13 최연식, "朝鮮後期 『釋氏源流』의 수용과 佛敎界에 미친 영향," 『구산논집』 1, (1998),

교를 민중들에게 널리 교화시키기 위해 그림으로 석가모니의 생애를 도해하여 명대 사원벽화로 불전도가 많이 조성되었으며 조선 후기 '팔상도'까지 영향을 준 것이다.

이렇게 조선 후기는 양란 이후 활발하게 이루어진 중창불사로 다종다양한 많은 불화들이 조성되었고, 이 가운데 '팔상도'는 당시 민중들을 불교계로 입문할 수 있도록 하나의 방편으로 내세우면서 어려운 불교 교리가 아닌 시각적으로 도상화하여 보다 쉽게 접근하였던 것이다. 또한 당시 중국 사찰 벽화로 불전도가 그려지면서 문화 교류로 인해 조선 후기의 '팔상도'에 영향을 미쳤던 것이다. 뿐만 아니라 17세기경부터 시작된 문예 부흥으로 우리나라만의 특징을 갖은 도상 형식과 양식 표현이 조선 후기 '팔상도'를 형성하는 계기가 되었다.

앞에도 언급했으나 조선시대 전기에 이르면『월인석보』(1459년)의 팔상 판화를 비롯하여 '석가탄생도', '유성출가도', '석가팔상도' 등이 알려져 있다. 또한『석보상절서釋譜詳節序』(1447년)에 언급된 팔상, 즉 도솔래의兜率來儀-비람강생毘藍降生-사문유관四門遊觀-유성출가踰城出家-설산수도雪山修道-수하항마樹下降魔-녹원전법鹿苑轉法-쌍림열반雙林涅槃을 기본으로 해서 조성된 것이 대부분이다.『석보상절서』는 수양대군이 어머니 소헌 왕후의 명복을 빌고 대중을 불교에 귀의하게 하고자, 1447년에 불경에서 석가의 일대기에 관계된 내용을 뽑아 한글로 번역한 것이다.

그러나 현재『석보상절서』에 수록되었던 '팔상도'는 남아있지 않다. 그러나 수양대군(세조)이 즉위한 후『월인천강지곡』과『석보상절서』를 합해 편찬한『월인석보』(1459년)의 '팔상도'가『석보상절』의 '팔상도'를 바탕한 것으로, 그 모습을 추정할 수 있다.

2 참조.

3. '팔상도'에서 존경과 경배의 대상으로 재현된 마야왕비

조선시대 후기의 '팔상도'는 『월인석보』 '팔상도'를 기본으로 하고,
『석씨원류응화사적』 선운사판(1648년)과 불암사판(1673년) 판화에 근
거를 두고 발전하였던 것으로 추측할 수 있다. 『석씨원류응화사적釋氏
源流應化事蹟』은 석가모니의 행적과 그의 사상이 전개되는 과정을 인도와
중국에서 400여 편의 일화로 구성한 불교 역사서이다. '석씨釋氏'는 석
존뿐만 아니라 그의 가르침을 계승한 제자 및 재가 신도의 이야기까지
포함하고 있으며 '원류源流'는 불법의 근원과 그것이 후대에 전승되는
흐름을 정리했다는 의미를 내포하고 있다.[14]

현재까지 전하는 『석씨원류응화사적』 판본들 중에 가장 이른 시기
의 것은 중국 명나라의 승려 보성寶成이 1422년에 시작하여 1425년에 완
성한 영락본永樂本이다. 이후 제작된 명대 판본으로 정통본正統本(1436),
경태본景泰本(1450~1456), 성화본成化本(1486), 대흥융사본大興隆寺本(1486~

---

14 최연식, 앞 논문과 「보조사상」 Vol.11(1998), 보조사상연구회, 317-324 참조. 『석씨
원류』 판화에 대해서는 翁連溪, 李洪波 主編, 『中國佛教版畫全集』, 中國書店, 2014;
李之檀, 『中國版畫全集 佛教版畫』, 紫禁城出版社, 2006; 周心慧, 馬文大, 蔡文平,
『中國佛教版畫』, 浙江文藝出版社, 1998; 박도화, "초간본 『월인석보』 팔상판화의
연구," 「書誌學研究」 (서지학회, 2002) 등을 참조할 수 있다. 『석씨원류』와 불전도의
관계에 대한 연구로는 謝繼勝·熊文彬·廖暘, "高天厚土 三水灌沐-靑海樂都瞿曇
寺, 甘肅永登連城妙因寺, 甘肅紅城感恩寺佛傳壁畫," 『中國寺觀壁畫全集』5 (廣東
敎育出版社, 2009); 黃河, 『明代彩繪全圖-釋迦如來應化事蹟』 (石家庄: 河北美術
出版社, 2003); 刘显成 杨小晋, 『梵相遺珍-四川明代佛寺壁画』 (人民美術出版社,
2014); 邢莉莉, "明代佛傳故事畫研究," 中央美術學院 博士學位論文, 2008; 송일기, "禪
雲寺板 〈釋氏源流〉의 刊行事實," 「한국문헌정보학회지」 제48권 제2호(2014), 한국문
헌정보학회; 이영종, "조선시대 '팔상도'의 도상적 연원과 전개," 서울대학교 대학원
석사학위논문, 1995; 이영종, "朝鮮時代 八相圖 圖像의 淵源과 展開," 「美術史學研
究」 (한국미술사학회, 1997); 이영종, "通度寺 靈山殿의 『釋氏源流應化事迹』 벽화
연구," (한국미술사학회, 2006) 등을 참조할 수 있다.

1535), 가정본嘉靖本(1556), 만력본萬曆本(1604) 등이 있어 『석씨원류응화사적』이 명대 전 시기에 걸쳐 지속적으로 만들어졌음을 알 수 있다.[15] 또한 『석씨원류응화사적』은 『본행경』, 『인과경』, 『현우경』, 『열반경』, 『장엄경』, 『법구경』, 『경률이상』, 『석가보』 등에 기록된 석가모니의 일생을 200여 개의 삽화와 함께 묘사한 것이다. 이러한 『석씨원류응화사적』은 우리나라에서는 17세기 이후에 판각되어 유포되면서 조선 후기 '팔상도'의 기본적인 도상을 제공하였다.

현재 우리나라에 전하는 『석씨원류응화사적』 판본은 2종으로 고창 선운사 판(1648년)[사진 3]과 남양주 불암사 판(1673년)[사진 4]이 전한다. 선운사 판은 상부에 그림, 하부에는 내용을 새겼으며, 불암사판과 도상은 유사하지만 세부 표현은 다르다. 예천 용문사 '팔상도'(1709년)를 비롯해 송광사 '팔상도'(1725년), 쌍계사 '팔상도'(1728년), 통도사 '팔상도'(1775년), 남양주 흥국사 '팔상도'(1869년) 등에서도 선운사 판에서 차용한 도상을 확인할 수 있다. 또한 불암사 판은 선운사 판과 달리 총 4권으로 권 1·2에는 석가의 일대기가, 권 3·4에는 전법제자轉法弟子의 행적이 실렸으며, 각 권에 100항목씩 모두 400항목이 수록되었다. 판심版心을 중심으로 우측 상단의 모서리에 네 글자로 된 제목을 새기고 우측에 내용, 좌측에 판화를 새겼다.

1459년(세조 25년) 세조가 지은 『월인석보』는 우리나라에 현존하는 '팔상도' 중 가장 오래되었으며 조선 후기 '팔상도'에 큰 영향을 준 것이 바로 『월인석보』에 실린 팔상판화[사진 5]라고 할 수 있다. 『월인석보』

---

15 이영종, "조선시대 '팔상도'의 도상적 연원과 전개," 서울대학교 대학원 석사학위논문, (1995), 6; 翁連溪, 李洪波 主編, 『中國佛教版畵全集』(中國書店, 2014); 李之檀, 『中國版畵全集 佛教版畵』(紫禁城出版社, 2006); 周心慧, 馬文大, 蔡文平, 『中國佛教版畵』(浙江文藝出版社, 1998) 참조.

▶[사진 3] 석씨원류응화사적책판
(1648년, 30 x 48cm, 선운사)

▼[사진4] 석씨원류응화사적책판
(1673년, 28.3 x 64cm, 불암사)

팔상판화의 초간본은 서강대학교도서관에 소장되어 있는 권1·2(보물
제745-1호) 1책에 <쌍림열반상>을 제외한 7상이 남아있으며, <쌍림열
반상>은 16세기 번각본『석보상절제십일釋譜詳節第十一』에 남아있다.16

　『월인석보』는 세조가 수양대군 시절에 세종의 명을 받아 모후인 소
헌왕후의 명복을 빌기 위하여『석보상절』을 지었는데, 그것을 보고 세
종이 악장체 찬불가『월인천강지곡』을 지었다고 서문에 쓰여 있다. 이
렇게 세종이 지은『월인천강지곡』과 자신이 지은『석보상절』을 합편
하는 방식으로 제작되었다. 그런데 단지 합편에만 그치지 않고 내용의
일부를 수정·보완하여 간행한 새로운 책이라고 할 수 있다. 합편 방식

---

16 박도화, "초간본『월인석보』팔상판화의 연구,"「서지학연구」24(2002), 243-244 참조.

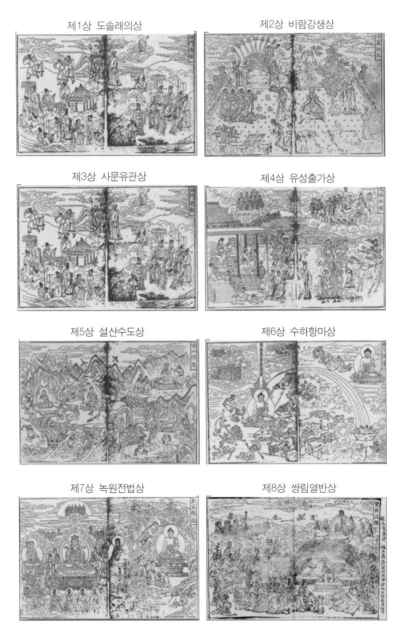

[사진 5] 『월인석보』 팔상판화(1459년, 29.5×22.3, 서강대학교박물관 소장)

은 '월인천강지곡'을 본문으로 하고『석보상절』을 그에 대한 주석의 형식으로 하였다.[17]

그리고『월인석보』「석보상절 서序」에서는 '팔상도'의 화재畵材를 언급하고 있는 최초의 문헌으로 다음과 같은 기록이 있다.

세상에서 부처의 도리를 배운 사람들이, 부처가 나서 행동하신 처음과 끝을 아는 이가 드무니, 비록 알고자 하여도 불과 팔상에 지나지 않는다. 이즈음에 소헌왕후의 명복을 빌기 위하여 지금까지 여러 불경에서 가려내어 따로 한글을 만들어 이름을 석보상절이라 하고, 이미 차례를 헤아려 만든 바에 따라서 부처가 도를 이룬 모양을 그림으로 그리고 또 정음으로 번역하여 새기니, 사람마다 쉽게 알아서 삼보에 나아가 귀의하기를 바란다.[18]

이렇게 「석보상절 서」에서 언급한 팔상은 <도솔래의>, <비람강생>, <사문유관>, <유성출가>, <설산수도>, <수하항마>, <녹원전법>, <쌍림열반>으로 이는 우리나라 '팔상도'의 화제와 동일하게 사용되어 그 도상이 조선 후기까지 계승·발전된다는 점에서 우리나라 '팔상도'의 근원으로 매우 중요시된다.[19]

---

17 권화숙, "『月印釋譜』와『法華經諺解』의 국어학적 비교 연구," 한국외국어대학교 대학원 박사학위논문, (2010), 17 참조.

18 이영종, "조선시대 '팔상도' 도상의 연원과 전개," 37-38; 千柄植,『釋譜詳節 第三· 註解』(아세아문화사, 1985), 220 참조.『釋譜詳節序』에는 '鮮有知出處始終ᄒᆞᄂᆞ니 부텨나아돈니시며ᄀᆞ마니겨시던처섬ᄆᆞᄎᄆᆞᆯ알리노니 雖欲知者라도 비록알오져ᄒᆞ리라도 亦不過八相而止ᄒᆞᄂᆞ니라 八相올넘디아니ᄒᆞ야셔 마ᄂᆞ니라 頃에因追薦하ᅀᆞ바 近間애追薦ᄒᆞᅀᆞᆷ오ᄆᆞᆯ因ᄒᆞᅀᆞ바爰采諸經ᄒᆞ야 이저긔여러經에 글히여내야 別爲一書ᄒᆞ야 各別히흔그를맹ᄀᆞ라 名之曰釋譜詳節이라ᄒᆞ고 일흠지허ᄀᆞ로되 釋譜詳節이라ᄒᆞ고…'라 하였다. 권필선, 앞의 논문, 23 참조.

'팔상도'는 첫 번째 <도솔래의상兜率來儀相>을 시작으로 → <비람강
생상毘藍降生相> → <사문유관상四門遊觀相> → <유성출가상踰城出家相> →
<설산수도상雪山修道相> → <수하항마상樹下降魔相> → <녹원전법상鹿園轉
法相> → <쌍림열반상雙林涅槃相> 이렇게 여덟 폭의 도상으로 표현되었
다. 조선 후기의 '팔상도'에 표현된 내용을 정리하면 다음과 같다.

제1상 <도솔래의상>은 석가모니가 도솔천兜率天에서 내려와 어머
니 마야왕비에게 입태되는 장면이다. 마야왕비가 마야 궁 안에 앉아 호
명보살이 육아백상六牙白象을 타고 도솔천에서 내려오는 꿈을 꾸는 장
면과 입태되는 장면, 정반왕궁에서 왕과 왕비가 꾸었던 꿈의 의미를 바
라문에게 묻는 장면 등이 묘사된다.

제2상 <비람강생상>은 룸비니동산에서 석가모니가 태어나는 장면
이다. 마야왕비가 무우수 아래에서 나뭇가지를 붙잡고 오른쪽 겨드랑
이에서 석가모니를 낳는 장면, 어린 태자가 한 손은 위를, 다른 손은 아
래를 가리키며 탄생게를 외치는 장면, 여러 천이 온갖 보물을 공양하는
장면, 아홉 마리의 용왕이 탄생불을 씻어주는 장면 등이 표현된다.

제3상 <사문유관상>은 태자가 4문에서 인생을 보고 출가를 결심하
는 장면이다. 동문에서 노인으로 변신한 정거천을 만나 사색하고, 남문
에서 병자를 만나 인생무상을 느끼며, 서문에서 시체를 보고 죽음을 절
감하고, 북문에서 사문을 만나 출가를 결심하는 장면 등이 표현된다.

제4상 <유성출가상>은 태자가 성을 넘어 출가하는 장면을 그린 그
림이다. 야소다라 왕비가 깜박 잠이 들어 흉몽을 꾸는 장면, 사천왕이
말굽을 받쳐 태자가 성안을 넘을 수 있게 돕는 장면, 마부馬夫 차익이 돌
아와 왕비와 태자비에게 태자의 옷을 바치며 보고하니, 왕비와 태자비

---

19 박도화, 앞의 논문, 250 참조.

가 태자의 소재를 묻는 장면 등이 그려진다.

제5상 <설산수도상>은 태자가 설산에서 수도하며 스승을 찾는 장면이다. 고행림에 들어 삭발을 하고, 사냥꾼으로 변한 정거천인과 옷을 바꿔 입는 장면, 마부 차익이 태자와 하직하는 장면, 대신들이 궁으로 돌아가기를 청하는 장면, 니련선하에서 목녀가 석가모니에게 우유죽을 공양하는 장면 등이 묘사된다.

제6상 <수하항마상>은 석가모니가 보리수 아래에서 마구니들에게 항복받는 장면이다. 여기에는 마왕이 세 딸을 보내 석가모니를 유혹하려다 노파가 되어 도망가는 장면, 마왕이 코끼리를 타고 와서 석가를 위협하는 장면, 마왕 무리들이 항복하고, 무량한 부처를 향해 모든 천신·천녀·군중들이 찬탄하는 장면 등이 표현된다.

제7상 <녹원전법상>은 석가모니가 정각을 이룬 뒤 사르나트에 있는 녹야원에서 초전법륜을 설하는 장면이다. 보관을 쓴 석가모니가 어깨 부근에서 양 손을 벌리고 교진여 등 다섯 비구에게 최초로『화엄경』을 설법하는 장면, 수닷타 장자가 제타 태자의 동산에 금을 깔아 기원정사를 건립하는 장면 등이 묘사된다.

제8상 <쌍림열반상>은 석가모니가 사라쌍수 아래서 열반에 드는 장면이다. 열반 소식을 듣고 온 제자와 대중들이 슬퍼하는 장면, 도솔천에서 석존의 열반 소식 듣고 하강한 마야왕비를 위해 잠시 일어나 설법한 장면, 가섭존자가 뒤늦게 도착하자 석가모니가 금관 밖으로 발을 내미는 장면, 관을 다비하고 사리가 나오자 사리를 나눠 갖는 장면 등이 그려진다.

이렇게 '팔상도'에서 표현한 부처님의 일생은 석가도 인간이었기에 생로병사를 피하지 못하셨으며 '태어나서(生) 나이가 들고(老) 병이 들

어(病) 죽음(死)'에 이르는 과정을 드라마틱하게 묘사한 일생도라 할
수 있다.

이처럼 조선시대 '팔상도'에서 매우 우아하고 귀족적인 풍모를 지
닌 모습으로 묘사되는 마야왕비는 『석씨원류응화사적』, 『월인석보』
등 여러 문헌들과 사적 자료에서 많이 찾아볼 수 있다. 이것은 마야왕
비를 석존의 어머니로서 뿐만이 아닌, 그 당시 민중들의 염원과 힘을
규합할 수 있는 구심점 역할로 존경받고 경배하는 대상으로 상징적인
의미를 갖추고 있는 것이라고 말할 수 있다.

4. 조선시대 불화 조성의 주체: 여성 발원자 및 시주자

조선시대 불화를 살펴보기에 앞서 고려시대 불화의 화기畵記에 기
록된 여성 발원자와 시주자를 간단히 살펴보면 왕실 여성과 귀족 여성,
관인의 부인, 비구니, 개인 여성 신도 등으로 매우 다양한 계층에서 불
화 조성에 참여하였음을 알 수 있다. 이는 고려시대 사회 및 불교의 성
격, 불교 신앙과도 밀접한 관련이 있다.[20]

고려시대 여성이 발원하고 시주한 대표적 불화가 몇 점이 있는데
첫 번째, 일본 경신사鏡神社 소장 '수월관음도'로, 왕숙비王叔妃[21]가 발원
한 것이다. 현재 화기가 남아있지 않지만 1812년 9월 7일 카가미진자鏡
神社를 방문한 과학자 타다타카伊能忠敬(1745~1818)가 남긴 기진명寄進銘

---

20 김정희, "고려불화의 발원자와 시주자," 「강좌미술사」 38호 (한국미술사연구소/한국
   불교미술사학회, 2012), 252-253 참조.
21 『高麗史節要』第21卷 忠烈王 23年(1297) 8月 條. 왕숙비는 후에 淑昌院妃(숙창원
   비)로 봉해진 숙비 김씨이다. 불심이 깊었던 왕숙비는 수월관음도 화기에 발원 내용을
   자세히 밝히지는 않았으나 1308년에 충렬왕이 승하하신 것으로 보아 아마도 충렬왕
   의 영가천도를 위해 조성한 것으로 생각된다.

에 의하여[22] 1310년 5월 왕숙비를 발원주로 하여 금우金祐·이계李桂·임순林順·최승崔昇 등 네 명의 화가가 조성했다고 알려져 왔다.[23] 둘째, 1320년에 조성된 일본 지은원知恩院소장 '지장시왕도'로 이 불화는 선공사승繕工寺丞[24] 金○과 완산군 부인完山郡 夫人 李○가 발원한 불화이다. 중위관료인 金○와 함께 불화를 발원한 완산군부인完山郡夫人 李○은 아마 고위관료의 처였던 것으로 보인다.[25]

셋째, 고려시대 불화는 귀족들이 발원, 시주한 것뿐만 아니라 개인 또는 소규모의 신도, 향도 조직 등에 의해 조성된 것도 있다. 대표적으로 일본 인송사隣松寺 소장 1323년 '관경변상도', 일본 법은사法恩寺 소장 1330년 '아미타삼존도', 일본 친왕원親王院 소장 1350년 '미륵하생경변상도' 등이다. 1323년에 조성한 일본 인송사隣松寺 소장 '관경변상도'는 승려들과 일반인, 낙산하인洛山下人 10명, 양주접楊州接 4인, 호장戶長 박영견朴永堅을 비롯한 중도접中道接 8인, 양주楊州 여향도女香徒 등의 시주로 조성되었다.[26] 이 불화에 발원자 또는 시주로 참여한 사람들은 1~2명을 제외하고 모두 평민으로 볼 수 있으며, 이들 중에는 비구, 비구니를

---

22 이 寄進銘은 伊能忠敬의『測量日記』에 기록되어 있었으며, 1979년 7월 唐津市圖書館長 富岡行昌의 제보에 의해 알려졌다고 한다. 전후의 사정에 대해서는 平田 寬,「鏡神社所藏楊柳觀音畵像再考」,『大和文華』72(大華文華館, 1984. 12), 1-18에 자세히 적혀있다. 김정희, 앞 논문, 253 참조.

23 화기는 다음과 같다. "畵成至大三年五月日 願主王叔妃 畵師內班從事金祐文翰畵直待詔李桂同林順同宋連色員外中郞崔昇等四人" 강희정, "高麗 水月觀音圖의 淵源에 대한 再檢討,"「미술사연구」8(미술사연구회, 1994), 3-32.

24『高麗史』第76卷 志 第30 百官1 繕工寺. 선공시란 토목공사와 궁궐 및 관청의 營繕을 담당한 관청이며 丞은 종6품에 해당하는 관직이다. 따라서 金○는 고위관료가 아닌, 중위관료라고 할 수 있다. 김정희, 앞 논문, 260 참조.

25 화기는 다음과 같다. "延祐七年正月日」畵」○○○保○兼」繕工寺丞金○」完山郡夫人李○」", 김정희, 앞논문, 261 참조.

26 김정희, 앞 논문, 267 참조.

비롯하여 이름자도 없는 양주 여향도들(여신도들)이 다수 포함되어 있다.27

조선 전반기 15세기에는 왕실 여성들의 불사에 대한 기록은 많은 편이다. 실록에 의하면 성종 21년(1490)에는 인수대비와 인혜대비가 정희왕후의 유지를 받아 해인사를 중수하였는데, 대적광전과 법보전 불상을 개금하고 보수하였다는 기록이 있다.28 정업원淨業院과 자수궁慈壽宮에 왕비와 후궁, 군부인 등이 모여서 선왕先王과 대군大君의 명복을 빌기도 하였다.29 또한 수종사 팔각 오층석탑에서 발견된 불상군佛像群도 비빈들이 발원하여 조성한 것으로 비빈들의 불사 활동을 잘 보여준다.30

조선 후반기에는 전반기 때와 비교할 수 없을 만큼 많은 기록들이 남아있으며 특히 불화의 화기를 통해서 궁궐과 재가자 여성 신도들이

27 화기는 다음과 같다. "龍朔○治三年癸亥四月/日/ 同願內侍徐智滿畵/幹善道人心幻/同願道人智鐸/ 同願林性圓/同願李氏/洛山下人/僧英訓/ 尼僧某伊/ 古火三伊男/ 祿豆女/ 善財女/福莊女/山柱女/ 故明伊女/古火伊女/ 秀英伊女/ 楊州接/延達伊男/仇之伊女/今昔寶女/無將伊男/中道接/戶長朴永堅/鄭奇/僧石/前/縛猊伊女/加左只伊女/五味伊女/防守男/燕芝女/ 十方施主楊州女香徒等/" 이름 앞에 낙산하인, 양주접, 중도접, 양주여향도라고 한 것을 보면 뜻을 같이한 여러 지역의 사람들이 모여서 불화를 조성했음을 알 수 있다. 여기서 洛山下人은 '낙산 아래 사는 사람' 또는 '낙산사 아래 사는 사람'으로 생각되는데, 비구, 비구니와 뜻을 함께 한 것으로 보아 낙산사 아래 사는 사람으로 보는 것이 맞을 것 같다. 양주는 고려시대에 경기 남부·강원 일부·충청의 대부분을 차지하던 楊廣道의 중심인 南京으로서 界首官의 지위에 있었던 중심지였으며, 중도는 楊廣道 중에서도 보통 대전지역을 중심으로 한 지역을 말한다. 『高麗時代의 佛畵』(시공사, 1997), 81 도55 해설
28 『해인사 비로자나불 복장유물 특별전, 서원』(해인사 성보박물관, 2008); 오은주, "조선 15세기 왕실발원 불상연구," 고려대학교 대학원 석사학위논문, (2017), 15 참조.
29 김정희, "1465年作 觀經16觀變相圖와 朝鮮初期 王室의 佛事," 「강좌미술사」 19호 (2002), 한국미술사연구소/한국불교미술사학회, 60 참조.
30 강희정, "조선 전기 불교와 여성의 역할: 불교미술의 조성기를 중심으로," 「아시아여성연구」 41(2002), 숙명여자대학교 아시아여성연구소, 281; 오은주, 앞논문, "〈표2. 記錄에 보이는 15世紀 王室發願 佛事〉," 16-20 참조.

발원자와 시주자로 얼마만큼 불사에 적극적으로 참여하고 있는지 살
펴볼 수 있다. 수많은 조선 후반기 불화 가운데 예배도로서 대표적인
괘불화 몇 점을 예를 보면 다음과 같다.

첫째, 경기도 남양주 봉선사 <삼신괘불도>는 1735년 조성으로『화
엄경』중심의 '비로사나삼신불毘盧舍那三身佛' 즉, 법신 비로자나불, 보신
노사나불, 화신 석가모니불인 세 부처의 화엄설법 장면을 그린 괘불도
이다. 18세기 서울·경기지역의 대표격인 봉선사 <삼신괘불도>의 화기
에는 "옹정 13년인 1735년 9월 상궁 이성애가 영빈 김씨의 영혼이 하루
속히 유루의 업을 떠나 무루의 과를 얻기를 기원하며 조성하였음"을 알
수 있다. 즉, 숙종의 네 번째 후궁이었던 영빈 김씨의 영가천도를 위해
상궁 이성애가 조성한 왕실 발원 불화이다.[31]

둘째, 서울 흥천사 <비로자나삼신괘불도>는 1832년 조성으로 주
상전하인 순조와 왕비, 효명세자孝明世子(1809~1830)의 부인과 아들인
빈궁(후에 조 대비)과 세손(후에 헌종), 순조(1790~1834)의 장인이자 정조
대부터 고위관직을 역임한 김조순金祖淳(1765~1832)을 비롯하여 왕실
척족에 의해 이루어졌다.[32] 즉 왕실의 안녕을 위해 순조의 장인 김조순
을 비롯하여 정조의 딸인 숙선옹주와 부마, 순조의 딸인 명온공주·복온
공주·덕온공주와 부마들 등 왕실 척족과 상궁 등이 대거 불사 시주에

---

31 고승희, "남양주 봉선사 삼신불괘불도 도상 연구,"「강좌미술사」38호(2012), 한국미
   술사연구소/한국불교미술사학회, 참조.
32 김조순은 조선 말기 대표적인 왕실 척족으로 그의 불사 후원에 대해서 정확히 알려진
   바는 없지만 그의 아들인 金佐根(1797~1869)을 비롯하여 손자 등이 불화의 화기에
   서 시주자로 확인된다. 유경희, "조선 말기 王室發願 佛畫 연구," 한국학중앙연구원
   박사학위논문, (2015), 180-181; 고승희, "흥천사 비로자나삼신괘불도 연구,"『六百
   年 王室願刹 서울 興天寺 佛畫』한국미술사연구소 학술연구총서 40호, (한국미술사
   연구소/한국불교미술사학회, 2019), 52-69 참조.

참여하여 조성한 왕실발원 괘불화로 주목된다. 흥천사에는 괘불도 외
에도 상궁들이 시주하여 조성한 극락전 아미타불회도(1867년)도 전해
오고 있다. 화기는 다음과 같다.

道光十二年壬辰三月二十一日/ 漢陽東三角山新興寺常住掛佛奉
安錄/奉祝文/ 主上殿下庚戌生李氏龍樓萬歲/ 王妃殿下己酉生金
氏聖壽無疆/ 嬪宮邸下戊辰生趙氏壽星永曜/ 世孫邸下丁亥生李
氏龍田種德/檀錄/ 永安府院君乙酉生金氏/ 永明都尉癸丑生洪氏
/ 淑善翁主癸丑生李氏/ 東寧都尉庚午生金氏/ 明溫公主庚午生李
氏/ 昌寧都尉乙酉生金氏/ 福溫公主戊寅生李氏/ 德溫公主壬午生
李氏/ 尙宮辛卯生崔氏/ 尙宮庚子生徐氏/坤命庚戌生○氏/ 坤命
丙辰生崔氏/ 信女辛丑生玄氏滿月花/緣化秩/ ….

셋째, 서울 화계사 <아미타괘불도>는 1886년 조성의 불화로 서양
화법의 음영법陰影法을 적극 활용한 특징을 갖고 있다. 우측 화기에는 대
시주자와 불사 동참자 명단에 대한 내용과 끝부분에는 발원문을 적고
있다. 대시주자와 동참자를 보면 왕실 내명부의 '상궁'을 내세워 시주
및 불사를 주도하고 있다. 불사를 실질적으로 이끌고 있는 대시주자는
'봉령奉命 신臣 상궁尙宮… 대왕대비… 지심봉축至心奉祝' 또는 '봉명奉命 신
臣 상궁尙宮… 왕대비… 지성봉축至誠奉祝'으로 끝을 맺고, 동참자는 '상궁
尙宮…'으로 되어 있다. 즉, "명을 받들어 신하 상궁갑술생천씨대덕혜尙
宮甲戌生千氏大德慧가 지심으로 대왕대비전하무진생조씨大王大妃殿下戊辰生趙
氏의 옥체 안녕과 무탈 장수하기를 지심으로 축원한다"라는 것과 "명을
받들어 신하 상궁계묘생박씨대덕심尙宮癸卯生朴氏大德心이 지성으로 왕대
비전하신묘생홍씨王大妃殿下辛卯生洪氏의 옥체 안녕과 무탈 장수하기를 지

성으로 축원하며 엎드려 기원한다"라는 내용을 담고 있어 왕실발원 불화임을 잘 보여준다. 그리고 불사 동참자로는 상궁 갑술생천씨대덕혜, 상궁 무진생김씨천진화, 상궁 신묘생남씨보적화, 상궁 계미생양씨 등이 등장하고 있다.[33] 화면의 우측 화기는 다음과 같다.

大施主秩/ 奉命/ 臣/ 尙宮甲戌生千氏大德慧/ 至心奉祝/大王大妃殿下戊辰生趙氏玉體安寧聖壽無疆/ 奉命/ 臣/ 尙宮癸卯生朴氏大德心/ 至誠奉祝/
王大妃殿下辛卯生洪氏玉體安寧聖壽無疆/ 伏願/孝子辛未生趙東允/伏爲/
匹父忠憲公乙巳生豊壤趙氏寧夏靈駕/ 伏願/乾命庚午生李氏/ 坤命庚午生洪氏/ 兩主保體/同叅/尙宮甲戌生千氏大德慧/ 尙宮戊寅生金氏天眞華/ 尙宮辛巳生南氏寶積華/ 尙宮癸未生梁氏/ 乾命癸卯生申萬億/ 坤命丁未生崔 氏/兩主保體/ ….[34]

현재 남아있는 조선 후반기 120여 점의 괘불화 가운데 18~20세기 서울·경기지역의 괘불화는 약 30여 점으로 왕실의 후원을 받거나 직접 발원과 시주로 조성된 불화가 대다수를 차지한다. 이렇게 순조에서 순종대에 이르기까지는 어려운 사회상을 반영하듯 민중들의 의식변화에 따른 의지처가 요구되었고 또 불교에 의지함으로써 왕실 안녕과 함께 태평 성대하기를 바라는 왕실의 간절한 바람에 있었던 것이다. 특히 왕

---

33 고승희, "삼각산 화계사 아미타괘불도연구," 「강좌미술사」 79호(2017), 한국미술사연구소/한국불교미술사학회, 참조.
34 『조선시대 기록문화재 자료집 I』, 한국미술사연구소 학술연구총서 17호, (한국미술사연구소/한국불교미술사학회, 2011), 104 참조.

실발원 괘불화의 경우 시주자를 드러낼 경우에는 '상궁'을 표면에 내세
우고 있음이 확인된다.

넷째, 안성 운수암에 소장하고 있는 불화를 살펴보면, 1873년에 조
성한 아미타후불도와 현왕도는 대시주자 명단이 동일하다. 대시주자
는 대원위경진생 이씨, 부대부인 무인생 민씨, 장자 을묘생 이씨, 곤명
갑진생 홍씨, 여식 신유생 아지, 상궁 을유생 문씨, 상궁 갑신생 김씨 등
이 대시주로서 후원하고 있다. 그리고 일반 시주자로 오성선, 박례진,
안곡, 차암회, 차봉운, 차갑성, 차대길, 이봉린, 한진옥, 정팔백, 김삼종,
이하○, 한삼철, 이왕봉, 김치복 등으로 시주한 사람은 모두 22명이다.
이렇게 대원군 부부와 그의 아들이 함께 대시주로 등장하고 있으며 이
들과 함께 기록된 상궁 2명이 등장한다.

상궁 '을유생 문씨'와 '신유생 김씨'는 청신녀[35]로서 운수암의 화주
로 후원을 이끌고 있는데, 흥선대원군, 부대부인 민씨, 상궁들임을 살
펴볼 때 宮과 일정 부분 관계가 있는 것을 알 수 있다. 그리고 대시주자
와 구분하여 별도로 일반 시주질에 명기된 이들은 인근 지역 민중들로
추정된다.

다섯째, 안성 칠장사에 소장된 불화 몇 점을 살펴보면, 먼저 1886년
조성의 대웅전 신중도는 이름자가 많이 훼손되었지만,

---

35 사찰의 청신녀로 기재되는 신분은 다양하게 존재할 수 있는데, 19세기 화기에 등장하
는 청신녀들의 신분을 일반적으로 분류해 보면 궁에서 생활한 이후 출궁하면서 사찰
에 거주하는 여성들이 다수 등장하는 것을 살펴볼 수 있다. 또한 인근 칠장사의 19세
기 불화의 경우 상궁 천씨의 적극적인 후원이 보이며, 그녀를 상궁청신녀라는 신분으
로 표현으로 기록하고 있다. 홍윤식, 『한국의 불화 화기집』 1, (가람연구소, 1995);
황현정, "19세기말 왕실의 안성지역 사찰후원," 『지방사와 지방문화』 15권 2호(2012),
역사문화학회, 참조.

… 甲子生○○○○/ 봉모奉母○花○/ ○增○○富生○○七/ 丙
○生兪氏○○○/童子眞○○○/ 亡父庚申生○○○/○ 亡祖母竹
山○○氏○○○/ 亡增祖父丙子生玄○○/ 乾命甲戌生○命○/ 坤
命李氏兩位 乾命乙卯生○○○/ 坤命壬子生○○○/ 童子○○○
○○○/ …"36

로 기록되어 있다. 이는 어머니를 위해서 갑자생甲子生○○○, 아들을
위한 유씨兪氏○○○, 죽산竹山의 망부亡父와 망조모亡祖母를 위해, 망증
조병자생亡曾祖父丙子生○○○, 여성 이씨李氏의 부부, 을미생乙卯生○○○
남성의 시주, 임자생壬子生○○○ 여성의 자식을 위한 시주가 확인된다.

또한 1888년 조성한 대웅전의 후불도와 원통전 신중도는 시주자가
같은데,

… 곤명계추생윤씨추파서장坤命癸丑生尹氏秋坡瑞璋/ 상궁을유생천씨응
해응호尙宮乙酉生千氏應海應湖/ 비구니比丘尼 재일載日/ 도원道元/ 낭규琅
奎/ 태수泰守/ …

으로 계축생 윤씨, 을유생상궁 천씨 그리고 비구니 재일, 도원, 양규, 태
수 등, 여성 신도와 비구니들이 시주해서 조성한 불화이다. 대웅전과
명부전의 '지장보살도', 원통전의 '현왕도'의 불화도 앞서 살펴본 대웅
전 후불도와 원통전 신중도 시주 명단에 기록되어 있는 상궁 '천씨'와
비구니 '태수'가 함께 시주하고 있다. 그러므로 아마도 이 시기 칠장사
불화 조성을 주도하였던 인물이라고 볼 수 있겠다.37

36 『조선시대 기록문화재 자료집 I』, 한국미술사연구소 학술연구총서 17호, (한국미술사
연구소/한국불교미술사학회, 2011), 178-182 참조.

III. 민중들의 존경과 경배의 대상 마야왕비

'팔상도'에서 표현된 부처님의 일생은 석가도 인간이었기에 생로병
사生老病死를 피하지 못하셨으며, '태어나서(生) 나이가 들고(老) 병이 들
어(病) 죽음(死)'에 이르는 과정을 드라마틱하게 묘사한 일생도라고 할
수 있다. 이러한 '팔상도'는 임진왜란과 병자호란 이후 사찰 재건 과정
에 나타난 불사佛事였는데, 전쟁에 참여한 승병僧兵의 공으로 승려들의
사회적 지위가 높아지게 됨에 따라 불교계가 중흥의 기회를 가지게 된
것이었다.

또한 조선시대 불교계는 일반 민중들을 포교하기 위해 다양한 민간
신앙을 불교에 차용하였고, 한글로 번역한 많은 불교 의례집을 간행하
였다. 그 결과물로서 왕실 발원의 『월인석보』는 불교의 어려운 교리가
아닌 석가모니의 일대기를 이해하기 쉽게 시각적인 효과로 표현한 '팔
상도'를 통해 민중들이 불교에 한 걸음 다가갈 수 있도록 하는 교화적인
측면이 강했다. 또한 '팔상도'를 통해 중국과의 문화교류의 연관성을
볼 수 있었는데, 당시 불교를 민중들에게 널리 교화시키기 위해 그림으
로 석가모니의 생애를 도해함으로써 명대 사원 벽화로 불전도가 많이
조성되었는데, 이는 조선 후기 '팔상도'에까지 영향을 주었다고 할 수
있다.

이러한 불화는 상궁, 비구니, 재가 여성 신도 등 여성들이 대거 참여
하여 조성되었음을 알 수 있는데, 예를 들면 칠장사 불화들은 여성이
남편과는 별도로 시주하는 양상을 많이 볼 수 있으며, 여성이 주된 후

---

37 황현정, "조선 후기 안성지역 불사와 후원자 연구," 한국교원대학교 대학원 박사학위
논문, (2012), 67-74 참조.

원자가 되어 조성된 불화가 상당수 있었음을 파악할 수 있다. 즉, 이 시기의 여성들은 불화 조성에 있어서 사회적·경제적으로나 정신적·종교적 역할을 도맡아 인정받고 영향력을 행사하였던 것이다. 또 이러한 여성의 발원과 시주로 불교의 기복적 성격이 더 두드러지게 나타나는 경향이 자리 잡고 있음을 알 수 있으며, 비구니 승려들의 활달한 참여로 종교적 위치도 한층 높아졌음을 시사하고 있다.

조선시대는 억불정책으로 인하여 불교가 크게 위축된 시기였다. 그러나 16세기 이후 문정왕후의 불교중흥정책과 양난으로 인해 소실된 사찰들을 중창하는 과정에서 불교미술도 꽃을 피우는 시기로 재탄생하게 된다. 특히 불화의 화기에서 살펴볼 수 있듯이 왕실 관계 여성 신도들, 비구니, 재가 여성 신도들의 적극적인 불사 의지로 조선시대 불교와 불교미술은 다시 부흥하게 되었으며, 지금까지 계승하고 발전해 나아갈 수 있는 원동력이 되었던 것이다.

더욱 중요한 것은 조선시대 '팔상도'에서 매우 우아하고 귀족적인 풍모를 지닌 모습으로 묘사되는 마야왕비는 『석씨원류응화사적』, 『월인석보』 등 여러 문헌들과 사적 자료에서 찾아볼 수 있다. 이것은 마야왕비가 석존의 어머니로서 뿐만이 아닌 그 당시 민중들의 염원과 힘을 규합할 수 있는 구심점 역할로 존경받고, 경배의 대상으로서 상징적인 의미를 갖추게 된 것이라고 말할 수 있다.

제4부

마야왕비에 대한 현대적 재해석

마야왕비에 대한 불교여성주의적 재해석 / 옥복연
가톨릭교회의 성스러운 어머니, 나자렛의 마리아
: 가톨릭교회의 성모 마리아와 마야왕비 비교 연구 / 최우혁 미리암

마야왕비에 대한 불교여성주의적 재해석

옥복연*

I. 여성이 지워진 불교사에서 마야왕비 찾기

"석가족의 깨달은 자, 붓다가 여기서 탄생하셨도다."

붓다의 사후 300여 년이 지난 후 인도를 통일했던 아쇼카대왕은 인도의 룸비니동산에 거대한 석주를 세워서 붓다의 탄생을 증명했다. 이로 인해 붓다가 실존 인물임이 확인되었으니, 그를 낳은 어머니도 실제로 존재했음을 알 수 있다. 이 룸비니동산에는 마야데비사원The Mayadevi Temple이 있다. 데비devī는 빠알리어[1]로 여왕, 여신을 의미하므로, 이 사

---

* 종교와젠더연구소 소장
1 빠알리어는 붓다 재세시 붓다께서 사용한 지방 언어로, 붓다의 가르침에 가장 가깝다고 알려진 '초기 경전'이 기록된 언어이다.

원은 마야왕비, 혹은 마야 여신을 경배하는 사원이라고 할 수 있다. 이
곳에는 불교사에서 매우 중요한 두 가지 유물이 있다. 하나는 마야왕비
가 나뭇가지를 붙잡고 서 있고, 그 옆에는 방금 태어나 연화대 위에 서
있는 싯다르타를 천신들이 성스러운 물로 씻기는 모습의 조각이다. 또
하나는 사원 지하에 있는 아기 붓다의 발자국 표지석으로, 마야왕비가
아기 붓다를 낳은 것을 기념하는 것으로 추측할 수 있다.

　'마야데비사원'은 11세기경에 힌두인들이 지은 것으로 알려져 있는
데, 이는 마야왕비가 힌두인들에 의해 여신으로 추앙받았음을 짐작할
수 있다. 마야왕비는 불교를 창시한 붓다를 낳은 어머니인데, 불교인들
이 아니라 힌두인에 의해서도 여신으로 추앙받았다는 사실은 매우 흥
미롭다.

마야데비사원이 있는 룸비니동산

마야데비사원과 아소카석주

마야데비사원 내부 안내도: 붓다의 탄생을 묘사한 부조와
발자국 표지석이 있음을 설명하고 있다.[2]

　　대부분의 영웅 신화에 등장하는 영웅들이나 종교 창시자들의 탄생
신화를 사실 그대로 받아들이기는 쉽지 않다. 왜냐하면 그 사실을 증명
할 수 있는 정확한 기록이나 유적들이 남아있지 않거나, 영웅서사를 위
해 과장하거나, 종교 지도자를 신비화하는 경우가 많기 때문이다. 불교
창시자인 붓다의 탄생 서사도 그가 인간으로 태어나기 이전의 많은 이
야기들이 전생담前生談[3]과 함께 전해져오고 있는데, 붓다를 낳은 마야왕
비에 대해서는 우리에게 알려진 이야기가 그리 많지 않다.

---

2 현재 마야데비사원의 내부 촬영은 금지되어 있다.
3 불전간행회 편/이미령 역,『본생경 – 석존의 전생』1, 2 (서울: 민족사, 1995)를 참고하
　기 바란다.

그나마 마야왕비에 대한 언급은 주요 경전에서 아주 짧게 등장하고 있는데, 그 역할이나 품성 그리고 위상을 보면 놀라지 않을 수 없다. 예를 들어『본생경本生經』에 의하면, 붓다가 아직 세상에 나오지 않고 도솔천에서 보살로 있을 때, 누구를 어머니로 선택할지 세상을 둘러보다가 마야왕비의 뛰어난 품성을 보고 "저 여인의 태에 들리라"라며 그녀를 붓다를 낳을 어머니로 선택한다. 마야왕비는『지장경地藏經』이나『본생경』에서는 수많은 부처를 낳았고,『불모경佛母經』에서는 붓다께서 어머니의 은혜에 보답하고자 잠시동안 다시 살아나서 법문을 하기도 하고,『법화경法華經』에서는 7일 만에 돌아가셨지만 도리천에서 환생하시어 붓다의 가르침을 듣고,『마하마야경摩訶摩耶經』에서는 성스러운 단계인 수다원과에 오른다.

불교에서 경전이 집필되기까지는 '수백 명의 비구'들이 한자리에 모여 엄격하게 심사해서 불설佛說로 승인하는 '결집結集' 과정을 거친다.[4] 즉 경전이란 비구들에 의해서 경전에 포함될 내용이 선택되고, 기록되고, 암송되어 후대로 전승되는데, 비록 적은 분량이지만 마야왕비의 이야기가 일부 초기 경전과 대승경전에 남아있는 것만으로도 다행이라 할 수 있다. 그런데 이 제한적인 자료만 봐도 이처럼 위대한 여성이 또 있을까 감탄할 정도이지만, 그녀와 관련된 연구는 거의 없다.

이웃 종교에서 예수의 어머니 마리아는 탄신일부터 승천일까지 교회의 특별한 예식으로 축일을 만들어 경배하고 있는데 비해, 붓다의 어머니인 마야왕비의 위상은 참으로 미약하기 그지없다. 불교인들이 붓다의 탄신일을 가장 중요한 행사로 여김에도 불구하고 왜 마야왕비는

---

4 조준호, "불교 경전의 결집과정과 논쟁점,"「불교평론」44호(서울: 인북스, 2010). 72-96.

지워지고, 축소되고, 또 잊히고 있을까? 지워진 마야왕비의 이야기를 어떻게 발굴해서 유용한 과거로 재해석할 수 있으며, 또 어떤 위치로 자리매김할 수 있을까?

이 글은 불교사에서 여성의 이야기가 왜 잊히고 있으며 지워진 여성의 역사를 어떻게 다시 회복할 것인지 등에 대해 불교여성주의적 관점[5]에서 살펴보고, 마야왕비가 단지 꼴리아국의 공주, 숫도다나대왕의 부인, 싯다르타의 어머니라는 종속적인 위치가 아니라, 불모佛母이자 성모聖母인 위대한 여성 마하마야MahāMāyā로 위상을 정립하고자 함이 목적이다. 그리하여 오늘날까지 불교 문화에 뿌리내리고 있는 열등하고 부정적인 여성관을 극복하고, 여성 불자들에게 여성으로서의 자긍심을 불러일으키며, 유용한 여성의 이야기를 발굴하여 완전한 불교 역사가 새로 쓰이는 데 조금이나마 도움이 되기를 기대한다.

II. 역사에서 지워진 여성 이야기의 복원

1. 여성이 지워진 역사는 미완의 역사

불교는 타 종교와 달리 교주인 붓다의 삶에 대한 기록은 상대적으로 많지 않은데,『숫타니파타』나 율장, 초기 경전인 5부 니까야,『본생

---

5 이 글에서 불교여성주의란 "여성이 억압받고 있는 현실에 대한 자각과 함께 이러한 억압이 사회적으로 구성되었기 때문에 변화 가능함을 인식하고, 불교 사상을 기반으로 여성해방은 물론 궁극적으로는 온 생명의 존귀함과 평등을 성취하기 위한 실천이론"으로 정의한다. 옥복연, "한국불교 조계종단 종법의 성차별성에 관한 여성주의적 연구," 박사학위 논문(서울대학교 대학원, 2013), 9 참고.

경』등 약 20여 종 등이 전부라고 할 수 있다. 그 형식도 붓다가 제자들에게 특별한 가르침을 설할 때 보충 설명을 하거나 예시를 드는 방식이 대부분이다.6 생애사에 대한 저술 시기도 붓다 사후 약 400~500년이 지난 후에 나타나는데, 이는 불교가 붓다의 삶보다는 가르침을 더욱 중시했기 때문으로 짐작된다.

한국불교는 1920년대 이후 근대화 과정을 거치면서 미신적인 요소들이 어느 정도는 정리가 되었다. 그리하여 붓다는 정반왕과 마야부인 사이에서 태어난 인간의 자식임을 주장하는 등 인간적인 측면이 중시되기도 하였는데, 그럼에도 불구하고 마야왕비는 아주 짧게 거론되거나 학계에서의 연구도 매우 부족하다.7 불교를 창시한 붓다의 일생에서조차 마야왕비의 이야기가 지워지거나 제대로 기록조차 되지 않는데, 그 이유는 무엇일까? 여성주의에서는 종교가 고대 철학과 함께 가장 오랫동안 여성 억압의 이데올로기로 작동하면서 부정적이고 열등한 여성 정체성을 전승해 왔고, 여성 스스로 성차별을 내면화하는 데 일조했다고 본다.8 그 결과 전해오는 역사는 여성의 역사가 지워진, 철

---

6 김숙이, "불소행찬을 통해 본 불타 전기연구," 동국대학교석사학위 논문(동국대학교대학원, 2003), 4.

7 마야왕비와 관련된 주요 연구논문들은 다음과 같다. 안양규, "마야(Māyā) 부인의 죽음에 관한 연구,"「불교연구」제42호 (서울: 한국불교연구원, 2015), 14; 김성옥(2016), "석가여래행적송, 라훌라 탄생설화에 대한 일고찰,"「불교학보」제76집(서울: 불교문화원), 59-81; 마성, "붓다의 탄생(誕生),"「설법연구」2003년 9월호 (서울:대한불교진각종, 2003), 12-19; 고미네 가즈야키 · 노요환, "수유와 신화학: 마야와 마리아,"「한자한문연구」11(서울: 고려대학교 한자한문연구소, 2016), 101-126; 김석진, "마야부인의 영몽탁태에 대한 소고,"「僧伽」Vol.6 (김포: 중앙승가대학교출판부, 1989), 43-51; 최유진, "한국 우란분재의 역사적 전개와 연희 양상,"「민속학연구」38호(서울: 국립민속박물관, 2016), 91-108.

8 거다 러너/강정하 옮김,『왜 여성사인가』(서울: 푸른역사, 2006), 24; 이수연 외 5인, "성별 갈등해소를 위한 젠더파트너십 구축방안,"「한국여성개발원 기타 간행물」Vol.

저하게 남성 중심의 역사라고 주장한다.

불교 신자의 다수를 차지하는 여성 불자와 출가자의 절반에 해당하는 비구니의 이야기가 빠진다면, 이는 정확한 불교사를 담아내지 못하는 것이다. 그러므로 지금이라도 지워지거나 삭제된 여성의 이야기를 복원해야 하는데, 이를 위해서는 여성의 관점에서, 여성에게 유용한 자료들을 재평가해서 복원시켜야 한다는 것이 교단 내 성평등을 강조하는 불교여성주의자들의 주장이다. '재평가', 혹은 '복원'이란 그동안 불교 내에서 숨겨왔던 여성에 대한 광범위한 성차별성을 드러냄과 동시에, 또 다른 한편으로는 원래 불교가 주장하던 해방과 평등사상을 회복하는 것이 목적이다.

그렇다면 2600여 년 전, 역사상 여성이 가장 억압받던 인도 사회에서 등장한 불교는 과연 성평등한 종교였을까? 일부 사람들은 불교가 고리타분하고 성차별적이며, 주로 할머니들이나 나이 많은 여성들이 복을 기원하는 종교로 여기기도 한다. 하지만 인간 평등과 해방을 주창하며 누구나 수행을 하면 깨달음을 얻을 수 있다고 주장하는 불교는 매우 성평등한 교리를 가지고 있음은 그 누구도 부정할 수 없다. 그런데 왜 여성은 성불할 수 없다거나 전생에 업業이 많아서 여자로 태어났다는 등, 여성 차별적인 문화가 고착되어 있을까?

불교 여성학자들은 성평등한 불교 교리가 그 전승 과정에서 가부장적 가치관이 첨가되었기 때문에[9] '재평가'나 '회복'이 요구된다고 주장한다. 마야왕비에 대한 재평가를 위해서는 가장 먼저, 경전이나 전설,

2006(서울: 한국여성정책연구원 한국여성개발원, 2006), 36-38.

9 Gross Rita, *Buddhism after patriarchy* (NY: State University of NY Press, 1993), 4-5; Faure Bernard, *The Red Thread: Buddhist Approaches to Sexuality* (NJ: Princeton University Press, 1998), 129 참조.

신화 등에 담겨 있는 기록들을 모아서 이를 시대적 환경이나 맥락에 따라 파악하고 불교여성주의적 관점에서 재해석해야 한다.

간혹 고고학적 증거나 문서에서 여성과 관련된 단서를 찾기도 하지만, 후대에 전해오는 전통에 남성 중심적인 편견과 왜곡이 존재할 수밖에 없는 이유는 남성만이 기록할 역사를 선택하고 쓸 수 있었기 때문이다. 여성 고고학자 마리아 김부타스는 역사를 기록되어 전해오는 내용만으로 한정한다면, 이는 가부장제를 강화하는 데 불과할 뿐이라고 주장한다. 실체적이고 해독 가능한 문자 기록을 가진 문화는 늘 가부장문화였기에, 일부 여성학자들은 문자 자체가 위계적 사회에서 사회적 통제를 위해 개발되었다고 주장하기도 한다.[10]

그러므로 여성의 역할이나 이미지와 관련된 경전 내용을 해석할 때는 가부장적 가치관에 오염되지 않았는지 의심과 비판의 관점으로 검증하고, 불교여성주의적 관점에서 재해석해야 한다.

2. 여성의 관점으로 복구되어야 할 여성의 이야기들

종교사에서 여성의 이야기들은 침묵으로 뒤덮여있고, 종종 말해지지 않은 채로 남아있으며, 거의 언제나 경전에 실리지 않고, 특히 이론보다는 종교 실천, 경험을 더욱 중시하는 경향이 있다.[11] 이는 불교에서도 유사한데, 불교여성주의는 불교 성차별의 원인을 권력과 위계구조로서의 가부장제로 보고, 남성 기록자에 의해 선별적으로 선택되고 기

---

10 Judith Plaskow and Carol P. Christ, *Weaving the Vision: Patterns in Feminist Spirituality* (NY: HarperCollins Publishers, 1989), 20.

11 리타 그로스/김윤성·이유나 옮김, 『페미니즘과 종교』 (서울: 도서출판 청년사, 2004), 104.

록된 역사에서 여성은 철저하게 배제되었다고 본다. 그런데 위대한 인류의 스승이자 불교를 창시한 붓다의 탄생이나 성장 과정에는 중요한 세 여성이 등장한다. 그 첫 번째는 마야왕비. 오랜 기다림 끝에 임신한 마야왕비는 열 달 동안 뱃속의 아이를 위해 온 정성을 쏟았고, 아이를 낳기 위해 친정으로 가다가 도중에 동산에서 아이를 낳고, 그러고는 7일 만에 사망한다.

마야왕비의 죽음에 관한 연구에서 안양규(2015)는 그녀의 사망 원인을 아홉 가지로 분석하고 있다.[12] 즉, 보살을 낳아 너무 기뻐서, 정해진 수명 때문에, 아들이지만 붓다로부터 예를 받을 수 없어서, 훗날 출가 시 너무 슬퍼할까 봐, 위대한 보살을 낳은 공덕의 과보를 받기 위해, 천신의 공양이 단절되어서 사망했다는 것이다. 그런데 나머지 두 가지 이유인 '붓다의 어머니로서 순결을 지키기 위해서'와 '보살이 머문 장소의 오염을 막기 위해서'라는 이유는 당시 가부장적 교단 내 순결 이데올로기와 여성 혐오가 매우 강력했음을 짐작할 수 있다. 순결을 지키고 자궁의 오염을 막기 위해서 어머니가 죽어야 한다면, 그 어머니는 붓다를 낳는 도구에 불과하다는 말인가?

붓다의 생애에 중요한 두 번째 여성은 아내 야소다라이다. 그녀는 싯다르타와 결혼하고 아들을 낳았지만, 출산의 고통이 채 가시기도 전에 남편이 떠나버렸다는 소식을 들었다. 그때 아내의 심정은 어떠했으며, 아들과 함께 궁궐에 남겨진 젊고 아름다운 아내의 삶은 어떠했을까?

세 번째 중요한 여성은 마하파자파티이다. 7일 만에 돌아가신 마야왕비를 대신하여, 자신의 아들보다 더 정성껏 싯다르타를 키운 양모養母이다. 그런데 훗날 붓다가 된 싯다르타에게 출가를 허락해달라고 간청

---

12 안양규, 앞의 논문, 34.

했지만 세 번이나 거절당했다. 온몸에 먼지를 뒤집어쓰고, 발이 퉁퉁
붓고, 제대로 먹지도 못하고 먼길을 걸어 붓다를 찾아와 출가를 허락해
달라고 애원했으나 거절당했을 때 그녀의 심정은 어떠했을까?

불교사를 통해 오늘날까지 전해지는 이 이야기만 보면 싯다르타는
어머니를 죽게 한 불효자이고, 부인에게는 무책임하기 그지없는 남편
이며, 양모에게도 냉정하기 이를 데 없는 아들이다. 이 세 여성과 관련
된 다른 이야기들이 잘 알려지지 않을 뿐만 아니라 상상할 만한 근거도
부족하기에, 불교는 성차별적이고, 고리타분하며, 보수적이라고 비난
할 수 있다.

하지만 경전을 자세히 보면, 마야왕비는 천상에 태어나 붓다의 설
법을 듣고 수다원과에 오르고, 아내 야소다라는 출가해서 여성 수행자
가 되고, 마하파자파티는 비구니가 지켜야 할 여덟 가지 계율(팔경계)13
을 약속하고서 세계 최초의 여성 수행자 집단인 비구니 승단을 이끈다.
이는 붓다가 페미니스트라고 하는 근거가 되기도 한다.

그런데 여성에 대한 이야기에 대해서는 잘 알려져 있건 혹은 그렇
지 않건, 불교사를 제대로 이해하기 위해서는 관점에 대한 일종의 방향
전환이 필수적이다. 왜냐면 기존의 남성 중심의 불교사는 남성들은 물
론 여성들도 이미 거기에 익숙해져서, 여성들에게조차 때로는 낯선 것
이 되기도 한다. 예를 들어 여성 붓다로 칭송받는 예세초겔에 대해 여
성 스스로 "어떻게 여자가 붓다가 된다는 말인가?"라며 매우 의아해하

---

13 '팔경계'는 사용된 용어나 형식 등을 볼 때 부파불교시대 만들어졌다거나, 여성의 출가
를 반대하는 세력의 반발을 무마하기 위해서라거나, 남성 중심의 인도 사회에서 강한
반발을 막기 위한 일종의 방편이라거나, 고타미비구니 1인에게 한정한다는 등의 주장
들이 있다. 옥복연, "다시 팔경계를 소환하며," 「불교평론」 62호(서울: 인북스, 2015),
310-330 참조.

기도 한다. 그러므로 불교 여성을 위한 정확하고 유용한 과거는 익숙한 것으로부터의 방향 전환이자 익숙하지 않은 것의 발견이라는 두 가지 사실이 결합이 되어 나타난다.

온전한 불교사가 완성되기 위해서는 여성들의 이야기를 기억하고 되살리며, 불교사에서 여성의 역할과 이미지를 발굴해서 유용하게 해설하며, 낯설어진 여성 이야기들은 자꾸 알려야 한다. 누락된 여성의 이야기를 첨가하고 수정해서 정확한 역사를 회복한다면 오늘날 교단에 뿌리 깊은 여성에 대한 편견이나 여성 혐오도 극복할 수 있다.

3. 지워진 여성 이야기를 복원하는 방법

여성 사학자인 거다 러너는 여성들이 인류사에서 주변적인 존재들로 기록되는 이유를 "역사를 기록한 가부장적 남성들의 '거대한 망각'이자 '선택적인 기억'"이라고 주장하며, 잃어버린 여성의 이야기를 재발굴하는 것을 중시해왔다.[14] 또한 불교여성주의는 불교가 여성 해방적인 근본 교리를 가지고 있음에도 불구하고 출가자 중심의 교단 운영 및 불교 역사에서 여성의 목소리나 성취가 왜곡되거나 삭제된 것을 크나큰 실패로 규정하고, 그것을 드러내어 담론화하고자 했다.[15]

그렇다면 불교사에서 여성의 이야기를 복원하기 위해서는 무엇을 해야 할까? 어떻게 하면 지워지고 삭제된 여성의 이야기를 다시 찾을 수 있을까?

---

14 거다 러너, 앞의 책, 149.

15 Sponberg, Alan, "Attitude toward Women and the Feminine in Early Buddhism," ed. by Jose Ignacio Cabezon, *Buddhism, Sexuality, and Gender* (NY: State University of New York Press, 1992), 24.

이를 위해서 첫째, 경전을 여성의 관점에서 적극적으로 해석해야 한다. 불교 경전의 올바른 이해를 통해 원전에 내재하고 있는 숨은 의미를 여성의 관점에서 재해석하는 창조적 작업이 필요하다. 또한 붓다의 가르침은 대기설법이나 차제설법에서처럼 어떤 특수

인도 여성의 일상

한 상황이나 맥락 속에서 설해지므로, 경전을 해석할 때는 자구에 얽매이기보다는 상황과 맥락에 따른 해석이 요구된다.

둘째, 경전이나 주석, 해설서 등에 등장하는 위대한 여성들의 흔적을 여성주의적 관점으로 재해석해야 한다. 경전에는 아직도 삭제되지 않은 위대한 여성들의 흔적이 남아있기도 한데, 예를 들면 초기 경전에는 교단에서 매우 중요한 역할을 했던 몇몇 인물의 어머니 이름이 남아있다. 당시는 딸을 땔감 한 다발과 바꿀 정도로 여성의 지위가 열악한 시절이었음에도 불구하고, 뛰어난 남성의 이름에 어머니의 이름이 남아있다는 것은 여성의 지위나 역할에 대한 재해석의 실마리가 될 수도 있다. 예를 들면, 밧지국을 멸망시키고 꼬살라국을 병합했던 아자따쌋뚜는 마가다국의 왕과 베데히왕비의 아들videhiputta이고, 마하가섭Maha Kassapa은 아버지는 까삘라Kapila와 어머니 쑤마나데비Sumanādevī 사이에

재가 여성인 수자타가 깨달음을 얻기 직전인 싯다르타에게 공양을 올리는 장면의 불상, 수자타
의 공양을 받고 수행을 한 싯다르타는 깨달음을 얻고 붓다가 되었으며, 수자타는 최초의 재가
여성 불자가 되었다(인도 수자타사원).

서 태어났으며, 앙굴리말라의 아버지는 각가이고, 어머니는 만따니로
기록되어 있다.[16]

　붓다 재세 시 사용되었던 언어인 빠알리어에서 '뿟따putta'라는 단어
의 뜻은 '자식', '아들'이라는 뜻으로, 초기 경전에서는 어머니 이름 뒤
에 붙여서 '누구의 아들'로 표기되거나 어머니의 이름을 따오기도 했
다. 예를 들면 붓다의 제자 가운데 지혜가 가장 뛰어난 사리불사리뿟따,
Sāriputta은 '사리Sāri라는 여인의 아들putta'이라는 뜻이며, 붓다의 제자 가
운데 신통력이 가장 뛰어난 목련존자목갈라나, Moggallāna도 목갈리Moggalī
라는 어머니의 이름에서 따왔다.[17] 높은 계급일수록 부모 양쪽의 혈통

---

16 전재성, 위의 책, 86; 977.

의 순수성을 중시했을 것이라는 측면도 있지만, 어쨌든 어머니는 이름을 가진 존재로 존중받았음을 짐작할 수 있다.

셋째는 지워진 여성 이야기를 되살리기 위해서는 여성에게 유용한 자원들을 찾아 이를 적극적으로 널리 알려야 한다. 예를 들면 '여성불성불론女性不成佛論'(여성은 성불할 수 없다는 주장)[18]이나 '여인오장설女人五障說'(여성은 전륜성왕, 제석천왕, 범천왕, 마왕, 정등각이 될 수 없다는 주장)처럼 부정하고 열등한 여성 담론들은 붓다의 인간 평등사상에 맞지 않는, 남성중심적인 사고방식에 오염되었음을 주장해야 한다. 그리고 여성성불론女性成佛論(여성은 성불할 수 있다는 주장)이나 붓다께서 직접 칭송한 '붓다의 재가여성 십대 제자'의 이야기를 널리 알려야 한다.[19] 붓다를 유혹했던 악마 빠삐만의 세 딸은 유혹자가 아니라 극복해야 할 탐·진·치의 상징으로 해석하고, 깨달음을 성취한 비구니들의 게송이 담긴 『테리가타Therīgāthā』[20]가 가부장적 교단 문화에도 불구하고 위대한 비구니들의 이야기를 담고 있음을 알려야 한다.

특히 여성 종교지도자의 자전적 이야기도 매우 중요한데, 예를 들면 여성 붓다로 추앙받았던 예세 초겔은[21] 닝마파 법맥도(법의 제일 처

---

17 거해스님, 앞의 책, 70-87.

18 여성성불론과 관한 연구들에 나타나는 공통점은 초기 불교는 긍/부정적인 여성관이 혼재되어 나타나며, 부파부교는 여성 혐오가 강화되고, 대승불교에 와서 여성성불론이 등장함을 알 수 있다. 이와 관련 서영애, 『불교의 여성관』 (서울: 불교시대사, 2006); 구자상, 『여성성불의 이해』 (서울: 불교시대사, 2010); 이창숙, 『불교의 여성성불사상』 (서울: 인북스, 2015)을 참고하기 바란다.

19 옥복연, "붓다의 십대 재가여성제자에 대한 불교여성주의적 분석," 「한국불교학」 74집(서울: 한국불교학회, 2015), 319-348.

20 담마빨라 스님/백도수 역주, 『위대한 비구니, 장로니게 주석』 (서울: 열린경전불전주석연구소, 성전협회, 2007). 이 책은 67분의 장로 비구니 스님의 전생과 현생의 삶과 581개의 게송이 담겨있다.

21 『예세 초겔』, 설오 옮김(서울: 김영사, 2014). 이 책은 예세 초겔을 티베트불교의 창시

음의 스승부터 스승의 계보를 그려놓은 그림)에 들어있는 유일한 여성이
다. 그녀는 깨달음을 성취한 후,

"깨달음을 실현하기 위한 기본은 인간의 몸이다.
남자든 여자든 차이가 없다.
그러나 깨달음에 기초한 마음을 더욱 키우게 되면,
여자의 몸이 훨씬 더 낫다."22

라고 노래했다. 이러한 이야기들의 발굴 과정에서 구전되어 오는 전설
이나 신화, 의례 등의 의미를 재해석함으로써, 감춰져 있던 여성 이야
기를 발굴하기도 하고 또 긍정적인 여성 이야기를 통해 여성 의식을 고
양해야 한다.

III. 마야왕비를 통한 가부장적 이데올로기의 극복

1. 가부장적 모성에서 사회적 모성의 보살로

남성 중심 사회에서 여성은 반드시 결혼을 하고, 아들을 낳아야 하
며, 또 아이를 위해 희생하고 봉사하는 것이 본능이라는 모성 이데올로
기가 당연시되었다. 특히 종교적 관점에서 어머니는 신자를 재생산하
는 역할을 담당하는데, 특히 가부장적 교단은 아들 출산과 육아를 여성

자 파드마삼바바의 영적인 아내이자 수행의 동반자, 위대한 티베트불교의 어머니로
소개하고 있다.
22 Gross, Rita(1993), *op. cit.*, 99.

최고의 가치로 강요하기도 하고, 어머니만이 여성에게 가장 의미 있는 역할 모델이라며 정숙하고 순종적인 어머니상을 요구해왔다. 그런데 아들을 낳고 출세시키는 것이 여성의 존재 이유로 간주해서 무조건적인 희생과 헌신을 요구하는 것은 남성 중심 사회에서 요구되는 가부장적 모성이라고 할 수 있다. 이러한 가부장적 모성에서 어머니들은 현실적으로 완벽하게 자식에게 헌신할 수 없기에 항상 죄책감을 느끼게 만드는 동시에, 남성이 제시한 어머니의 역할을 수행하지 못하는 많은 여성들은 비난받고 폄하 당한다.

하지만 불교에서 모성은 일반적으로 말하는 모성의 개념과는 다르다. 불교에서 생로병사가 고苦인데, 태어나는 것 자체는 아이나 어머니에게 고통이다. 이는 붓다께서 "라훌라가 태어났구나, 속박을 낳았구나"라고 말한 것에서도 알 수 있다.[23] 특히 가부장적 모성에서는 어머니의 존재 가치가 곧 자식의 성공이기 때문에 자

인도 상카시아에 있는 아들 낳기를 기원하는 기도처, 오늘날의 인도 사회에 이러한 기도처가 많이 있는데, 다수의 여성이 여전히 아들을 낳기를 기도하는 것을 볼 수 있다.

---

23 대한불교조계종 교육원 부처님생애편찬위원회, 『부처님의 생애』 (서울: 조계종출판사, 2010), 56.

식에 대한 끈질긴 애착을 유발하고, 이는 결국 고통의 원인이 된다. 부정적이고 비생산적이며 고통으로 가득 찬 감정들을 경험하며 살아가는 어머니는 영적으로 존중받기보다는 오히려 집착에서 벗어나지 못하는 어리석은 존재에 더 가깝다.

불교에서 모성을 이상화하지 않는 다른 이유는 애착으로 인해 다음 생에 또다시 여자의 몸으로 태어나는 것을 원치 않기 때문이다. 여성이 남성으로 태어나기 위한 방법으로『대보적경』에는 여러 조건을 제시하고 있는데, 그중에는 "… 가정과 가족에 대한 애착을 버리고…"라고 설명한 구절이 나온다.[24] 즉, 자기 가족에 대한 애착만을 강요하는 가부장적 모성은 다음 생에 다시 여자의 몸으로 태어나게 만드는 원인이라는 것이다.

불교에서 여자로 태어나지 않는 또 다른 방법은 아미타불이 계시는 서방정토에 태어나는 것이다. 아미타불은 여성의 고통에 대해 무한한 연민과 동정심을 가지고 있기 때문에 서방정토에서는 모두 남성으로 태어난다고 한다. 이러한 믿음 때문에 일본에서는 여성이 사망하면 장례식 때 남자 이름을 지어주기도 한다.[25]

또한 모성은 그 역할과 함께 무한 책임이 주어지기 때문에, 불교에서는 어머니의 수행을 방해하는 장애물로 간주된다. 티베트의 뛰어난 수행녀인 남사 오붐Nangsa Obum의 시에는 수행자의 삶과 아이를 돌보는 어머니 역할 사이에서 갈등하면서,

---

24 Tsomo, "Tibetan Nuns and Nunneries," *Feminine Ground: Essays on Women and Tibet*, Janice D. Willis 편집(Ithaca, NY: Snow Lion, 1989), 124-134; Gross, Rita(1993), *op.cit.*, 85.

25 시즈타니 마사오 · 스구로 신죠/문을식 옮김,『대승불교: 새로운 민중불교의 탄생』(서울, 도서출판 여래, 1995), 201.

"아이들이 여자를 윤회로 끌어들이는 밧줄과도 같다."

라고 썼다.[26] 깨달음에 대한 욕구와 가부장적 모성 사이에서 괴로워하는 모습은 다수 여성의 현실적인 경험에서도 잘 드러난다.

하지만 불교에서 모성은 불성을 가진 생명을 낳는, 지혜의 여성적 원리를 구현할 때, 비로소 진정한 모성으로 인정받는다. 붓다는

"실로 내 자식, 내 재산이라고 어리석은 자는 괴로워한다.
자기도 자기 것이 아니거늘 하물며 자식, 재산이랴."

라며 자식에 집착하지 말 것을 가르친다.[27] 그리고 뛰어난 비구니들의 깨달음 과정을 보여주는 『테리가타』에는 종종 자녀의 죽음으로 큰 고통을 겪은 후 위대한 비구니가 되는 이야기들도 있는데, 죽은 아들을 살려달라고 애원하다 붓다로부터 큰 가르침을 받고 깨달음에 이르는 끼사고다미의 예는 유명하다.[28] 이처럼 불교는 수행을 통해 애착에서 분리로, 모성에서 영적 삶으로, 고통에서 기쁨과 평정심으로, 자신의 아이에서 일체 중생을 대상으로 성숙해간다.

그런데 경전에 의하면 마야왕비의 모성은 가부장적 모성을 뛰어넘는다. 한역 경전인 『방광대장엄경』 제1권의 「숭족품勝族品」에 의하면 마야왕비야말로 보살의 어머니로서의 32상을 갖춘 여인으로 설명하고 있다.[29] 즉, 마야왕비는 수많은 생애 동안 자비심이 넘치고 보시하기를

---

26 Gross, Rita(1993), op. cit., 84.
27 전재성, 『법구경-담마빠다』(서울: 한국빠알리성전협회, 2012), 353-354.
28 담마빨라 스님/백도수 역, 『위대한 비구니』 (서울: 열린 경전), 2007, 287.

좋아하여, 붓다를 잉태하기 전에도 40만 냥의 금을 백성들에게 보시하고 평화롭게 살도록 했다고 한다. 또한 계율도 잘 지켰기에 보살이 직접 자신의 어머니로 선택했을 것이다. 자비심을 베푸는 사람은 자아에 대한 애착에서 벗어나서 자신의 원래 성품인 불성佛性을 찾게 되는데, 이는 타인에 대한 깊은 관심과 애정으로 삶을 발전시킨다.

　이처럼 자신의 아이만을 위하는 것이 아니라, 많은 중생을 위한 사랑을 펼쳐나간 마야왕비의 모성은 오늘날 우리가 말하는 사회적 모성과 매우 유사하다. 또한 끝없는 자비심으로 뭇 생명을 아끼고 사랑하는 보살심의 발현은 오늘날 여성주의에서 말하는 '여성주의 윤리'와도 매우 일치한다. 여성학자 캐롤 길리건30은 여성이 인간에 대해 깊이 공감하고 위로와 영감을 받고, 존재, 관계 그리고 보살핌의 방식을 실천하는 특성이 있다고 주장하는데, 이는 대승불교에서 강조하는 보살심과도 매우 상통한다. 이 글의 뒷부분에서 자세히 설명하겠지만,

화려하게 치장한 신랑과 신부의 결혼식

29『방광대장엄경』제1권 (『대정장』제3권),
　　http://kabc.dongguk.edu/Home/Search (검색일자: 2020.1.5).
30 장필화, 『여성, 몸, 성』(서울: 도서출판 또하나의문화, 2000), 139.

272 제4부 | 마야왕비에 대한 현대적 재해석

훗날 마야왕비가 선재 동자를 만나서 법문을 하거나 천상에서 붓다를 만났을 때도 중생들을 위한 지극한 보살심을 보여주는데, 이는 사회적 모성, 보살핌의 윤리 등을 실현한 예라고 할 수 있다.

2. 부정한 몸에서 천신이 보호하는 성스러운 신전으로

가부장제에서 여성의 몸은 성별 권력을 유지·강화하기 위해 오랜 세월 동안 남성들에 의해서 열등한, 결핍된, 선하지 못한 몸 등으로 간주되어 왔다. 단지 신체 구조적 의미가 아니라 정치적인 몸으로 해석되어온 것이다.[31] 즉, 몸이라는 표면 위에 문화의 핵심 규칙이나 위계질서가 새겨지기도 하고, 실제로 사회적 통제가 직접 행해지는 장이기도 하며, 상징 자본이 되기도 한다.

자본주의 사회에서 여성의 몸은 남성에게 보여주는 몸으로 재현되면서 남성의 관점에서의 미의 기준에 맞추려 애쓴다. 남성들이 원하는 날씬하고 예쁜 몸을 만들기 위해 화장과 다이어트에 열중하고, 여성의 미의 기준을 작은 발로 삼은 중국에서는 '전족'이 전통으로 자리 잡고, 허리 사이즈를 줄이기 위해 코르셋으로 몸을 스스로 옥죄기에 이르렀다. 이와 반대로 오늘날 젊은 여성들이 '탈코르셋 운동'이나 화장 등 '꾸밈 노동'을 거부하는 것은, 남성에게 의존적인 삶에서 벗어나 현대 여성들의 몸 담론이 변화하고 있음을 보여준다고 하겠다.

그런데 불교의 경전에서 여성의 몸 담론은 부정적인 측면과 긍정적인 측면이 공존한다. 여성 몸의 부정적인 측면을 보면, 전생에 나쁜 업

---

31 캐롤 길리건, "다른 목소리로," 로즈마리 퍼트남 통/이소영 옮김, 『페미니즘 사상』 (서울: 한신문화사, 2006), 295-302.

을 지어서 여자의 몸으로 태어났기 때문에 여성의 몸은 죄와 벌의 상징
이 되기도 하고. 단지 여자의 몸을 가졌기에 성불할 수 없고, 수행자를
유혹으로 빠뜨리게 하는 나쁜 몸이 되기도 한다. 반면에 여성의 몸에
대한 긍정적인 측면을 보면,『앙굿따라니까야』제1권「으뜸의 품」[32]과
『증일아함경』제3권 제7품에「청신녀품」에 등장하는 붓다가 인정한
십대 재가 여성 제자처럼 법을 담는 그릇(법기法器)이 되기도 하고,[33]『승
만경』의 승만 부인처럼 여성의 몸으로도 깨달음에 이른다는 수기를 붓
다로부터 받을 수도 있고, 아무리 위대한 브라만이라 할지라도 생리,
임신, 출산을 하는 여성의 몸에서 태어났으니 뛰어난 존재를 낳는 귀중
한 몸이기도 하다.[34]

　이처럼 이분법적인 여성의 몸 담론은 마야왕비의 임신과 출산을 통
해서 그 누구도 부정할 수 없는 성스러운 몸 담론으로 변화한다. 왜냐
면 마야왕비의 몸은 성스러운 신전으로 재현되기 때문이다. 마야왕비
의 태몽에 의하면,[35] 사천왕이 나타나 왕비를 설산으로 옮긴 후 인간의
때를 씻기고 하늘 사람의 옷으로 갈아입힌 뒤 황금 궁전의 하늘 사람
침대에 눕힌다는 내용이 있다. 이는 마야왕비의 몸이 인간의 몸에서 하
늘 사람의 옷을 입은 여신이 되어 신들의 호위를 받으며, 고귀한 존재
를 받아들일 신성한 사원이 되었음을 상징적으로 보여준다.[36] 그때 흰

32 전재성,『앙굿따라니까야』1 (서울: 한국빠알리성전협회, 2007)에 의하면, 붓다의 제
　자들 가운데 각 분야에서 으뜸가는 비구 47명, 비구니 13명, 재가 남성 10명, 재가
　여성 10명 등 80명의 제자들이 거명되고 있다.
33 붓다의 수많은 제자 가운데 경전에 이름이 나오는 제자는 비구 886명, 비구니 103명,
　우바새 128명, 우바이 43명 등 모두 1,160명이다. 현담, "초기 불전에 나타난 여성상
　연구: 잡아함경을 중심으로," 석사학위논문 (중앙승가대학교 대학원, 2008), 13.
34 전재성, 앞의 책『맛지마니까야』, 1042-1055.
35 대한불교조계종교육원 부처님의 생애편찬위원회, 앞의 책, 14-36.

코끼리가 마야왕비의 오른쪽 갈비뼈를 헤치고 자궁 속으로 들어갔다고 하는데, 이는 마야왕비의 몸이 신성한 신전이 되고, 천신들이 보살펴주는 보궁寶宮이 되고, 또한 붓다가 머무는 성소聖所가 되었음을 보여준다.

가부장제에서 부정한 여성의 몸을 설명할 때 자궁도 포함된다. 예를 들면 11세기 티베트의 유명한 스승인 감뽀파는 보살이 되기 위한 수행 매뉴얼에서 임신에 대해 자세하게 설명하고 있다. 이 매뉴얼에서 자궁은 '못 견디는 악취가 나는 장소'라거나 자궁 속에 있는 태아를 '오랜 시간 뜨거운 그릇에서처럼 자궁의 열에서 끓이고 튀겨지는 것'[37]으로 설명하고 있다. 새로운 생명이 만들어지는 소중한 장소인 자궁은 남성 중심 사회에서는 이처럼 부정하고 오염된 장소로 묘사되기도 한다.

하지만 대승불교 여래장 사상에서 자궁은 '여래장如來藏'이라는 매우 고귀한 상징으로 재현된다.[38] 여래장 사상은 인간은 누구나 부처가 될 수 있는 씨앗을 가지고 있다는 매우 중요한 사상으로, 이는 불성, 자성 등으로도 불린다. 흔히 '부처 본성'이나 '부처가 될 수 있는 씨앗' 등으로 번역하는 '여래장'은 빠알리어로는 'tathāgatagabbha'이다. 이 단어는 'tathāgata'(여래, 붓다)와 'gabbha'(자궁, 태아)라는 두 단어가 합쳐진 것이다.[39] 빠알리어 사전에 의하면 'gabbha'는 자궁, 모태, 임신한 배, 태아의 뜻이 있다.[40] 그러므로 'tathāgatagarbha'를 보다 정확하게 번역하면 '여래가 있는 자궁', 혹은 '여래를 임신한 배', 혹은 '여래 태아'

36 심재관, "마야부인 꿈의 건축적 상징," 「법보신문」, 2018.3.20.
37 Gross, 위의 책, 83.
38 오강남, 『불교, 이웃종교로 읽다』(서울: 현암사, 2006), 165 참조.
39 Gross, Rita(1993), 위의 책, 186.
40 전재성, 『빠알리어사전』 (서울: 한국빠알리성전협회, 2012), 303.

를 의미한다.[41]

　가부장 사회에서 그처럼 혐오하던 자궁은 붓다가 머무는 자궁, 깨달음을 품은 자궁 등, 여성 상징을 매우 강력하게 내포하는 성스러운 용어가 되었다. 하지만 이토록 중요한 여성 상징은 지워지고 '부처 본성', '깨달음의 씨앗'이라는 중성적인 용어로 번역되어 전해오는 것은 참으로 안타까운 일이다. 여래장 사상에서는 모든 생명이 깨달음을 얻을 수 있다는 내재적인 잠재력을 여성의 자궁으로 표현했음을 간과해서는 안 된다.

　이처럼 마야왕비의 임신한 몸과 여래장은 가부장제 하 여성의 몸에 씌워졌던 굴레를 벗겨내며, 여성의 몸과 자궁에 대한 새로운 해석을 제시하고 있다. 모든 중생이 붓다가 될 수 있는 부처 본성, 즉 여래장을 가지고 있는 대승불교에서, 생명을 잉태하고 키워나가는 모든 여성의 몸은 성스러운 성전, 천신들이 보살펴주는 보궁, 붓다가 머무는 성소聖所를 지닌 고귀한 존재로 해석할 수 있다.

3. 열등한 여성에서 대원과 지혜를 갖춘 뛰어난 스승으로

　붓다 재세 시 교단에는 붓다께서 많은 비구 제자들 앞에서 직접 칭송하신 재가 여성 십대 제자나 비구니 십대 제자도 있었다. 특히 재가 여성 비사카는 여성 불자들을 교육하며 교단 운영에 참여하고, 붓다께 계율을 제정해주기를 요구했던 뛰어난 여성 지도자였다.[42] 그럼에도

---

41 'garbha'는 '이 자궁에서 저 자궁으로' 즉 '태어남에서 태어남으로'라고 할 때도 쓰이고, 열 달 동안 자궁 안에서 태아를 키운다고 할 때도 쓰이는 단어이다. 빠알리어와 관련해서는 빠알리어 박사이신 선일스님으로부터 많은 도움을 받았음을 밝힌다.
42 붓다로부터 "보시하는 님 가운데 제일"이라고 칭송받았는데, 교단의 화합과 발전을

불구하고 불교 여성들은 결코 주류가 되지 못했고, 비구니는 팔경계로
인해 비구로부터 종속적 위치에 놓여 있었다.[43]

하지만 마야왕비는 뿌리 깊은 남성 중심적인 사회에서 누구도 부인
할 수 없는 뛰어난 여성 스승임을『마하마야경Mahāmāyāsūtra, 摩訶摩耶經』에
서 알 수 있다. 마하마야Mahāmāya란 '위대한Mahā'과 '마야Māyā'가 합쳐진
단어로 '위대한 마야'라는 의미이다.『마하마야경』에는 붓다께서 어머
니의 은혜에 보답하기 위하여 도리천으로 올라가는 이야기가 있는데,
붓다께서 어머니를 부르는 소리만으로 마야왕비의 '젖'이 저절로 나와
서 붓다의 입으로 들어갔다고 한다. '젖'이 어머니와 자식을 연결하여
모자 간의 유대를 보여준다는 해석은 생물학적 어머니를 강조하는 것
으로 보인다.[44] 하지만 '젖'을 관계, 소통, 양육, 마음의 양식 등 상징적
자본으로 해석하면, 마야왕비는 붓다와 긍정적인 관계를 맺고 소통하
며 성장했다고 짐작할 수 있다.

마야왕비는 붓다께 자신의 젖을 먹고 깨달음을 얻었으니, 마땅히
그 은혜로운 양육에 보답하여 자신의 깨달음을 도와달라고 요구한다.
당당하게 어머니로서 권리를 주장하는 모습은 희생과 봉사를 강요하
는 모성 이데올로기와는 차이가 있다. 마야왕비는 붓다의 가르침을 듣
고 그 자리에서 깨달음의 단계에 들지만, 미처 도과에 이르지 못한 그

위해 적극적인 역할을 수행하였기에 '교단의 어머니'로 불렸다. 자세한 것은 옥복연,
"붓다의 십대 재가여성제자에 대한 불교여성주의적 분석,"「한국불교학」74집 (서울:
한국불교학회, 2015), 319-348을 참고하기 바란다.

43 팔경계를 해주 스님은 비구니의 비구에 대한 복종서약이라고 주장하였다. 팔경계가
사문화되었다는 주장에도 불구하고 비구니의 이부승 수계나, 한국불교 조계종단에서
비구니는 총무원장, 교육원장, 포교원장, 본사 주지 등이 될 수 없다는 종헌종법도 이
영향이라고 할 수 있다.

44 고미네 가즈야키·노요환, "수유와 신화학: 마야와 마리아,"「한자한문연구」11(서울:
고려대학교 한자한문연구소, 2016), 105.

붓다께서 도리천에 올라가 어머니인 마야왕비에게 설법을 하고 하강하시는 내용의 그림(인도 상카시아의 한 호텔에 걸려있는 사진)

곳의 대중들이 깨달음을 얻을 수 있도록 붓다게 다시 가르침을 청한다. 이러한 모습이야말로 상구보리 하화중생上求菩提 下化衆生의 실천자이자 안내자 그리고 지도자의 모습이라고 할 수 있다.

마야왕비는 대승경전인 『화엄경』의 「입법계품」에서도 스승으로 등장한다. 그녀는 구도자인 선재동자에게 가르침을 주는 뛰어난 53명의 선지식 가운데 마흔두 번째 스승인데, 선재동자에게 자신이 이미 '보살의 대원과 지혜가 환술과 같은 해탈문을 성취했다'라고 스스로 밝힌다.[45] 이처럼 선재동자에게 가르침을 주고 대중들을 깨달을 수 있도록 인도하는 마야왕비야말로, 보살의 대원과 지혜를 이루고 중생의 깨달음을 지도하는 위대한 스승이라고 할 수 있다.

---

45 『지송한글화엄경』, 해주 초역(서울: 불광출판사, 2017), 240-245.

4. 불모佛母이자 성모聖母인 마하마야

마야왕비에 대한 경전은『마하마야경』뿐만 아니라 붓다께서 열반할 때 어머니를 만나는 주제로 만들어진『불모경佛母經』도 있다.[46]『불모경』은 마야왕비를 불모佛母 마야로 부르고 있는데, 붓다의 죽음을 알고 슬퍼하는 어머니에게 붓다는 낳아 주신 어머니의 은혜에 보답하기 위하여 이미 열반에 들었지만 금관에서 나와 어머니를 위해 설법하는 내용이 있다. 붓다께서 관 밖으로 나오자 붓다 몸의 모공들에서 무수한 화불化佛들이 나타나 모두 마야부인에게 합장하였다고 한다.[47]

이 경은 '효'를 중시하는 중국의 유교 사상이 습합된 대승경전으로 볼 수 있지만, 또 다른 한편으로 마야왕비는 붓다로부터 공경을 받는 불모佛母임을 설명하고 있다. 불교에서 불모는 '붓다를 낳은 어머니'란 소극적인 뜻도 있지만, 어머니를 '깨달음', '진리'라는 상징적인 의미로 받아들이기도 한다. 대승불교의 한 쌍인 지혜와 자비는 모두 보살에 의해 완성되는데, 이때 반야바라밀Prajñāpāramitā, 즉 지혜Prajñā라는 단어는 모든 부처를 탄생시키는 불모佛母로도 해석할 수 있다.

티베트 불교에서는 이 반야바라밀이 인격체로 나타난 것이 타라 보살이라고 하는데, 오직 여인의 몸으로 중생을 구제할 것을 서약한 타라 보살은 중생이 그 이름만 불러도 뛰어나가 중생을 돕는 위대한 여성 붓다, 성스러운 보살로도 재현된다. 타라보살을 예찬하는 게송 가운데는 "지존모, 성모, 타라불모님" 등 타라보살을 어머니로 상징화함을 알 수 있다.[48]

---

46 금강대학교 불교문화연구소,『돈황사본과 불교학』(서울: 여래출판사, 2019), 10.
47 금강대학교 불교문화연구소, 앞의 책, 124-127.

위대한 여성 마하마야(김선우 그림, 2017)

오늘날까지도 '위대한 티베트 불교의 어머니'로 추앙받고 있는 예
세 초겔은 치열한 수행을 통해 깨달음을 얻은 후 수많은 남녀 제자들을
높은 수준의 깨달음으로 이끌었다.[49] 그녀는 모든 존재의 행복을 위해
노력하고, 구루guru의 가르침으로 대지를 채우는 뛰어난 능력으로 붓다

---

48 중암 편저, 『위대한 여성붓다. 아르야 따라의 길』(서울: 정우서적, 2011). 8; 21; 58.
49 예세 초겔은 밀교수행을 통해 깨달음을 성취하는 데는 남자든 여자든 아무런 차이가
   없음을 보여준다고 할 수 있다(설오 옮김, 앞의 책, 216-239).

의 경지에 도달하였다고 한다. 이처럼 불모佛母는 생물학적이고 몸적인 어머니가 아니라, 깨달음, 지혜를 잉태하고 발현하는 어머니의 상징으로서의 의미도 있다.

그런데 왜 마야왕비는 성모聖母인가? 여기에서의 성모는 신적인 존재라는 의미의 성모가 아니라 성스러운 어머니라는 뜻인데, '성스럽다'는 의미의 단어를 빠알리어인 '아리야ariya'와 연결해서 생각해보자. 『마하마야경』에 의하면, 마야왕비가 붓다의 가르침을 듣고 모든 얽힌 번뇌들이 다 소멸되고, 생사 해탈의 지혜를 증득하여 수다원과50를 얻었다고 한다. 수다원에 오르면 비록 탐욕과 성냄과 어리석음의 번뇌가 남아있다고 할지라도, 사람들이 비난할만한 중죄를 저질러도 악처에 떨어지지는 않는다. 붓다께서는 4쌍 8배四雙八輩에 오른 참사람은 "공경할 만하고 대접받을 만하고 선물 받을 만하고 존경받을 만하고 세상에서 가장 훌륭한 복밭이다"라고 가르치신다.51 이 단계에 있는 사람들이라면 누구나 참사람, 성스러운 사람, 즉 성자ariya-puggala, 聖者인 것이다.

불교에서 성자聖者는 중생이나 범부의 반대말로, 종교적으로는 다른 사람의 모범이 되는 뛰어난 사람을 의미한다. 반면에 기독교에서 성자聖子는 삼위일체론에서 거론되는 제2위를 가리키는 말로, '신비로운' 능력이나 '영혼의 구원' 등과도 연관될 수 있는 존재이다. 불교의 성자聖者라는 단어에서 '성聖'의 빠알리어로 '아리야ariya'인데, 이는 "도덕적으로나 정신적으로 탁월한, 고귀한, 신성한, 올바른, 선한, 이상적인"이라

---

50 수다원은 욕계(欲界)·색계(色界)·무색계(無色界)의 유혹에서 벗어나서 처음으로 성자(聖者)의 위치에 올랐음을 의미한다. 각묵 스님, 『초기불교 이해』(울산: 초기불전연구원, 2012), 474-479 참조.

51 4쌍 8배(四雙八輩)는 수다원·사다함·아나함·아라한의 네 단계가 되기 위해 수행하는 4향(向)과 거기에 도달한 4과(果)를 말한다. 전재성, 『앙굿따라니까야』 8, 9 (서울: 한국빠알리성전협회, 2008), 261 참고.

는 뜻이 있다.[52] 'ariya'라는 단어가 포함되는 대표적인 단어를 예를 들어보면 이 단어를 더욱 이해하기가 쉽다. 즉, 사성제cattāri-ariya-saccāni(네 가지 성스러운 진리), 성스러운 가르침ariya-dhamma, 성스러운 보시ariya-dāna, 성스러운 길ariya-magga, 성스러운 계율ariya-sila 등이 있다.[53]

『마하마야경』에서 마야왕비는 성자ariya-puggala, 聖者의 단계인 수다원에 도달했다. 물론 마야왕비는 붓다를 낳았기 때문에 성스러운 어머니, 즉 성모라고 할 수도 있다. 하지만 보다 주체적이고 적극적으로 해석하자면, 성스러운 깨달음의 단계인 수다원과에 도달했기 때문에 성모聖母라고 할 수 있다. 결론적으로 보면, 마야왕비는 가부장제에서 여성의 열등하고 종속적인 지위를 보여주는 숫도다나 대왕의 부인, 싯다르타의 어머니라기보다는 불모佛母이자 성모聖母인 위대한 여성 '마하마야MahāMāyā'라고 불러야 한다. 그리고 사부대중으로부터 경배 받아야 마땅하다.

IV. 마야왕비를 통해 붓다의 가르침 회복하기

여성의 이야기가 지워지고 삭제되고 축소된 것이 단지 역사 영역에만 해당되는 것은 아니다. 남성 중심 사회에서는 정치, 경제, 사회, 문화 등 모든 분야에서 공통적으로 여성이 비가시화, 비주류화, 대상화되면서 그 결과 열등하고 부정적인 여성관이 전통과 관습이라는 이름으로

---

52 전재성 편저, 『빠알리어사전』, 앞의 책, 185.
53 빠알리어 단어의 예시는 빠알리어 전공자이신 선일스님으로부터 많은 도움을 받았음을 밝힌다.

전해져왔다. 성차별적 사회에서의 억압, 차별, 위계 등은 단지 남녀라는 성별에만 해당되지 않고, 인종차별, 종교차별, 연령차별 등 각종 차별을 양산하게 되므로, 그 피해는 결국 여성만이 아니라 남성에게도 해당된다.

2600여 년 전 등장한 붓다는 억압과 차별로 인한 결과가 모든 중생에게 되돌아옴을 아셨기에, 연기사상과 공사상을 가르치며 온 생명의 존귀함과 평등을 강조하셨다. 그리하여 초기 불교에는 붓다께서 여성들을 "성장하는 고귀한 우바이들(여성 불자)"이라고 부르고, 출신 성분에 관계없이 누구든지 비구니승가에 들어올 수 있도록 했다. 그 결과 비구니 십대 제자, 재가 여성 십대 제자 등 뛰어난 불교 여성들이 존재할 수 있었다.

불교사를 통해 볼 때, 불행히도 뛰어난 여성의 이야기는 삭제되거나 축소 혹은 왜곡되었다. 신도의 다수를 차지하는 여성들의 이야기를 복원하기 위해서는 여성에게 유용한 자원들을 불교여성주의적 관점으로 재평가해야 한다. 또한 남아 있는 여성들의 흔적을 찾아내어 여성적 관점으로 재해석하고, 뛰어난 여성들을 발굴하여 적극적으로 널리 알림으로써, 교단에 뿌리 깊은 여성에 대한 차별과 여성 혐오를 극복하고 성평등한 붓다의 가르침을 회복해야 한다.

불교사에서 마야왕비의 이야기를 복원하는 것은 매우 중요하다. 왜냐하면 마야왕비는 가부장적 모성 이데올로기를 뛰어넘은 사회적 모성을 실천하면서 끝없는 자비심으로 뭇 생명을 아끼고 사랑하는 보살심을 실천했기 때문이다. 또한 남성 중심 사회에서 오염된 여성의 몸 담론은 마야왕비의 임신과 태교, 출산을 통해서 성스러운 성전, 천신들이 보살펴주는 보궁, 붓다가 머무는 성소聖所로 변화시켰다.

또한 마야왕비는 붓다의 어머니이자 미래에 오실 미륵불의 어머니인 불모佛母이자 수다원에 도달한 성모聖母이며, 선재동자의 53인 스승 가운데 한 분이었다. 이처럼 위대한 여성임에도 불구하고 마야왕비에 대한 관심이 부족한 것은 참으로 안타까운 일이라고 할 수 있다.

경전으로 전해오는 역사적 이야기들은 교단 구성원들이 집단적으로 기억하거나 암송하면서 그 자신의 가치관과 태도를 형성하는 데도 매우 큰 영향을 미치는데, 초기 경전이나 대승경전에 의하면 마야왕비는 가부장적 여성관을 극복하고 지혜와 자비를 실천하면서 여성 지도자의 롤모델을 제시해주는 뛰어난 여성이다. 또한 남성들에게는 존경할 수 있는 여성상을 제시해주고, 여성들에게는 여성으로서의 자부심과 긍지를 심어주며, 출가자들에게는 수행을 격려할 수 있다. 그러므로 오늘날 마야왕비를 널리 알려서 사람들이 그녀를 존경하고 경배해야 한다.

가톨릭교회의 성스러운 어머니, 나자렛의 마리아

: 가톨릭교회의 성모 마리아와 마야왕비 비교 연구

최우혁 미리암*

I. 마리아를 향하여

2600여 년 전 인도에서, 인간으로 태어나서 깨달음을 얻어 부처가 된 석가모니 싯다르타에 의해 탄생한 종교가 불교이다. 이 싯다르타를 낳은 분이 뛰어난 여성인 마야왕비이다. 가톨릭교회의 예수그리스도는 마리아라는 성스러운 여성에게서 탄생했으니, 가톨릭이나 불교의 지도자는 여성들에게서 태어난 역사적 인물인 것을 확실히 알 수 있다. 마리아나 마야부인은 역사적 존재인 예수와 붓다의 어머니라는 점에서도 유사하지만 단지 그들을 낳은 어머니로서 뿐만 아니라 그녀들 스

* 서강대학교 겸임교수

스로의 삶 안에서도 위대함, 혹은 거룩함을 만날 수 있는 공통점을 간직하고 있다.

불교와 가톨릭에서 한국 여성들의 공통적인 영성을 찾을 수 있는데, 한국 여성의 문화 안에는 어려운 삶 안에서 형성된 '한'에 기반으로 관세음보살 신앙과 마리아 신앙이 그 예라고 할 수 있다. 관세음보살과 마리아에게서 여성의 부드러움과 자비로움은 어머니와 같은 느낌을 주고, 자신의 희생을 통해서 가족을 보호하려는 여성들의 윤리적 모델이 되기도 한다. 이는 여성을 종속적인 위치에 머무르게 하는 역할을 강화하지만, 보살핌이 여성의 성숙한 역할로 자리하는 사회적 관계를 구성하기도 하였다. 나아가 여성은 종교적 경험을 통해서 신성한 존재를 인식하는데 남성보다 뛰어난 능력을 발휘한다. 이처럼 불교와 가톨릭은 뛰어난 여성, 어머니에 의해 시작되었다는 공통분모가 있으며, 한국 여성들에게는 주체적이고 자비로운 영성의 토양이 된다는 점에서 유사성이 있다.[2]

그렇다면 마리아는 어떠한 여성일까? 가톨릭교회 안에서 마리아의 역할은 무엇이고, 교회는 어떤 방식으로 마리아를 공경하는가? 2000여 년 전 근동의 유다-이스라엘 지역의 작은 동네 나자렛에 살던 젊은 여성 마리아는 그리스도교의 기원이 된 예수를 출산하였다. 그리스도교의 세 교회 중에서 동방정교회와 서방 가톨릭교회는 마리아를 인간 예수의 어머니로서 뿐 아니라, 그리스도 교회의 어머니로서 공경한다. 반면, 가톨릭교회를 비판한 루터의 종교개혁에서 비롯된 개혁교회는 마리아를 단지 역사적 예수의 어머니로서 기억할 뿐이다. 따라서 나자렛

---

2 도 안토니오, 「관세음보살과 성모 마리아는 여성의 힘이 되는 신앙 (3)」, 「갈라진 시대의 기쁜 소식」 482, 22-24 참조.

의 마리아를 이해하기 위해서는 예수 그리스도(기름부음을 받은 자, 메시아, 구원자)를 중심으로 전개된 구원의 역사 안에서 마리아의 역할, 그리스도인 예수와의 관계, 교회와의 관계를 이해하는 것이 필요하다.

나아가 인류 구원에 관한 마리아의 역할과 그 상징성에 관한 교의들을 성찰할 필요가 있다. 그리스도교 신학 안에서 마리아는 하느님의 계시를 수용한 새로운 인간의 모델이다. 하지만 이천년의 신앙 안에서 마리아는 하느님의 어머니이자 하늘에 현존하는 여신적인 존재로서 도움이 필요한 인간에게 위로를 주는 교회의 어머니로 자리하였다. 오늘의 여성들에게 마리아는 어머니 이전에 한 인간으로서 신의 부르심에 응답한 젊은 여성이며, 새로운 역사를 시작한 혁명적인 여성이며, 고통스러운 일상 안에서 한걸음씩 진전하며 만물을 품고 키우는 여성으로서 생명의 힘을 북돋우는 성숙한 인간의 모델이기도 하다.

II. 성경 안에서 만나는 마리아

그리스도교는 고대 근동지역의 유일신 종교인 유다교를 기반으로 출생한 역사적 인물 예수를 그리스도(구원자)로 고백하며, 유일신 신앙을 새롭게 해석한 종교이다. 예수는 갈릴리 지역을 중심으로 가난하고 억압받는 이들을 향해 해방의 기쁜 소식(복음)을 선포했지만, 예루살렘의 유다 지배층에 의해 율법을 어기고 하느님을 모독한 죄인으로, 로마 제국에 의해서는 정치적인 반란자로 즉결심판을 받고 십자가에 달려 죽임을 당했다. 하지만 사흘 만에 예수가 부활했다고 고백하는 그의 제자들은 새로운 공동체를 결성하였다. 이들을 교회라고 부르는데, 교회는 예수가 부활했다고 고백하는 것에서 시작하여 우주가 열리는 한 처음의 말씀이 인간으로 강생한 분이라고 증언하기에 이르렀다.

이렇듯 예수를 메시아, 구원자로 고백하는 그리스도교에서 공적으로 사용하는 경전은 구약과 신약으로 나뉜다. 옛 약속을 의미하는 구약은 유다교 경전에서 모세오경과 역사서, 성문서, 예언서 등의 작은 책들 39권과 외경 7권을 모아서 구성한 것이고, 새로운 약속을 의미하는 신약은 예수의 복음 선포 활동에 관해 보고한 네 권의 복음서, 제자들의 활동을 다룬 사도행전, 바오로와 베드로 등 제자들이 쓴 편지들, 요한계시록의 27권으로 구성된다.

네 권의 복음서는 마르코(70년대), 마태오(80년대), 루카(90년대), 요한(100년 이후)의 순서로 예수와 그의 활동에 관해 각기 다른 관점에서 기록하고 있다. 아울러 갈릴리 지역의 작은 마을 나자렛의 마리아에 관한 성경의 기록들은 예수와의 관계에서 소개되는 내용을 중심으로 한정되어 있다.[3]

처음 기록된 마르코 복음서에는 예수의 어머니로서 마리아를 소개하는 짧은 두 대목이 소개될 뿐이다. 이에 비해 마태오 복음서는 유다인들이 중심이 된 교회를 기반으로 하며, 유다 전통을 잇는 관점에서 마리아를 다윗 가문의 자손인 요셉과 약혼한 여성으로 소개하고 예수 탄생이 유다의 가부장제 안에서 수용되었음을 '다윗의 자손'이라는 칭호를 통해 드러냈다. 반면 루카 복음서는 비유다인들로 구성된 교회 공동체를 기반으로 마리아가 가브리엘 천사를 통한 성령의 초대에 응답함으로 예수가 탄생할 수 있었음을 소개하였다.[4] 또한 소년 예수와 어

---

3 정경이 아닌 마르코 원복음서는 마리아의 출생과 어린 시절에 관해 기록하였다. 예수 그리스도의 어머니로서 흠이 없는 조건을 갖추고 있음을 강조하기 위하여 예수의 출생, 어린 시절과 병행하는 내용을 담고 있다.

머니 마리아의 관계를 보다 섬세하게 소개한다.

위의 세 복음서는 예수의 복음 선포 활동을 역사적 관점에서 공유하기 때문에 공관복음이라고 부른다. 시기적으로 마지막에 서술된 요한복음서는 역설적으로 공관복음을 훨씬 앞선 우주의 시작에 이미 그리스도가 존재했음을 서사적으로 선포하였다. 역사적 인물인 예수는 메시아로서 인류를 구원하기 위해 활동하며 죽음과 부활 이후에 현재하는 신적인 존재이다.

이러한 맥락에서 나자렛의 마리아는 예수의 어머니일 뿐 아니라, 사도행전에 따르면 그의 제자들과 함께 오순절의 성령을 맞이하는 교회의 어머니이다. 즉, 복음서와 사도행전에서 찾아볼 수 있는 마리아는 예수를 잉태하고 출산하고 양육하였으며, 아들 예수의 활동을 응원하였고, 아들의 죽음, 부활, 승천, 이후에 진행되는 성령 강림과 교회의 시작에 함께한 역사적 인물이다. 신학적 관점에서는 유다교의 패러다임을 넘어서는 그리스도교회의 원형으로서 예수 그리스도와 함께 현존하는 실존적 인간의 모델이기도 하다. 성경5 안에서 확인할 수 있는 마리아의 모습은 다음과 같다.

1. 마태오복음

야곱은 마리아의 남편 요셉을 낳았는데, 마리아에게서 그리스도라

---

4 마리아는 스스로를 '하느님의 종'으로 부름으로써 유다의 위대한 남성들에게 주었던 명예로운 칭호의 전승을 잇는다. 나아가 예언자의 관점에서 보잘 것 없는 자신에게서 이루신 하느님의 구원사건을 혁명적인 희망을 이루신 것으로 노래한다. Newsom, Carol & Ringe, Sharon/이화여성신학연구소 역,『여성들을 위한 성서주석 신약편』(대한기독교서회, 2012), 127-132.

5『성경』, 한국천주교중앙협의회, 2005.

고 불리는 예수님께서 태어나셨다(1,16).

예수 그리스도께서는 이렇게 탄생하셨다. **그분의 어머니 마리아가** 요셉과 약혼하였는데, 그들이 같이 살기 전에 **마리아가** 성령으로 말미암아 잉태한 사실이 드러났다. 마리아의 남편 요셉은 의로운 사람이었고 또 **마리아**의 일을 세상에 드러내고 싶지 않았으므로, 남모르게 **마리아**와 파혼하기로 작정하였다(1,18-19).

요셉이 그렇게 하기로 생각을 굳혔을 때, 꿈에 주님의 천사가 나타나 말하였다. "다윗의 자손 요셉아, 두려워하지 말고 **마리아**를 아내로 맞아들여라. 그 몸에 잉태된 아기는 성령으로 말미암은 것이다. **마리아**가 아들을 낳으리니 그 이름을 예수라고 하여라. 그분께서 당신 백성을 죄에서 구원하실 것이다.
이 모든 일이 일어난 것은 주님께서 예언자를 시켜 하신 말씀이 이루어지게 하려는 것이었으니, 이르기를 "보라, **동정녀가** 몸 가져 아들을 낳으리니 그 이름을 **임마누엘**이라 부르리라 하였다. 이는 번역하면 "하느님께서 우리와 함께 (계시다)"는 뜻이다. 요셉은 잠에서 깨어나자, 주님의 천사가 그에게 지시한 대로 **자기 아내를** 데려왔다. 그러나 아들을 낳을 때까지 **아내와** 동침하지 않고 지냈다. (후에) 그는 아들의 이름을 예수라고 불렀다(1,20-25).

2. 루카복음

여섯째 달에 하느님께서는 가브리엘 천사를 갈릴래아 지방 나자렛이라는 고을로 보내시어, 다윗 집안의 요셉이라는 사람과 약혼한 **처녀를** 찾아가게 하셨다. **그 처녀의 이름은 마리아였다.** 천사가 **마리아**

의 집으로 들어가 말하였다. "은총이 가득한 이여, 기뻐하여라. 주님께서 너와 함께 계시다."
이 말에 **마리아**는 몹시 놀랐다. 그리고 이 인사말이 무슨 뜻인가 하고 곰곰이 생각하였다. 천사가 다시 **마리아**에게 말하였다. "두려워하지 마라, **마리아**야. 너는 하느님의 총애를 받았다. 보라, 이제 네가 잉태하여 아들을 낳을 터이니 그 이름을 예수라 하여라. 그분께서는 큰 인물이 되시고 지극히 높으신 분의 아드님이라 불리실 것이다. 주 하느님께서 그분의 조상 다윗의

마리아를 방문한 가브리엘 천사(로레토 '성모 마리아의 거룩한 집' 성당의 문)

왕좌를 그분께 주시어, 그분께서 야곱 집안을 영원히 다스리시리니 그분의 나라는 끝이 없을 것이다"(1,26-33).

마리아가 천사에게, "저는 남자를 알지 못하는데, 어떻게 그런 일이 있을 수 있겠습니까?" 하고 말하자, 천사가 **마리아**에게 대답하였다. "성령께서 너에게 내려오시고 지극히 높으신 분의 힘이 너를 덮을 것이다. 그러므로 태어날 아기는 거룩하신 분, 하느님의 아드님이라고 불릴 것이다. 네 친척 엘리사벳을 보아라. 그 늙은 나이에도 아들을 잉태하였다. 아이를 못 낳는 여자라고 불리던 그가 임신한 지 여섯 달이 되었다. 하느님께는 불가능한 일이 없다." **마리아**가 말하였다. "보십시오, 저는 주님의 종입니다. 말씀하신 대로 저에게 이루어

지기를 바랍니다." 그러자 천사는 **마리아**에게서 떠나갔다(1,34-38).

그 무렵에 **마리아**는 길을 떠나, 서둘러 유다 산악 지방에 있는 한 고을로 갔다. 그리고 즈카르야의 집에 들어가 엘리사벳에게 인사하였다. 엘리사벳이 **마리아**의 인사말을 들을 때 그의 태 안에서 아기가 뛰놀았다. 엘리사벳은 성령으로 가득 차 큰소리로 외쳤다. "당신은 여인들 가운데에서 가장 **복되시며** 당신 태중의 아기도 복되십니다. **내 주님의 어머니**께서 저에게 오시다니 어찌 된 일입니까? 보십시오, 당신의 인사말 소리가 제 귀에 들리자 저의 태 안에서 아기가 즐거워 뛰놀았습니다. 행복하십니다, 주님께서 하신 말씀이 이루어지리라고 **믿으신 분!**"(1,39-45).

그러자 마리아가 말하였다:
"내 영혼이 주님을 찬송하고 내 마음이 나의 구원자 하느님 안에서 기뻐 뛰니 그분께서 **당신 종**의 비천함을 굽어보셨기 때문입니다. 이제부터 과연 모든 세대가 나를 행복하다 하리니 전능하신 분께서 나에게 큰일을 하셨기 때문입니다.
그분의 이름은 거룩하고 그분의 자비는 대대로 **당신을 경외하는 이들**에게 미칩니다.
그분께서는 당신 팔로 권능을 떨치시어 마음속 생각이 교만한 자들을 흩으셨습니다.
통치자들을 왕좌에서 끌어내리시고 비천한 이들을 들어 높이셨으며 **굶주린 이들**을 좋은 것으로 배불리시고 부유한 자들을 빈손으로 내치셨습니다.
당신의 자비를 기억하시어 당신 종 이스라엘을 거두어 주셨으니 우리 조상들에게 말씀하신 대로 그 자비가 아브라함과 그 후손에게 영원히 미칠 것입니다."

마리아는 석 달가량 엘리사벳과 함께 지내다가 자기 집으로 돌아갔다(1,46-56).

요셉도 갈릴래아 지방 나자렛 고을을 떠나 유다 지방, 베들레헴이라고 불리는 다윗 고을로 올라갔다. 그가 다윗 집안의 자손이었기 때문이다. 그는 자기와 **약혼한 마리아**와 함께 호적 등록을 하러 갔는데, 마리아는 임신 중이었다. 그들이 거기에 머무르는 동안 **마리아**는 해산날이 되어, 첫아들을 낳았다. 그들은 아기를 포대기에 싸서 구유에 뉘었다. 여관에는 그들이 들어갈 자리가 없었던 것이다(2,5-7).

그 고장에는 들에 살면서 밤에도 양 떼를 지키는 목자들이 있었다. 그런데 주님의 천사가 다가오고 주님의 영광이 그 목자들의 둘레를 비추었다. 그들은 몹시 두려워하였다. 그러자 천사가 그들에게 말하였다.
"두려워하지 마라. 보라, 나는 온 백성에게 큰 기쁨이 될 소식을 너희에게 전한다. 오늘 너희를 위하여 다윗 고을에서 구원자가 태어나셨으니, 주 그리스도이시다. 너희는 포대기에 싸여 구유에 누워 있는 아기를 보게 될 터인데, 그것이 너희를 위한 표징이다."
그때에 갑자기 그 천사 곁에 수많은 하늘의 군대가 나타나 하느님을 이렇게 찬미하였다. "지극히 높은 곳에서는 하느님께 영광 땅에서는 그분 마음에 드는 사람들에게 평화!"(2,8-14).

천사들이 하늘로 떠나가자 목자들은 서로 말하였다. "베들레헴으로 가서 주님께서 우리에게 알려 주신 그 일, 그곳에서 일어난 일을 봅시다." 그리고 서둘러 가서, **마리아**와 요셉과 구유에 누운 아기를 찾아냈다. 목자들은 아기를 보고 나서, 그 아기에 관하여 들은 말을 알려 주었다.

그것을 들은 이들은 모두 목자들이 자기들에게 전한 말에 놀라워하였다. 그러나 **마리아**는 이 모든 일을 마음속에 간직하고 곰곰이 되새겼다(2,15-19).

시메온은 그들을 축복하고 나서 **아기 어머니 마리아**에게 말하였다. "보십시오, 이 아기는 이스라엘에서 많은 사람을 쓰러지게도 하고 일어나게도 하며, 또 반대를 받는 표징이 되도록 정해졌습니다. 그리하여 당신의 영혼이 칼에 꿰찔리는 가운데, 많은 사람의 마음속 생각이 드러날 것입니다"(2,34-35).

예수님의 부모는 해마다 파스카 축제 때면 예루살렘으로 가곤 하였다. 예수님이 열두 살 되던 해에도 이 축제 관습에 따라 그리로 올라갔다. 그런데 축제 기간이 끝나고 돌아갈 때에 소년 예수님은 예루살렘에 그대로 남았다. **그의 부모**는 그것도 모르고, 일행 가운데에 있으려니 여기며 하룻길을 갔다. 그런 다음에야 친척들과 친지들 사이에서 찾아보았지만, 찾아내지 못하였다. 그래서 예루살렘으로 돌아가 그를 찾아다녔다(2,41-45).

사흘 뒤에야 성전에서 그를 찾아냈는데, 그는 율법 교사들 가운데에 앉아 그들의 말을 듣기도 하고 그들에게 묻기도 하고 있었다. 그의 말을 듣는 이들은 모두 그의 슬기로운 답변에 경탄하였다.
예수님의 부모는 그를 보고 무척 놀랐다. **예수님의 어머니**가 "애야, 우리에게 왜 이렇게 하였느냐? 네 아버지와 내가 너를 애타게 찾았단다" 하자, 그가 부모에게 말하였다. "왜 저를 찾으셨습니까? 저는 제

아버지의 집에 있어야 하는 줄을 모르셨습니까?"
그러나 그들은 예수님이 한 말을 알아듣지 못하였다. 예수님은 부모
와 함께 나자렛으로 내려가, 그들에게 순종하며 지냈다. **그의 어머니**
는 이 모든 일을 마음속에 간직하였다. 예수님은 지혜와 키가 자랐
고 하느님과 사람들의 총애도 더하여 갔다(2,46-52).

마르복음: 예수가 고향에서 무시당하다(마르 6,1-6; 마태 13,54-58)

예수님께서 그곳을 떠나 고향으로 가셨는데 제자들도 그분을 따라
갔다. 안식일이 되자 예수님께서는 회당에서 가르치기 시작하셨다.
많은 이가 듣고는 놀라서 이렇게 말하였다. "저 사람이 어디서 저 모
든 것을 얻었을까? 저런 지혜를 어디서 받았을까? 그의 손에서 저런
기적들이 일어나다니! 저 사람은 목수로서 **마리아**의 아들이며, 야고
보, 요세, 유다, 시몬과 형제간이 아닌가? 그의 누이들도 우리와 함
께 여기에 살고 있지 않은가?" 그러면서 그들은 그분을 못마땅하게
여겼다.
그러자 예수님께서 그들에게 이르셨다. "예언자는 어디에서나 존경
받지만 고향과 친척과 집안에서만은 존경받지 못한다." 그리하여 예
수님께서는 그곳에서 몇몇 병자에게 손을 얹어서 병을 고쳐 주시는
것밖에는 아무런 기적도 일으키실 수 없었다. 그리고 그들이 믿지
않는 것에 놀라셨다.

예수님의 가족관(마르 3,31-35; 마태 12,46-50; 루카 8,19-21)

그때에 **예수님의 어머니**와 형제들이 왔다. 그들은 밖에 서서 사람을
보내어 예수님을 불렀다. 그분 둘레에는 군중이 앉아 있었는데, 사

람들이 예수님께 "보십시오, 스승님의 어머님과 형제들과 누이들이
밖에서 스승님을 찾고 계십니다" 하고 말하였다.

그러자 예수님께서 그들에게, "누가 내 어머니고 내 형제들이냐?" 하
고 반문하셨다. 그리고 당신 주위에 앉은 사람들을 둘러보시며 이르
셨다. "이들이 내 어머니고 내 형제들이다. 하느님의 뜻을 실행하는 사
람이 바로 내 형제요 누이요 어머니다."

3. 요한복음

사흘째 되는 날, 갈릴래아 카나에서 혼인 잔치가 있었는데, 예수님
의 어머니도 거기에 계셨다. 예수님도 제자들과 함께 그 혼인 잔치
에 초대를 받으셨다. 그런데 포도주가 떨어지자 예수님의 어머니가
예수님께 "포도주가 없구나" 하였다.

예수님께서 어머니에게 말씀하셨다. "여인이시여, 저에게 무엇을 바
라십니까? 아직 저의 때가 오지 않았습니다." 그분의 어머니는 일꾼
들에게 "무엇이든지 그가 시키는 대로 하여라" 하고 말하였다. 거기
에는 유다인들의 정결례에 쓰는 돌로 된 물독 여섯 개가 놓여 있었
는데, 모두 두세 동이들이었다. 예수님께서 일꾼들에게 "물독에 물
을 채워라" 하고 말씀하셨다.

그들이 물독마다 가득 채우자, 예수님께서 그들에게 다시, "이제는
그것을 퍼서 과방장에게 날라다 주어라" 하셨다. 그들은 곧 그것을
날라 갔다. 과방장은 포도주가 된 물을 맛보고 그것이 어디에서 났
는지 알지 못하였지만, 물을 퍼 간 일꾼들은 알고 있었다.

그래서 과방장이 신랑을 불러 그에게 말하였다. "누구든지 먼저 좋
은 포도주를 내놓고, 손님들이 취하면 그보다 못한 것을 내놓는데,
지금까지 좋은 포도주를 남겨 두셨군요."

이렇게 예수님께서는 처음으로 갈릴래아 카나에서 표징을 일으키시어, 당신의 영광을 드러내셨다. 그리하여 제자들은 예수님을 믿게 되었다. 그 뒤에 예수님께서는 어머니와 형제들과 제자들과 함께 카파르나움으로 내려가셨다. 그러나 그곳에 여러 날 머무르지는 않으셨다(2,1-12).

예수님의 십자가 곁에는 **그분의 어머니**와 이모, 클로파스의 아내 마리아와 마리아 막달레나가 서 있었다. 예수님께서는 **당신의 어머니**와 그 곁에 선 사랑하시는 제자를 보시고, 어머니에게 말씀하셨다. "여인이시여, 이 사람이 **어머니**의 아들입니다." 이어서 그 제자에게 "이분이 네 어머니시다" 하고 말씀하셨다. 그때부터 그 제자가 그분을 자기 집에 모셨다(19,25-27).

4. 사도행전

그들은 모두, 여러 여자와 **예수님의 어머니 마리아**와 그분의 형제들과 함께 한마음으로 기도에 전념하였다(1,14).

III. 하느님의 어머니로 공경 받는 인간 여성 마리아

인간 여성 마리아에 대해 복음에서는 어떻게 해석할까? 앞서 복음서에서 드러난 것처럼 예수의 어머니 마리아는 역사적인 인물로서 유다교의 전통 안에서 살았지만, 아들 예수의 죽음과 부활을 겪으면서 "교회"라는 새로운 가치체계의 원형이 되었고, 아들의 제자들과 함께

교회 공동체의 구성원이 되었다. 마리아는 신의 부르심에 응답하고 새로운 생명을 받아들여 출산하였으며, 그를 양육하였고 급기야 그 아들의 죽음을 목격했다. 하지만 죽음을 넘어서는 부활사건을 마주하며 예수 그리스도의 삶과 가르침을 따라 살아가는 새로운 인간, 새로운 지평을 향해 나아가는 교회의 원형이 되기에 이르렀다.

마리아를 매개로 표현되는 가톨릭교회의 4대 교의는 마리아를 매개로 예수 그리스도의 하느님 나라 선포에 따르는 희망을 담고 있다. 즉, 교회는 자신의 뿌리이며 모델인 마리아를 통해서 신앙을 형성하고 표현하는 전통을 이어왔다. 따라서 마리아를 통해 표현되는 그리스도 신앙은 부활하신 그리스도와 그분의 구원경륜을 바라보는 인간의 관점을 그 내면에 담고 있으며, 마리아를 공경하는 표현은 아들이신 예수를 구원자 그리스도로 고백하는 방식이다. 마리아를 통한 신앙고백으로 구성된 가톨릭교회의 4대 교의는 "처녀이신 분"(Beata Virgine), "하느님의 어머니"(Theotokos/Mater Dei), "원죄 없이 잉태되신 분" (Immaculatae Conceptionis), "하늘에 오르신 분"(Assumptio)이다.

각각의 마리아 교의를 이해하기 위해서는 예수 그리스도와 교회의 관계를 이해하는 것이 중요하다. 교회는 그리스도의 몸이며, 신부라는 근본적인 교회론을 기반으로 마리아 교의를 이해할 때, 그리스도 중심적인 교의의 성격을 보다 분명하게 이해할 수 있다. 교의는 신앙의 이론적 토대를 제공하지만, 그 이전에 교의가 형성된 맥락을 이해하는 것이 필요하다. 성경과 그리스도교의 교의를 확립한 교부들의 가르침은 마리아 교의를 영성적 관점으로 이해할 수 있도록 교회론의 지평을 제공한다.

1. 동정녀 마리아(Beata Virgine) — 역사적 예수의 어머니

구약의 이사야 예언서에는 강대국들의 압제를 견디며 메시아를 기다리는 유다인들의 열망이 담겨 있다: "젊은 여인이 잉태하여 아들을 낳고 그 이름을 임마누엘이라 할 것입니다"(이사야 7,14). '임마누엘'은 히브리어로 '하느님이 우리와 함께 계시다'는 의미이다. 이 전통에 따라 예수는 그 탄생에서 "임마누엘"(마태 1,23)로 불리게 될 예정이었다. 왜냐하면 마리아가 아들을 낳게 된 것은 하느님이 인간 마리아에게 함께 하심을 드러내는 사건이었고, 처녀(동정녀)인 마리아는 하느님의 거룩한 영(성령)의 초대에 응함으로써 새로운 생명의 담지자가 된 것이었다. '동정녀'는 이사야의 예언(7,14)이 이루어짐으로써 하느님에게는 불가능한 일이 없음(루카 1,37)을 신앙으로 고백한 칭호로, 마리아는 젊은 여성에서 동정녀로 불리게 되었다. 동정 잉태는 이성적으로는 이해될 수 없는 신비를 드러내는 사건으로 예수께서 바로 메시아임을 증명하는 한 징표로 고백되었다.

신론의 관점에서는 자연을 넘어서는 기적적 사건으로 하느님의 능력과 그분의 자유로움을 드러낸다. 또한 하느님이 인간의 역사에 깊이 참여하였음을 드러내준다. 그리스도론의 관점에서 예수의 아버지는 오직 하느님으로, 예수의 신성을 드러낸다. 인간학의 관점에서는 하느님께 자신을 온전히 봉헌한 한 인간의 지고한 사랑과 충실성을 드러낸다. 즉, 교의적 관점[6]에서 이 "동정"은 한 인간이 온전히 자신을 처음부터 마지막까지 하느님께만 전적으로 봉헌한 사실을 드러내며, 마리아

---

6 조규만,『마리아 은총의 어머니. 마리아 교의와 공경의 역사』(가톨릭대학교출판부, 1998), 340-342.

의 동정은 하느님께 전적으로 봉헌된 순결한 인간의 신비를 드러낸다는[7] 해석을 담고 있다.

하느님의 백성인 교회는 하느님께 온전히 충실해야 하는 그 현실적인 여정을 보여주며 마리아의 동정성은 교회의 모범이 되었다.[8] 종말론적 관점에서 하느님 나라는 교회와 그 백성 모두가 이루어야 할 미래이므로 마리아의 동정성은 성을 초월하는, 보다 발전된 인간성의 혁명을 의미한다. 또한 하느님과의 친밀한 사랑은 하느님이 선사하신 은혜에 근거하며, 인간이 하느님의 호소에 기꺼이 자발적으로 응답할 수 있음을 드러낸다. 마리아의 동정성에서 인간이 하느님의 구원 사업에 인격적으로 함께 할 수 있는 가치를 가진 존재임을 분명하게 이해할 수 있다.

오늘날 우리는 여성의 관점에서 처녀이신 어머니Virgo-Mater, 마리아의 처녀성은 누구를 향한 것인가를 성찰함으로써 여성의 고유함과 독립성을 보다 더 섬세하게 드러낼 수 있다.

처녀성, 동정성은 생생한 생명력을 드러내는 신성한 힘이었고, 고대 로마의 여신들은 "처녀신"으로 불렸다. 유다 전통에서 "처녀"는 불임과 연관되었다. 하지만 마리아는 그 "동정성"을 하느님 아들을 탄생시키는 신비로 연결하였다. 영적 결혼은 동정으로 깨끗함을 보존하고 하느님 나라를 향해 나아가는 종말론적인 의미를 지니며, 교회는 그런 의미에서 처녀로 불릴 수 있다.[9]

---

7 주교회의 신앙교리위원회,『올바른 성모신심』(한국 천주교 주교회의, 2009), 15.

8 초기 그리스도교회에서 동정녀는 과부와 함께 비공식적이지만 중요한 역할을 하였다. 마리아는 동정녀의 모범으로 순결의 미덕을 갖춘 여성으로 해석되었고, 이는 교회의 공식적 역할을 맡는 남성들의 관점이 반영된 것이었다. 하희정, "신의 어머니가 된 동정녀 마리아,"「기독교사상」, 2012(2), 200-202 참조.

9 조규만,『마리아 은총의 어머니. 마리아 교의와 공경의 역사』(가톨릭대학교 출판부,

이러한 신학적 성찰은 그리스도 사건을 다신교적인 로마 종교에서 드러나는 신과 인간 사이의 반신반인의 영웅 신화와 구별되는 역사적 사건으로 보는 것으로 마리아는 평생 동정인 분으로 "동정으로 잉태하셨으며, 동정으로 출산하셨고, 출산 후에도 동정으로 머무신다"[10]고 하여 마리아의 동정성은 하느님의 전능을 드러내는 하느님의 신비이며, 하느님이신 말씀이 인간이 되신 강생 신비의 표징으로 해석하였다. 고대 교회의 콘스탄티노플공의회 553년(DS 422. 427)의 이러한 고백은 역사 안에서 지속되었으며, 제2차 바티칸공의회(1962-1965)에서 현대적 관점으로 수용되었다.

구원 활동에서 성모님과 아드님의 이 결합은 그리스도의 **동정녀 잉태** 때부터 그분의 죽음에 이르기까지 드러난다…. 성전에서 가난한 이들의 제물을 바치시며 주님께 아드님을 봉헌하셨을 때에, 성모님께서는 또한 아드님이 장차 반대를 받는 표적이 되고 어머니의 마음이 칼에 찔릴 것이며 많은 사람의 마음에서 숨은 생각이 드러나게 되리라는 시메온의 예언을 들으셨다(루카 2,34-35 참조).

어린 예수님을 잃고 애태우며 찾던 그 부모는 성전에서 당신 성부의 일에 열중하시던 예수님을 발견하였으나 아드님의 말을 이해하지 못하였다. 그러나 그분의 어머니는 이 모든 것을 당신 마음에 깊이 새겨 간직하셨다(루카 2,41-51 참조.「인류의 빛」 57. 마리아와 예수님의 유년기).

1998), 326-329.

10 주교회의 신앙교리위원회,『올바른 성모신심』, 13 재인용; 조규만,『마리아 은총의 어머니. 마리아 교의와 공경의 역사』, 329-335 참조.

2. 교회의 원형, 교회의 어머니 ─ 처녀이신 어머니(Virgo-Mater)

십자가에 달린 예수는 그의 제자 요한에게 어머니를 부탁하였고, 이에 요한은 마리아를 자기 집에 모시게 되었다(요한 19,25-27). 나자렛의 마리아는 "예수의 어머니"에서 예수의 제자들로 이루어진 공동체에서 "교회의 어머니"가 된 것이다(요한 19,25-27). 초대교회의 신자들은 마리아와 함께 기도하는 공동체를 형성하였고, 예수의 열두제자들로 구성된 사도들은 마리아를 중심으로 교회의 근간을 형성했다. 성령과 함께 그리스도의 강생을 경험한 마리아는 오순절에 다락방에서 또다시 성령이 불같이 내려왔을 때 교회의 어머니로서 사도들과 함께 새로운 사건이 일어나는 것을 경험하였다. 이렇듯 마리아와 교회의 관계는 친밀함을 넘어서 하나의 신비이며 본질적인 것이다.[11]

교회의 역사 안에서 마리아는 잉태되는 순간에서 영면에 이르기까지 하느님의 은총을 충만히 받으신 분으로서 신자들의 공경의 대상이 되었다. 거룩한 분의 어머니이며 거룩한 어머니인 마리아의 근원적인 구원은 모든 사람의 구원을 향한 넉넉한 은혜가 이미 시작된 것을 드러낸다.[12]

마리아를 "처녀이신 어머니Virgo-Mater"로 부르는 것은 교회의 원형으로서 그분의 역할을 드러내는 표현이다. 지속적으로 새로운 영적 자녀를 낳고 돌보는 것은 새로운 아이를 잉태하기 위해 태가 비어있는 처

---

11 이재숙, "교회와 여성의 모델로서의 성모 마리아 ─ 신학적·인간학적 고찰,"「신학전망」109(1995), 35 참조.

12 주교회의 신앙교리위원회, 『올바른 성모신심』, 19-20; 조규만, 『마리아 은총의 어머니. 마리아 교의와 공경의 역사』, 394-396; 최혜영, "성서의 여성 리더쉽 ─ 나자렛의 마리아를 중심으로,"「인간연구」1(2001), 185.

녀의 상태인 동시에 출산한 아이의 어머니로서 양육을 하는 모습을 상
징적으로 드러낸다. 즉, 처녀성은 아이를 잉태할 수 있는 가임성을 의
미하는 것이며 교회는 마리아가 교회의 시작에서 그러했듯이 지속적
인 영적 출산과 양육을 병행하는 것을 자신의 정체성으로 삼아야 한다.
이는 부활한 그리스도가 제자들에게 지속적인 선교를 명령하였고, 이
것이 바로 교회의 사명인 것을 의미한다(마태오 28, 19-20; 요한 20, 21).

이렇듯 그리스도인과 모든 인간을 대표하는 새로운 인간의 모델로
서 마리아가 그리스도교회에서 자리하는 위치는 삼위일체의 역동성
안에서 각각의 위격과 맺는 관계의 성격과 이를 바탕으로 교회 안에서
전개되는 역할과 연결된다. 그러므로 교회는 마리아가 그리스도의 어
머니로서 예수와 일치하고, 성령 안에서 하느님과 일치하는 자세를 보
여준 것을 배워야 한다.[13] 교회는 자신의 원형인 마리아를 따를 때 비로
소 정체성을 분명히 할 수 있기 때문이다.

3. 말씀을 품고 낳은 하느님의 어머니(Theotokos/Mater Dei)

성경을 배경으로 이해할 때, 마리아는 인간 여성으로서 하느님을
신뢰하였으며(루카 1,38), 하느님 앞에서 피조물인 인간의 자세를 보인
전형적 모범이다(루카 1,26-38). 즉, 그리스도와의 관계에서 구원 사업
의 협력자로서 모범을 보였으며(요한 2,1-11), 하느님의 뜻을 따르는 모
든 이들의 어머니가 되셨다(마태 12,48-50; 요한 10,27).

역사적으로 428년 콘스탄티노플의 주교 네스토리오가 강론가 프
로클로가 사용한 표현, Theokotos에 관해 문제를 제기하여 안렉산드

---

13 이재숙, "교회와 여성의 모델로서의 성모 마리아 – 신학적·인간학적 고찰," 44.

리아의 치릴로 주교와 논쟁을 시작하였다. 역사적 예수와 부활하신 그
리스도의 인성과 신성의 관계를 이해하기 위해서 사용한 개념 "속성의
교환Comunicatio idiomaturm"을 해석하는 관점에서 차이가 발생하였고, 이
를 해결하기 위해서 공의회가 열렸다. 네스토리오는 "속성의 교환"을
거부함으로 이단으로 단죄되었다.

반면, 치릴로는 육을 따라서 마리아로부터 태어나신 분은 바로 말
씀이요, 그리스도는 신성화된 인간이 아니라, 하느님이 사람이 되신 것
이요, 예수 그리스도는 바로 "하느님-사람"이라고 보았다. 따라서 예수
의 인성이 주어일 때 사용될 수 있는 모든 술어들은 예수의 신성이 주어
일 때도 여전히 같은 술어로 사용될 수 있다는 원칙을 고수하였다.[14]

이렇게 주장한 주요 신학자로 안티오키아의 아냐시오(약 35-108)는
마리아의 신적 모성과 동정성에 관해 언급하였고, 유스티노(100/110?-
165년)는 마리아는 동정녀로서 가브리엘 천사의 알림을 신앙으로 받아
들였다고 보았다. 또한 카파도키아의 교부들은 마리아를 "하느님의 어
머니"로 부르는 것을 정통 신앙의 기준으로 삼았다. 암브로시오(330-
394)는 Theotokos를 Mater Dei로 번역하였고, 아우구스티노(354- 430)
는 마리아의 신앙으로 비롯된 잉태가 잉태 사실보다 위대하다고 평가
하였다.

에페소공의회 431년(DS 251)에서는 논쟁에 관하여 결론을 내리지
못하였고, 이후 433년 안티오키아의 주교 요한이 모든 동방 주교들의
이름으로 마리아를 "하느님의 어머니Theokotos"라 부르는 것을 승인하
였다. 451년(DS 148. 301) 칼케돈공의회에서는 에페소공의회 이후의 결
정을 재확인하였고, 콘스탄티노플 2차(553), 3차(680) 공의회에서도 같

---

14 조규만, 『마리아 은총의 어머니. 마리아 교의와 공경의 역사』, 가톨릭대학교 출판부,
　　1998, 349.

은 내용을 확인하였다. 교의적 관점에서 마리아를 "하느님의 어머니"로 부르는 것은 그리스도 예수를 삼위일치의 신비 안에서 신으로 고백하는 방식이었음에도 대중 신앙 안에서 마리아는 여신적 존재로 추앙되었고, 로마의 마리아 대성당의 제단 모자이크화에는 왕관을 쓴 하늘의 여신으로 표현되었다. 그리스도교가 점차 로마제국 안에서 확대되면서 마리아의 역할과 기능은 여신들이 맡았던 역할을 대체하기에 이르렀다.

431년 에페소공의회 이후에 확정된 이 칭호의 내용은 마리아의 아들인 예수가 그리스도이며 동시에 온전한 하느님이시며, 동시에 온전한 인간이라는 것을 확인한 것이다. 마리아가 "하느님의 어머니가 되심"은 마리아 자신에게서 비롯된 것이 아니라, 마리아가 하느님의 아드님이신 예수를 출산했다는 사실에서 비롯된다. 예수 그리스도의 신성을 강조하는 것이다.[15] 따라서 마리아가 여신이라는 의미가 아니고, 그리스도의 신성이 마리아에게서 유래한다는 의미도 아니다. 마리아는 인간으로서 하느님의 어머니이시다.[16]

오늘날 마리아의 신적 모성은 세상에 그리스도를 낳고 전하는 교회의 원형을 보여주고, 마리아를 "교회의 어머니"로 부르는 근거가 되며,[17] 하느님의 소명에 적극적으로 응답하고 동참함으로써 모든 신앙인들이 걸어가야 할 삶에서 모범이 되는 것을 보여준다.

현대 가톨릭교회의 시작으로 알려진 제2차 바티칸공의회(1962-

---

15 주교회의 신앙교리위원회, 『올바른 성모신심』(한국 천주교 주교회의, 2009), 10.
16 자비로운 하느님을 갈망하는 대중신심은 예수를 안은 마리아를 성령으로 거룩해진 신적인 존재로 공경하였고, 죄, 죽음, 질병에서 구해주고 안전한 삶으로 인도해주는 어머니로 받아들였다. 하희정, "신의 어머니가 된 동정녀 마리아," 「기독교사상」, 2012 (2), 204-207.
17 조규만, 『마리아 은총의 어머니. 마리아 교의와 공경의 역사』, 352, 357-358.

1965)의 교의헌장 「인류의 빛」[18]에서는 다음과 같이 예수 그리스도의 강생을 설명하였다:

> 지극히 자비로우시고 지혜로우신 하느님께서는 세상 구원을 완수 하시려고 "때가 차자 하느님께서 당신의 아드님을 보내시어 여인에 게서 태어나… 우리가 하느님의 자녀 되는 자격을 얻게 하셨다"(갈 라 4,4-5).

> "성자께서는 저희 인간을 위하여, 저희 구원을 위하여 하늘에서 내 려오셨으며, 또한 성령으로 인하여 **동정 마리아**에게서 육신을 취하 셨다." 그 구원의 신비가 우리에게 계시되고 주님께서 당신 몸으로 세우신 교회 안에서 지속되고 있다. 그 안에서 신자들은 머리이신 그리스도와 결합되고 그분의 모든 성인과 일치하여 먼저 "우리 주 **천주 예수 그리스도의 어머니**이시며 영광스러운 평생 동정이신 마리아 를" 기억하며 공경한다(「인류의 빛」 52. 하느님의 계획).

> 동정 마리아께서는 천사의 예고로 하느님의 말씀을 마음과 몸에 받 아들이시어 '생명'을 세상에 낳아 주셨으므로 **천주의 성모**로 또 구세 주의 참어머니로 인정받으시고 공경을 받으신다. 당신 아드님의 공 로로 보아 뛰어난 방법으로 구원을 받으시고 아드님과 불가분의 긴 밀한 유대로 결합되시어, **천주 성자의 모친**이 되시고 따라서 성부께 서 가장 사랑하시는 딸이 되시며 또한 성령의 궁전이 되시는 이 최 고의 임무와 품위를 지니고 계신다. 이 뛰어난 은총의 선물로 **마리아**

---

18 조규만, 『마리아 은총의 어머니. 마리아 교의와 공경의 역사』(가톨릭대학교출판부, 1998), 355 참조; 손희송, "바티칸공의회의 마리아론," 『믿으셨으니 정녕 복되십니다. 올바른 마리아 공경을 위한 길잡이』(가톨릭대학교 출판부, 2003), 127-141.

께서는 하늘과 땅의 다른 모든 피조물보다 훨씬 앞서 계신다. 그러나 동시에 구원받아야 할 모든 사람과 함께 아담의 혈통 안에 결합되어 계실뿐더러 "분명히 (그리스도의) **지체들의 어머니이시다.** … 왜냐하면 저 머리의 지체인 신자들이 교회 안에서 태어나도록 사랑으로 협력하셨기 때문이다."

이 때문에 **마리아께서는** 교회의 가장 뛰어나고 **유일무이한 지체로서** 또 믿음과 사랑 안에서 교회의 가장 훌륭한 전형과 모범으로서 존경을 받으시며, 가톨릭교회는 성령의 가르침을 받아 자녀다운 효성으로 **마리아를 가장 사랑하는** 어머니로 받든다(「인류의 빛」53. 마리아와 교회).

나자렛의 처녀 마리아는 유다교의 전통 안에서 가브리엘 천사의 방문을 통해서 하느님의 새로운 구원 계획을 전해 듣고 응답함으로써 전환되는 삶의 전망 안에서 예수 그리스도의 어머니가 되셨으며, 나아가 "하느님의 어머니"로 공경받기에 이르렀다. 아울러 "하느님의 어머니"가 담고 있는 교의는 당시 지중해 지역에서 섬기던 여신들과는 분명한 차별성을 강조하고 있음에도 불구하고 교의적 차원을 넘어서는 정치 사회적 맥락 안에서 다양한 관계들과 해석의 여지가 드러나는 것을 역사 안에서 찾아볼 수 있다.[19]

---

19 5세기 이전, 지중해 지역의 황실 여성들은 여신을 숭배하는 전통을 유지하고 있었는데, 황실 여성들은 종종 여신으로 숭배받기도 하였다. 또한 여신을 섬기는 여사제들이 있었다. 하지만 콘스탄티누스 황제에 의해 그리스도교가 황실의 종교가 된 이후, 황후의 여신화 관행은 그리스도교 안에서 차질이 생겼다. 따라서 황실 여성들은 마리아 숭배를 장려하였는데, 여제 풀케리아는 마리아에게 "하느님의 어머니" 칭호를 주도록 하여 자신의 이미지를 마리아에게 투영하였다. 최혜영, "마리아 숭배의 기원: 황제숭배 및 여성성을 중심으로," 「서양고대사연구」 22(2008), 138-142 참조.

IV. 남성 서사 안의 젠더 역할과 여성성의 모델

로마제국의 다양한 남신들과 영웅들은 그리스도교 안에서 인간이
된 신, "예수 그리스도"로 대체되었고, 다양한 신에게 복종하던 인간은
신-인간의 위치로 자리매김하게 되었다. 반대로 다양한 여신들은 인간
여성 마리아에게 "하느님의 어머니"란 칭호를 드리는 것으로 만족하게
되었다. 즉, 여신은 왕좌를 잃고 여사제들 역시 비공식적인 지위로 비
하되었다.

그리스도교회 안에서 여성들이 점차로 활동의 영역을 축소당하는
것 역시 같은 맥락에서 이해할 수 있다.[20] 마리아는 여성들의 이상적인
역할 모델로 자리하게 되었지만, 여성들의 위상은 마리아에게 드려진
칭호와 반비례하여 비하되어온 것이 서구의 그리스도교회 안에서 진
행된 여성의 역사이다. 마리아의 여성성은 여성들의 자발성을 대표하
지 못하고 복종적인 여성성을 강조하여 남성 중심의 기득권을 강화하
는데 사용되기 시작하였다.

21세기 인류의 새로운 모델로 여성인 나자렛의 마리아가 여성을 대
표하는 상징성을 회복할 수 있는가는 그리스도교의 자기쇄신 정도에
따라 가늠할 수 있을 것이다.

프란치스코 교황은 우리 시대의 다양한 문제들 앞에서 그 갈등의
매듭을 풀어나가는 마리아의 모습을 새로이 제시하였다. 이 시대의 새
로운 화두는 "생명"으로 모아진다. 생존 그 자체, 제대로 살아가는 것,
사람의 존엄성을 유지하는 것 등, 삶 자체의 고통 앞에서 마리아는 생

---

20 마리아 숭배는 '그리스도교화'된 모습으로 황제 숭배 관행과 지중해 공통의 여신 숭배
　를 대처한다. 최혜영, "마리아 숭배의 기원: 황제숭배 및 여성성을 중심으로,"「서양고
　대사연구」 22(2008), 153.

명성을 회복한 부활한 그리스도의 어머니로서 생명의 영원함 안에서 새롭게 조명될 수 있을 것으로 기대된다. 하느님의 은혜를 입은 인간 마리아는 인류의 다양한 갈등과 고통의 원인들을 풀어나가는 성숙한 인류의 모델로 그 역할을 새롭게 매김할 것이다.

1. 원죄 없이 잉태되신 분(Immaculatae Conceptionis)

"원죄 없이 잉태되신 분"이라는 칭호는 "복되신 동정녀 마리아께서는 잉태되신 첫 순간부터 인류의 구세주이신 예수 그리스도의 공로와 전능하신 하느님의 유일무이한 은총의 특전으로 말미암아 원죄에 물들지 않고 보존되셨다"(DS 2803)[21]는 것을 고백한다.

역사적으로 교황 비오 9세는 회칙「형언할 수 없으신 하느님Ineffabilis Deus」(1854. 12. 8)[22]에서 교부들의 전통 안에서 마리아를 향한 하느님의 은총과 위대하심을 확인하였고, 트리엔트공의회에서 마리아의 원죄 없음을 확인하였다. 교황은 이 교의를 선포하면서 신자들에게 마리아 안에 희망을 둘 것을 격려하였다.

중세의 신학자들은 마리아의 성덕과 무죄한 일생은 인정하면서도 원죄 없는 잉태는 인정하지 않았다. 예수 그리스도를 통해서만 구원될 수 있다는 구원론에 위배될 것을 염려했기 때문이었다. 성 안셀모, 대 알베르토, 성 토마스 아퀴나스, 보나벤투라 등 도미니코회 학자들에 이어 프란치스코 수도회의 둔스 스코투스(1266-1308)는 마리아의 무죄성은 하느님 은총의 덕으로 그리스도의 보편적 중개 능력을 더욱 돋보이

---

21 주교회의 신앙교리위원회,『올바른 성모신심』, 15쪽.
22 조규만,『마리아 은총의 어머니. 마리아 교의와 공경의 역사』, 370-374 참조.

게 한다고 강조하면서 하느님은 결코 한순간도 마리아를 원죄에 지배받지 않게 "하실 수 있었고, 그렇게 원하셨으면, 그렇게 하셨다"(potuit, voluit, fecit)고 주장하였다.[23]

하지만 근대 유럽에 개신교가 출현하면서, 가톨릭교회의 마리아 신심이 강화되었으며, 마리아를 공경하는 신비주의적 경향의 공동체들이 속속 등장하였다. 많은 도시들은 "원죄 없이 잉태되신 마리아"에게 바쳐지고, 도미니코 수도회는 마리아에게 "무죄한"이란 표현을 쓰기 시작하였다.

아시아의 끝에서 시작된 조선 천주교의 2대 교구장 앵베르주교는 당시의 교황 그레고리오 16세에게 "성 요셉" 대신에 "원죄 없이 잉태되신 마리아"를 조선교구의 주보성인으로 바꾸어줄 것을 청하여 1841년에 허락을 받았으며, 1898년에 건축한 명동성당은 "원죄 없이 잉태되신 마리아"에게 봉헌되기에 이르렀다.[24]

"원죄 없이 잉태되신 분"이라는 칭호는 하느님의 아드님께서 인간의 몸을 취하시고, 하느님의 성령께서 거주하시는 그 태는 무죄하고 흠없이 깨끗해야 한다는 관점으로, 이는 그리스도의 인간으로서의 모습을 이해하는데 마리아의 탁월한 신앙과 성덕이 필요하다는 관점을 수용한다. 즉, 마리아가 원죄 없이 잉태되심은 죄의 관점에서 이해하는 것보다, 은혜와 사랑의 관점에서 이해하는 것이 보다 더 타당함[25]을 강조하는 입장이다. 마리아가 하느님의 은혜 속에서 태어날 때부터 인간의 죄에 물들지 않고 태어났으며, 출생 이후에는 성령의 은혜로 하느님

---

23 주교회의 신앙교리위원회, 『올바른 성모신심』, 17.
24 조규만, 『마리아 은총의 어머니. 마리아 교의와 공경의 역사』, 367.
25 주교회의 신앙교리위원회, 『올바른 성모신심』, 17; 조규만, 『마리아 은총의 어머니. 마리아 교의와 공경의 역사』, 375-377 참조.

의 아들을 받아들이기에 모자람이 없었다는 것이다.

초기 교회에서 이러한 주장을 펴낸 신학자[26]유스티노는 마리아가 흠 없음과 순종으로 그리스도의 구원 사업에 협력한 것을 하와의 불순종으로 인간이 죄에 떨어진 것과 비교하였다.

이레네오는 마리아를 그리스도 구원 사업에 협력자로 찬양하며 하와와 마리아를 비교하였고, 나지안즈의 그레고리오는 마리아가 하느님께 동정으로 자신을 봉헌하고, 하느님으로부터 성화의 은총을 받음으로써 깨끗해졌다고 주장하여 중요한 교의적 실마리를 제공하였다.

오리게네스는 마리아의 성덕이 하느님의 신비적 계시를 받아들이는 기반이 되었다고 보았다. 신학자들의 다양한 관점은 교리로 확정되기 이전에 강생의 신비와 마리아의 온전함이 연관되는 것을 보여준다.

그 내용은 다음과 같이 요약할 수 있다:

— 하느님의 전능하심과 은총은 무한하다
— 하느님의 선택은 정당하다
— 예수 그리스도의 강생은 적합하다
— 예수 그리스도의 구원중개 능력은 위대하다
— 하느님의 은총을 보존한 성실한 인간에게는 영광이 주어진다
— 마리아는 은총을 받는 인간, 구원받는 인간의 미래 모습이다

역설적으로 이 칭호에는 마리아의 흠 없음을 찬양하는 것에 대비하여 당시의 여성들을 비하하는 남성들의 가부장적 시각도 담겨 있다. 또한 동방정교회와 개혁교회들은 마리아에게 돌린 이 칭호가 교회의 분

---

26 조규만, 『마리아 은총의 어머니. 마리아 교의와 공경의 역사』, 359-363 참조.

열을 가져오는 계기가 되었다고 비판하였다. 따라서 죄의 관점이 아닌, 하느님의 무한한 사랑에서 비롯된 은혜가 마리아의 지위에 어떻게 작용하였는가를 해명하기 위해서는 하느님을 인식하는 방식에 변화가 우선되어야 할 것이다.

나아가 구원론의 관점에서 "마리아, 은총이 가득하신 분*Mαρία, κεχαρι τωμένη*"(루카 1,28)으로 발설한 성경의 표현과 "원죄 없이 잉태되신 분 Immaculatae Conceptionis"의 표현 사이에 존재하는 간극은 인간을 죄의 관점에서 어떻게 이해할 수 있는가의 문제로 신학적 성찰을 요청한다.

2. 시온의 딸, 부르심에 응답한 젊은 여성

가톨릭교회에서 성모 마리아는 처녀나 신부이기보다는 성스러운 어머니로 공경의 대상이 되어왔다. 나자렛의 마리아, 시온의 딸로 불리는 그의 모습에 관해 복음서에는 자세한 기록이 나오지 않지만, 외경 <원 야고보 복음서>에는 마리아의 수태와 출생, 어린 시절에 관한 기록이 담겨 있으며, 그리스도의 어머니가 되실 분으로서 마리아가 온전한 자격을 갖추고 있었음을 전한다.

그럼에도 마리아가 역사에 등장하는 결정적인 사건은 루카복음 1, 26-38에 실린 가브리엘 천사의 방문으로 이루어진 대화이다. "은총이 가득한 이여, 기뻐하여라. 주님께서 너와 함께 계시다(*Mαρία, κεχαριτ ωμένη*)"는 초대에 마리아가 가족이나 약혼자와 의논하지 않고, 혼자서 곰곰이 생각하고 결정한 그 응답은 그리스도 사건의 시작이 되었다. 오랜 동안 메시아를 기다리던 유다인들의 염원(이사야 7,14) 안에서 마리아는 성숙한 자아인식으로 하느님의 계획에 기꺼이 자발적으로 동의Fiat

한 것이었다. 그의 대답은 결혼서약을 하는 여성의 대답이며, 인간과
함께 구원의 역사를 이루시는 하느님의 초대에 응답하여 그분과 더불
어 새로운 역사를 만들기로 결정한 것이었다. 이러한 마리아의 순종은
하느님을 향한 인간의 절대적인 태도를 의미하며, '기도'를 통하여 그
관계가 성숙한다.27

나자렛의 처녀가 동의Fiat를 발설하는 순간 '하느님의 나라'로 불리
는 새로운 질서가 시작되었다. 마리아의 자발적 응답으로 자연적이고
초자연적인 모성의 두 지평이 동시에 열리는 것이며, 신이 인간 안에,
인간이 신안에 있게 됨으로써 우리 안에 하느님의 나라가 시작되는 것
이다. 그래서 마리아는 "하느님의 어머니Theotokos"로 불리게 되었다.
그의 아들 그리스도 예수가 온전한 신이며, 온전한 인간이라는 의미이
다.28

마리아는 천사의 방문을 받고, 주님의 은총이 함께 하신다는 것과
그가 낳을 아이를 통해서 하느님의 새로운 질서가 시작될 계획을 듣고,
성령과 함께 이루어질 그 새로움에 동참하기고 결정하였다. 그리고 새
로운 노래로 하느님을 찬미하였다.

루카 1,46-55의 "마리아의 찬가"(마니피캇)에서 마리아는 자신의 응
답이 자리하는 역사적 맥락을 이해하는 것을 보여준다.29 마리아의 응

---

27 이은주, "하와와 성모 마리아를 통해서 본 여성의 가치,"「가톨릭 평론」4(2016), 210.
28 에디트 슈타인은 현상학의 관점에서 강생사건을 통해서 신이 인간이 된 것은 인간이
   신이 되기 위한 것임을 해명하였다. 따라서 마리아의 응답인 Fiat는 그리스도교 인간
   학의 정점을 이룬다. 최우혁, "에디트 슈타인의 신학적 인간학에서 Fiat와 Theotokos
   의 관계,"「종교연구」60(2010), 269-272.
29 초대그리스도교회는 마리아의 찬가를 통해서 유다교에서 분리된 자신들의 정통성을
   표현하였는데, 유다교 전통 안의 예언들이 교회에서 이루어졌음을 확인하는 방식을
   사용하였다. Jonson, Ann/황종렬 옮김,『나자렛의 미리암, 기와 슬기의 여인』(가톨
   릭 출판사, 1987), 68-71 참조.

답으로 그의 마음 안에, 태와 삶 안에 아기 예수가 잉태되었다. 그의 대답은 아브라함의 대답(창세 12,1-9)을 계승하고, 이집트에서 그 자손들의 울부짖음을 들으신 하느님이 그들과 맺은 계약(탈출 2,12-25)을 기억하신다는 환희의 찬가이다.

또한 찬가에는 유다 여성들의 역사적 기억과 기도가 담겨 있다. 유다인을 넘어서는 하느님의 구원사건은 마리아를 통해서 인류 보편의 역사로 확대되었고, 미래에 대한 마리아의 신뢰는 그 노래를 통해서 오늘날 우리에게 전해진다.[30]

> 동정녀 마리아는 혼인의 Fiat를 통하여 성령과 일치를 이루고 그의 모성을 하느님의 어머니가 되는 수준으로 완성하였다. 여기에서 우리는 삼위일체 안에서 신비적 결혼의 원형이신 마리아를 만나게 된다(ESGA 18, p.151).[31]

현대의 철학자, 신비가, 순교자인 에디트 슈타인(1891-1942)은 '처녀'를 잉태할 수 있는 여성이라고 설명함으로써 마리아가 "처녀이신 어머니"로 이해될 수 있는 해석학적 틀을 만들었다. 즉, 자녀가 있는 어머니는 새롭게 잉태하기 위해서 처녀 상태로 자신을 준비할 때, 처녀인 어머니가 되는 것이다. 또한 잉태한 어머니는 아이와 함께 만들어갈 세상을 꿈꾼다. 여성이 아이를 잉태하고 낳고 양육하는 것은 단지 그 아이를 키우는 것을 넘어서 그 아이가 살아가는 세상을 함께 만드는 것이

---

30 마리아는 세상의 눈을 두려워하지 않는 자유로움, 온전히 하느님께 자신을 바치는 해방된 인간의 모습을 보여준다. 최혜영, 「성서의 여성 리더쉽 -나자렛의 마리아를 중심으로」, 『인간연구』 2001(1) 180 참조.

31 *ESGA: Edith Stein Gesamtausgabe* 독일에서 출판된 에디트 슈타인 전집 1-28권을 가르킨다.

기 때문이다.

사랑과 어머니의 보살핌이 필요한 곳 어디에서나, "모성"을 표현할
수 있으며 이는 여성성의 전체적인 특성을 대표한다. 이 모성은 가
까운 범주의 인간적인 관계에만 한정되는 것이 아니라, 자비로운 성
모의 예에서 보듯이 근심과 고통이 있는 곳 어디에나 이른다. 이는
세상 어디에서나 신적인 사랑에 뿌리를 내리고 발휘되어야 하는 힘
이다(ESGA 13, p.11).

이렇듯 나자렛의 마리아는 그의 자유로운 선택에 의해 새로운 인간
의 원형이 되었다. 그의 대답은 인간 여성이 하느님과 함께 시작한 역
사, 그리스도교의 단초가 되었다.

3. 일상의 고통을 성찰하며 극복한 여성

그런데 마리아는 그의 꿈이던 젊은 아들 예수를 잃었다. 그가 꿈꾸
던 세상이 송두리째 무너진 것이다. 하지만 역설적으로 아들을 향하던
그의 개인적 모성이 해체당하면서 마리아는 사회적 모성을 발휘하는
인류의 어머니로 성숙하기에 이르렀다. 나아가 마리아의 모성은 개인
적 성숙을 넘어서 자신을 깨뜨리면서 보편적 사랑에 이르는 포용과 자
비의 길로 우리를 안내한다.

요한 바오로 2세는 교황이며 사목자이기 이전에 하느님의 사랑과
신비를 깊이 경험한 신학자로서 회칙,「구세주의 어머니Redemptoris Mater」
(1987. 3. 25)를 발표하고, 역사 안에서 적극적이고 모범적인 현존을 살
아낸 예수 그리스도의 어머니 마리아를 종말을 향해 순례의 길을 걷는

교회를 앞장서서 이끄시는 분으로 공경할 것을 요청하였다. 교황은 교회의 시작에서 마리아가 그리스도의 신비에 대한 특별한 존재로서 교회가 마리아의 믿음 위에서 세워진 것을 재확인하였다(25항). 또한 이천 년을 맞이하는 기간에 이르기까지 마리아는 개인과 교회 공동체의 여러 전통에서 그분의 모성적 현존을 드러내며 모든 영적 축복과 인류의 일치가 이루어지는 내적 공간이 되었다(27~28항)고 평가하였다. 나아가 순례하는 모든 그리스도인들에게 마리아가 희망과 위로의 표지로 빛나는 분임을 전제로 하고, 일치를 위해 서구 교회들과는 교회의 신비와 직무, 마리아의 역할에 관한 교리의 차이를 줄이기 위해서(29항), 정교회와 오랜 동방교회들과 공유하는 전통과 역사를 기억하고 천주의 모친Theotokos을 중심으로 하는 유대를 위해(31항) 노력하는 것이 필요함을 확인하였다.

요한 바오로 2세는 이어서 사도적 서한, 「여성의 존엄Mulieris Dignitatem」(1988. 8. 15)을 발표하였다. 이 문헌은 그의 인격을 담아서 세상의 모든

요한 바오로 2세 교황의 문장. 1994년. "Tous Tuus - 모든 것은 당신의 것입니다." (십자가 아래의 M은 마리아를 상징)

여성에게 쓴 사랑의 고백이며 애절함의 탄원서라고 할 수 있다. 여성을 하느님의 모상으로 창조된 존재로 드러낸 창세기의 전승과 여성들과 더불어 하느님 나라에 관한 이야기를 나누었던 예수 그리스도를 기억하는 제자인 현대의 신비가가 자신과 함께 살고 있는 현대의 여성들에게서 새롭게 발견하는 어머니 마리아의 향기를 고백하는 것이다.

— "복음의 정신으로 무장한 여성들이여, 이 시대는 그대들의 위대한 공헌을 기다리고 있습니다!" 신약성경에서 이미 드러난 여성들의 잠재적인 역량이 여전히 선명하게 부각되지 못하는 상황에 대한 안타까움과 미안함을 우선 밝히고, 교회와 사회 안에서 여성들의 능동적인 현존이 어떻게 가능한지 규명할 것을 약속한다.

— "여성들이여, 하느님의 어머니 마리아의 전통으로 돌아오라!" 그는 마리아의 해를 맞이하여 바티칸공의회의 「사목헌장」 제8장에 포함된 나자렛의 마리아, 그리스도의 구원의 신비에 참여한 여인, 교회의 신비 안에 현존하는 하느님의 어머니, 그분과 인류 사이의 "예외적인 연결"에 관해 보다 더 깊이 통찰함으로써 그 신비 전통이 갖는 의미와 성격을 실현시키려는 의지를 표현했다.

— "여성들이여, 마리아의 이름으로 존엄한 여성들의 전통을 회복하자!" 당신의 모습을 따라 남자와 여자로 사람을 지으신 창조의 진리가 그리스도의 강생 안에서 비로소 온전한 의미를 드러내는 것을 기억할 때, 창조와 강생의 신비를 잇는 그 특별한 자리에 마땅히 계시는 마리아가 인류에게 여성의 존엄과 소명을 일깨우는 그 함의를 묵

상하고 그 성격이 어떠한 것인지를 증언하려는 것이다.

마리아의 존엄과 소명을 통해서 여성을 이해하고 화해를 요청하는 서한은 여성으로 대표되는 인간의 원형 안에 신적인 창조 사업에 동참하는 여성과 함께 남성들도 포괄한다. 예수는 여성에게서 태어난 사람으로서, 여성을 독립적인 인격으로, 대화의 상대로, 복음 선포를 함께 할 동반자로 우선적 선택을 하였다. 그의 부활 이후 초기 교회에서도 여성들이 남성들과 함께 활동한 것은 신약성경의 여러 곳에서 찾아볼 수 있다.

하느님의 섭리 안에서 사회적 신분이나, 결혼을 하거나 하지 않은 것과 상관없이 교회 안에서 남성들과 함께 동등하며 자신의 고유한 소명에 불린 존재이므로, 남성과 여성은 서로에게 돕도록 위탁된 존재임을 인식해야 하는 것이다.

마리아가 예수의 어머니로 존경받아야 한다면 그것은 무엇보다 예수를 하느님의 사람으로 키워냈기 때문이라고 할 수 있다.[32] 오늘 한국의 젊은 여성들은 마치 기꺼이 낙태를 할 각오로 가톨릭교회와 대립하는 듯이 보인다. 만약 그렇다면, 마리아의 모성을 자신의 정체성으로 삼는 "자애로우신 어머니" 교회는 어떻게 격앙된 딸들과 이야기할 수 있을까? 오늘날 여성들의 외침은 낙태가 아니라 생명을 낳고 키울 수 있는 여성의 존엄과 소명을 회복하기 위한 울부짖음을 그 안에 담고 있다.

나자렛의 마리아가 정상적인 어머니가 될 수 있었던 것은 요셉이란 동반자가 있기에 가능했다. 누가 요셉의 역할을 할 것인가? 어떻게 요

---

32 최혜영, "성서의 여성 리더쉽 - 나자렛의 마리아를 중심으로," 「인간연구」 1(2001), 184.

섭의 역할을 할 것인가? 여성이 자유롭게 아이를 낳고 키울 수 있는 그 소명을 실현하기 위해서 사회 구성원 모두의 다양한 도움이 절실하다. 누가 응답할 것인가? 자신의 소명을 인식한 마리아는 성령의 이끄심을 따라서 스스로 결정한 삶의 무게를 받아들였고, 그리스도를 품어서 출산하였으며, 교회의 중심이 되어 오시는 성령을 맞이하기에 이르렀다.

성령의 초대가 어떤 의미인가를 성찰하며 살아간 나자렛의 마리아는 오늘날의 여성들에 앞서 생명과 구원의 역사를 만들어간 패러다임이라고 할 수 있겠다.

요한 바오로 2세 교황의 회칙,「구세주의 어머니Redemptoris Mater」 (1987. 3. 25)에서 마리아는 은총과 당신의 모성으로 교회에 협력하며, 성령 안에서 인간 개인에게도 당신의 모성을 선물하여 양육과 돌봄을 실천할 수 있기를 갈망하신다(43항). 특별히 자유롭고 능동적인 봉사로서 강생 사건에 자신을 맡기셨던 역사적 사실을 통하여 여성들과 고유한 관계를 맺고 여성들이 참된 자기 발전을 이룩하는 비결을 발견하도록 격려하신다(47항). 그리스도 강생의 신비에 참여한 첫 사람 마리아는 '위대한 변화'를 경험한 구세주의 어머니로서, 교회는 현재에도 죄 안에 있는 인간들이 변화하여 은총과 정의 안으로 들어오는 삶을 이루도록 도와주시기를 기도한다(52항). 이는 하느님의 섭리에 따라 인간의 영원한 소명 안에 있는 마리아를 따르며 그분의 도움을 청하는 것으로, 마리아를 통하여 역사 안으로 들어오신 그리스도에게 기도하는 것이다.

4. 하늘에 오르신 분(Assumptio): 시공을 초월하여 현존하는 신앙의 동반자

역사적 근거로는 교황 비오 12세가 1, 2차에 걸친 유럽의 전쟁을 겪으며 가족을 잃은 수많은 이들을 위로하기 위하여 회칙「지극히 관대하신 하느님Munificentissimus Deus」(1950. 11. 1)을 발표하여 종말론적 구원의 모델로 마리아를 제시한 것이다.[33] 마리아는 은총의 특권으로서 무죄한 잉태 사실을 재확인하고, 이 무죄성은 육체적 승천을 준비한다고 고백되어왔으며, 제1차 바티칸공의회 이후 백여 년 동안 지속적으로 요청된 마리아의 승천은 그분이 무덤에서 부패할 수 없다는 신앙과 연결되었다.

따라서 다양한 마리아 축일들은 마리아 공경을 드러내며 승천을 향한 신심으로 모아졌으며, 이미 많은 교부들과 신학자들은 마리아의 승천을 가르쳤다. 전승에서도 마리아는 "황금으로 단장한 왕후"와 같은 비유로 표현되었을 뿐 아니라, 루카 1,28은 은총이 충만한 마리아의 상태와 구원 계획을 알려주었다. 따라서 성모승천 교의는 마리아가 입은 그 영광에 합류하려는 인류를 위한 축복을 담고 있다고 볼 수 있다.

주요 신학자[34]인 살라미스의 에피파니오(310/320-402/403)는 마리아의 죽음에 관해 자연사. 순교. 승천 등, 다양한 가능성 제시하였다.

예루살렘의 티모테오는 루카 2,34를 해석하면서 마리아의 죽음을 넘어선 승천을 묘사하였으며, 외경들에서도 마리아의 운명은 예수의 운명과 다를 수 없기 때문에 승천했을 것으로 짐작하였다. 이미 6세기

---

33 조규만,『마리아 은총의 어머니. 마리아 교의와 공경의 역사』, 390-391 참조.
34 조규만,『마리아 은총의 어머니. 마리아 교의와 공경의 역사』, 379-386 참조.

에는 마리아의 승천 축일이 전례 안에서 거행되기도 하였다.

다마스쿠스의 요한(675-749)은 마리아의 죽음을 거친 후 승천으로, 동정성과 승천을 연결하여 이해하였고 투르의 그레고리오(540?-604)는 마리아의 육체가 죽음 후 안장된 다음, 영혼과 분리되어 하늘로 올라갔다는 전승을 확인하는 것으로 해석하였다.

현대 신학자 쥬세페 필로그라씨는 마리아의 "하느님의 어머니 되심", "완전한 동정성", "온전한 성스러움", "원죄 없이 잉태되심", "그리스도와 친밀한 일치" 등의 이유로 당연히 마리아가 승천하였다고 종합하였다.[35] 이 칭호는 그리스도의 구원사에 동참한 나자렛의 마리아가 현실의 한계를 극복하고 육신의 부활과 영원한 삶으로 올려졌고, 그 모범을 따라서 그리스도인들에게 구원의 영원한 희망이 드러났음을 의미한다. 마리아의 잠드심에서 성모 승천으로 그 구원사적 의미를 강조하여 사목적 배려를 하였으며, 마리아가 부활한 예수에게 올려진 것처럼 그리스도인들이 죽음을 넘어서 영원한 생명을 얻게 되리라는 종말론적인 희망을 확정적으로 선포한 사목적 배려가 있었다.

교의적 관점에서 부활하신 그리스도가 능동적으로 하늘에 오르신 것과 구분하여 마리아의 승천은 부활한 그리스도에 의해 수동적으로 하늘에 불려 올려진 것이다. 이는 하느님의 은총에 자신을 온전히 맡기신 성모께서 그리스도의 부활과 승천에 참여하셨음을 의미한다. 나아가 잉태되는 순간에서 영면에 이르기까지 하느님의 은총을 충만히 받으신 분이심을 드러낸다. 또한 거룩한 분의 어머니이신, 거룩한 어머니 마리아의 근원적인 구원은 모든 사람의 구원과 그 충만함이 이미 시작되었다는 것을 드러낸다.[36]

---

35 주교회의 신앙교리위원회, 『올바른 성모신심』, 19.

현재 가톨릭교회의 교종인 프란치스코 교황은 성모에게 드리는 기
도문에서 새로운 인간의 대표로서 교회를 이끄시는 어머니 마리아의
역할을 분명하게 밝혔다.[37]

부활의 열정을 저희에게 주시어 죽음을 이기는 생명의 복음을 모두
에게 전하게 하시고, 새로운 길을 찾는 거룩한 용기를 주시어 결코
사라지지 않을 아름다움의 은총이 모든 사람에게 다다를 수 있게 하
소서.

21세기의 신학적 성찰을 통해서 마리아의 영면, 이주, 천상 탄생, 승
천으로 변화한 표현은 어떻게 다른 관점을 포함하는가, 또한 마리아 공
경의 성격은 구원사의 관점에서 어떻게 재구성되는 것이 바람직한가
를 성찰하는 것이 필요하다. 왜냐하면 그리스도교인과 모든 인간을 대
표하는 새로운 인간의 모델로서 마리아가 그리스도교에서 자리하는
상징적 위치와 그에 대한 공경은 시공을 넘어서 현존하는 존재론적 지
평과 그에 연결되는 역할에 따라 그 성격이 결정될 것이기 때문이다.

V. 거룩한 생명의 담지자 성모 마리아

현대의 물결 안에서 여성들의 신학적 관점에서 회복하고 있는 복음
전통은 하느님 자신의 생명력 안에서 성령과 더불어 사랑의 인격적 실
체로서 이루어낸 "사랑의 경륜"을 드러낸다. 이는 창조주의 생명력 실

현이란 관점에서 사랑이 존재론적이고 윤리적인 차원에서 인격을 통해서만 소통될 수 있기 때문이다(「여성의 존엄」 29항). 즉, 창조주는 인간 여성의 윤리적이고 영적인 힘이 여성 고유의 능력임을 신뢰하며, 모든 인류를 맡기시므로 여성의 소명은 인간적인 감수성을 포함하는 "영적 소명"이라는 특별한 방식에 의해서만 실현되는 것이다.

「구세주의 어머니」에서 표현했듯이 복음서의 마리아는 모성을 가진 동정녀로서 드러나며, 복음의 빛에서 그리스도의 신부로서 위대한 신비 사건에 참여하며, 잠재적 어머니인 처녀들의 존재론적 차원을 다양하게 조명하는 상징적 차원에 자리하고 있다. 따라서 여성들은 "주님의 종"으로서 여성의 존엄한 정체성을 갖고 마리아가 실현한 이 소명의 지평을 벗어나서 자신의 자리를 생각할 수 없을 것이다.

또한 여성들은 온전히 자신을 내어줌으로써 스스로를 되찾을 수 있는 존재이며, 여성들의 실존은 하느님의 강생과 구원 사건을 실현하는 길을 열어나간다. 여성들의 존재론적 능력은 성령의 도움을 받아 우리 시대의 공동선을 위해서도 유익하게 사용될 수 있을 것이다. 성경에서 증언하는 것처럼 마리아가 이룬 신비를 묵상하면서 여성들은 여성의 고유한 특성 안에서 이루어낼 수 있는 "최상의 소명"을 발견할 수 있을 것이다(「여성의 존엄」 31항).

21세기의 인간은 비로소 그 자신의 신비를 이해하는 성숙함에 이르렀으며, 어머니 마리아를 따르는 여성들은 생명의 다양성이 급속하게 사라지는 지구와 지구 안에서 살아가는 생명을 살리는 새로운 인류로서 생명을 낳고 양육하는 "살림" 방식을 보다 근본적인 소명으로서 재확인하고, 생명을 살리는 "살림"으로 땅과 하늘의 만물을 살리기 시작하였다. 이는 우주의 신비 안에서 자신의 현존을 성찰하고 그 경이로운

관계 안에서 생명의 그물망을 짜는 여신적 인간성을 회복하는 패러다임의 전환을 이루는 것이다.[38]

오늘날 불교에서는 위대한 여성인 마야왕비를 경배하려는 시도들이 나타나고 있다. 붓다가 도솔천에서 어머니로 선택했던 뛰어난 여성 마야를 세상에 널리 알리고, 역사 속에 살아 숨 쉬는 마야를 우리 시대에 조명하여 위대한 어머니 마야를 통해 자비와 지혜를 배우며, 경전의 왜곡된 여성상을 바로잡고 여성의 자존감을 확대하고자 함이다. 이는 여성주의적 관점에서 마야부인을 이해하고, 그녀를 경배하고 존경하게 됨으로 여성 불자들의 정체성 확립에 긍정적이고 적극적인 도움을 주는 길이 될 것이다.

불교와 그리스도교라는 각기 다른 종교를 만날 수 있게 하는 여성적·모성적 관점에서 예수 그리스도의 어머니인 나자렛의 마리아를 향한 공경의 역사는 역사 안에서 인간 이해의 차원이 성숙해온 과정이라고 할 수 있으며, 이제 그 첫발을 떼는 석가모니의 어머니인 마야부인을 향한 그리움을 종교적 신앙 안에서 키워나가는데 전거가 될 수 있을 것이다. 나아가 불교에서 찰나적 존재라고 하는 인간임에도 존재의 신비를 무시할 수 없는 인간을 이해하는데 위대한 어머니 마야는 하늘과 땅의 관계 안에서 신비를 간직한 존재로서 새로운 빛과 지혜를 드러낼 것이다.

---

38 최혜영, "성서의 여성 리더쉽 – 나자렛의 마리아를 중심으로," 「인간연구」 1(2001), 189.

부록

위대한 여성, 마하마야 페스티벌 / 성평등불교연대

"위대한 여성, 마하마야 페스티벌"

성평등불교연대*

1. 왜 마하마야 페스티벌인가?

마야왕비는 꼴리아족의 공주였고, 숫도다나 대왕의 부인이었으며, 훗날 붓다가 될 싯다르타를 낳은 어머니이자, 천상에서 붓다의 가르침을 듣고 깨달음에 이른 분이다.

붓다의 전생 이야기를 담고 있는 『자타카』에 의하면, 붓다가 될 보살은 여러 생을 통해 끊임없이 수행을 하고 선업을 쌓아서 이번 생에는 붓다가 될 것임을 미리 아셨다. 그래서 세상에 나오기 전, 도솔천에서 누구의 몸에서 태어날 것인가를 매우 신중하게 고민하다가 까다로운 조건들에 딱 맞는 마야왕비를 어머니로 선택한다. 마야왕비는 붓다 스스로 선택한 어머니인 것이다.

마야왕비는 일상에서도 자비를 실천하고 온 생명을 보호하며 평화

---

* 생명 존중과 평등을 실천하는 불교인의 공동체

를 사랑했다. 그리고 열 달 동안 온갖 정성을 쏟으며 뱃속의 싯다르타를 키웠고, 신들과 인간들의 스승이 될 붓다를 건강하게 낳았다. 뿐만 아니다. 붓다가 천상에 올라가 마야왕비에게 가르침을 설하자 그 자리에서 깨달음을 얻으셨다.

마야왕비는 세세생생 부처의 어머니이자 미래에 나타나 모든 중생들을 구제할 미륵불을 낳을 불모佛母이며,『화엄경』에서 선재 동자가 배움을 찾아나서 만난 53 선지식 가운데 한 분이었으니, 마야왕비야말로 위대한 여성 마하마야Maha Maya이자 성모聖母로서 추앙받아야 한다.

마야왕비는 싯다르타를 낳고 7일 만에 돌아가셨지만, 중생의 고통을 함께하며 태교를 통해 생명의 소중함을 몸소 실천하며, 깨달음을 얻은 성스럽고도 위대한 여성이다. 그럼에도 불구하고 마야왕비를 경배하는 어떠한 기념일도 없이 불교사에서 철저하게 소외되고, 삭제되고, 또 잊혀진 여성이 되었다.

오늘날 불교 교단이 물질만능주의와 외형적 성장을 앞세우며, 성평등한 사회 변화의 흐름에 따라가지 못하고 교단 문화가 더욱 피폐해지고 있다. 이에 불교 신자의 다수가 여성이며, 교단의 존속과 발전에 앞장서 온 여성 불자들의 적극적인 역할이 더욱 요구되고 있다.

하지만, 교단 내에서는 비구에 비해 비구니가, 출가자에 비해 재가자가, 남성 신자에 비해 여성 신자가 차별을 받고 있다. 이는 교단 내 비구 중심적이고 남성 중심적인 계율은 물론, 교단을 운영하는 법과 제도 등 오랜 세월 가부장적 이데올로기에 오염된 교단의 문화 때문이다.

전 지구적으로 여성 인권이 중시되고, 성평등이 국가 정책의 기반이 되고 있는 이때, 우리는 이 땅에 마하마야를 새롭게 재해석하고 성모聖母 마야로의 위상을 정립해야 한다. 이를 통해서 다수 신도가 여성인 현실에서 마하마야의 위대함을 통해 여성의 자존감을 높이 세우고, 불교사에서 잊혀지거나 축소된 여성의 역사를 다시 발굴해서 널리 알려야 한다.

그리고 생명존중 사상과 평등사상, 비폭력 평화사상을 실천한 마하마야를 현대 불교 여성의 롤모델로 자리매김하고, 재가 여성의 위대함을 통해 불교 내 성평등 문화를 확산시키며, 남성을 포함하여 여성들 내부에 존재하고 있는 마하마야와 같은 고귀한 품성을 적극 개발하여 깨달음의 길로 나아갈 수 있도록 한다.

2. 마하마야를 위한 헌시

오, 위대한 여성, 마하마야여!

생명을 키워내는 위대한 여성, 마하마야여!

당신은 여러 생에 걸쳐 공덕을 쌓았으며,
온화하고 연민어린 성품으로
모든 생명을 평등하게 사랑하고,
소중하게 품어 안았습니다.
보시로 사람들을 굶주림에서 벗어나게 하시고,
따뜻한 말과 미소로 칭송받았습니다.
지혜롭고 자비로운 여성이었기에
2,600여 년 전, 부처가 될 보살이 도솔천에서
당신을 어머니로 선택하셨습니다.

창조를 지휘하는 위대한 여성, 마하마야여!

당신이 붓다를 잉태했을 때,
세상의 두려움을 달래고
온갖 생명을 속박에서 풀어주었으며,
살생과 다툼을 멈추게 하고,
비폭력과 자비심을 널리 퍼뜨렸습니다.
괴로움을 여의고 평정심으로 충만하였으며,
모든 중생이 그대로 진리라는

반야의 눈이 열리고
지혜의 소리를 듣게 되었습니다.

온 생명들이 환희로 넘쳐나던 룸비니동산에서
새 생명이 태어나자
하늘의 신들이 황금 그물로 아기를 받고,
당신에게서 위력이 넘치는 붓다가 태어났음을 알렸습니다.
뛰어난 지혜와 성스러운 몸으로 성장시켰으며,
당신의 숭고한 성품이 아기에게 그대로 전해졌기에
인류의 위대한 스승이 태어날 수 있었습니다.

도리천에서 환생하신 위대한 여성, 마하마야여!

당신은 세세생생 보살의 어머니이자
깨달은 자 붓다의 어머니였으며,
구도자인 선재동자의 스승이자,
미래에 오실 미륵불의 어머니이십니다.

위대하고 위대하도다. 마하마야여!
모든 인간과 신들의 경배를 받으소서.

당신을 경배합니다.
당신을 경배합니다.
당신을 경배합니다.

3. 위대한 여성 마하마야 페스티벌 개최 현황

1) 제1회 마하마야 페스티벌
: "I ♥ Maha Maya, 내 안의 마하마야를 깨우자"

2) 제2회 마하마야 페스티벌

: "I ♥ Maha Maya, 내 안의 마하마야를 찾아서"

제2회 마하마야 페스티벌 토론회 사진

제2회 마하마야 페스티벌 포스터

3) 제3회 마하마야 페스티벌
: "I ♥ Maha Maya, 내 안의 마하마야를 찾아서"

4. 마하마야 페스티벌을 주관하는 '성평등불교연대' 소개

성평등불교연대는 '성평등, 인간평등, 생명평등한 교단문화 정착'을 기치로, 2017년 3월 창립하였습니다.

성평등불교연대는

— 부처님의 가르침을 바탕으로 평등과 평화, 생명 존중의 교단 문화 정착을 지향하는 공동체로서 성평등, 청정 교단, 인권, 정의, 복지가 실현되는 불국토 건설을 위해 노력합니다.

— 성평등을 실천하여 '행복한 나, 행복한 우리, 행복한 사회'를 만들기 위한 불교인들의 연대체로서, 서로 화합하고, 나누고, 실천하기 위해 노력합니다.

— 교단의 성평등을 위한 출·재가자 간의 연대 활동을 발전시키고, 성평등을 위한 이웃종교 단체들과 연대하며, 성평등한 사회가 되도록 위해 노력합니다.

— 불교계의 성평등한 문화 정착을 위해 협력·지원하고, 인재불사를 위한 교육의 장을 열기 위해 노력합니다.

2020년 현재 성평등불교연대와 함께하는 단체는 나무여성인권상담소, 대한불교청년회, 바른불교재가모임, 불교환경연대, (사)지혜로운여성, 아카마지, 종교와젠더연구소, 참여불교재가연대, 한국대학생불교연합회 등이며, 개인 회원들도 함께하는 불교시민사회 네트워크입니다.

참고문헌

보살의 탄생과 마야(摩耶, Māyā)왕비의 죽음 _ 안양규

1. 원전 문헌

『과거현재인과경』.

『근본설일체유뷰비나야파승사』.

『대방편불보은경』.

『대보적경』.

『대본경』.

『방광대장엄경』.

『불본행집경』.

『불설태자서응본기경』.

『불설보요경』.

『불설중허마하제경』.

『불소행찬』.

『수행본기경』.

『유일잡난경』.

『장아함경』.

『혜상보살문대선권경』.

Budddhacarita.

Mahāvastu.

Dīgha Nikāya.

Lalitavistara.

Nidānakathā.

*『대정장』은『대정신수대장경』의 줄임말이며 팔리어 문헌은 Pali Text Society에서
       간행한 것임.

2. 번역 및 이차자료

밍군 사야도/최봉수 역주.『대불전경』. 서울: 한언, 2009.

Ashvaghosa. *Buddhacarita, Acts of the Buddha.* Johnston(tr). Motila Banarsidass Publishers Private Limited, 1992.

Dharmachakra Translation Committee(tr). *The Play in Full, Lalitavistara,* 2013.

Gwendolyn Bays(tr). *The Voice of the Buddha: the Beauty of Compassion* vol 1. California: Dharma Publishing, 1983.

Jayawickrama(tr). *The Story of the Gotama Buddha.* Oxford: Pali Text Society, 1990.

Thomas, E. J.. *The Life of Buddha as Legend and History.* 3rd. ed. London, 1927.

Jones J.J.(tr). *The Mahāvastu* vol ii. London: Pali Text Society, 1976.

한국 역사 속 마야왕비 신앙 — 인도, 일본의 사례를 포함한 여신 신앙의 관점에서

_ 김신명숙

김선주. "신라의 알영 전승 의미와 시조묘."「역사와현실」, 2010.

김신명숙.『여신을 찾아서』. 판미동, 2018.

_____.『여성관음의 탄생』. 이프북스, 2019.

김지영. "지리산 성모에 대한 조선시대 유학자들의 인식과 태도: 지리산 유람록을 중심으로."「역사민속학」, 34 (2010).

송화섭·김형준. "智異山의山神, 聖母에서老姑까지"「남도문화연구」, 20 (2011).

Faure, Bernard. *The Power of Denial: Buddhism, Purity, and Gender.* Princeton University Press, 2003.

Garling, Wendy. *Stars at Dawn: Forgotten Stories of Women in the Buddha's Life.* Shambhala, 2016.

Gross, Rita. *Buddhism after Patriarchy: A Feminist History, Analysis, and Reconstruction of Buddhism.* State University of New York Press, 1993.

Nelson, Sarah. *Shamans, Queens, and Figurines: The Development of Gender Archaeology.* Left Coast Press, 2014.

Shaw, Miranda. *Buddhist goddesses of India.* Princeton University Press, 2006.

원문과 함께 읽는 『삼국사기』. 네이버 지식백과.

    https://terms.naver.com/list.nhn?cid=49615&categoryId=49615.

원문과 함께 읽는 『삼국사기』. 네이버 지식백과.

    https://terms.naver.com/list.nhn?cid=62145&categoryId=62145.

"석가모니 출산 마야왕비 추정 청동인물상 공개." 「연합뉴스」 2014.2.20.

    https://www.yna.co.kr/view/AKR20140220055651005.

"유두류록, 김종직." 문화콘텐츠닷컴

    http://www.culturecontent.com/content/contentView.do?search_div=CP_THE

    & search _div_id=CP_THE004&cp_code=cp0535&index_id=cp05350992&

    content_id=cp053509920001&search_left_menu=4.

"Maya, the mother of the Buddha, in the Japanese tradition"

    https://en.unesco.org/silkroad/knowledge-bank/arts-and-literature/ maya-moth-

    er-buddha-japanese-tradition.

"Oldest Buddhist Shrine Uncovered In Nepal May Push Back the Buddha's Birth Date."

    National Geographic 2013.11.26.

    https://www.nationalgeographic.com/news/2013/11/131125-buddha-birth-nepal-

    archaeology-science-lumbini-religion-history/

"Tenjo-ji." wikipedia. https://en.wikipedia.org/wiki/Tenj%C5%8D-ji.

"摩耶山天上寺 摩耶夫人堂."

    https://4travel.jp/domestic/area/kinki/hyogo/kobe/rokkosan/tips/12359410/

마야왕비에 대한 불교여성주의적 재해석 _ 옥복연

1. 경전

『마하마야경』(摩訶摩耶經)

『방광대장엄경』 제1권 (『대정장』 제3권)

전재성 편저. 『빠알리어사전』. 서울: 한국빠알리성전협회, 2012.

전재성. 『쌍윳다니까야』1. 서울: 한국빠알리성전협회, 2007.

전재성. 『맛지마니까야』2. 서울: 한국빠알리성전협회, 2009.

전재성. 『앙굿따라니까야』1, 6. 서울: 한국빠알리성전협회, 2007.

전재성.『앙굿따라니까야』8, 9. 서울: 한국빠알리성전협회, 2008.

전재성.『법구경-담마빠다』. 서울: 한국빠알리성전협회, 2012.

전재성.『숫타니파타』. 서울: 한국빠알리성전협회, 2008.

해주 초역.『지송한글화엄경』. 서울: 불광출판사, 2017.

전해주 · 김호성.『승만경 · 원각경』. 서울: 민족사, 2010.

담마빨라 스님/백도수 역주.『위대한 비구니, 장로니게주석』. 서울: 열린경전불전주
        석연구소, 2007.

2. 단행본 및 기타

각묵 스님.『초기불교 이해』. 울산: 초기불전연구원, 2012.

거다 러너/강정하 옮김.『왜 여성사인가』. 서울: 푸른역사, 2006.

거해 스님.『법구경(法句經)』. 서울: 샘이깊은물, 2003.

거해 스님.『법구경』1. 서울: 샘이깊은물, 2010.

고경하 외 편역.『여성의 몸, 어떻게 읽을 것인가』. 파주: 도서출판 한울, 2001.

고미네 가즈야키 · 노요환. "수유와 신화학: 마야와 마리아."「한자한문연구」11
        (2016): 101-126.

구자상.『여성성불의 이해』. 서울: 불교시대사, 2010.

금강대학교 불교문화연구소『돈황사본과 불교학』. 서울: 출판사 여래, 2019.

김석진. "마야부인의 영몽탁태에 대한 소고."「僧伽」Vol.6 (1989): 43-51.

김성옥. "석가여래행적송, 라훌라 탄생설화에 대한 일고찰."「불교학보」제76집
        (2016): 59-81.

김숙이. "불소행찬을 통해 본 불타 전기연구." 동국대학교대학원 석사학위논문,
        2003.

김호성.『불교해석학』. 서울: 민족사, 2009.

대한불교조계종 교육원 부처님생애편찬위원회.『부처님의 생애』. 서울: 조계종출판
        사, 2010.

리타 그로스/김윤성 · 이유나옮김.『페미니즘과 종교』. 서울: 도서출판 청년사, 2004.

마성. "붓다의 탄생(誕生)."「설법연구」2003년 9월호(2003): 12-19.

멕과이어, M. B./김기대 · 최종렬 역.『종교사회학』. 서울: 민족사, 1994.

불전간행회 편/이미령 역.『본생경 – 석존의 전생』. 서울: 민족사, 1995.

서영애.『불교의 여성관』. 서울: 불교시대사, 2006.

설오 옮김.『예세 초겔』. 서울: 김영사, 2014.

심재관. "마야부인 꿈의 건축적 상징." 「법보신문」 2018.3.20.

안양규. "마야(Māyā) 부인의 죽음에 관한 연구." 「불교연구」 제42호(2015): 11-42.

오강남.『불교, 이웃종교로 읽다』. 서울: 현암사, 2006.

옥복연. "다시 팔경계를 소환하며." 「불교평론」 62호(2015): 310-330.

_____. "붓다의 십대 재가여성제자에 대한 불교여성주의적 분석." 「한국불교학」 74
집(2015): 319-348.

_____. "한국불교 조계종단 종법의 성차별성에 관한 여성주의적 연구." 서울대학교
대학원 박사학위논문, 2013.

와다나베 쇼코/법정 옮김.『불타 석가모니』. 서울: 문학의 숲, 2010.

이수연 외 5인. "성별 갈등해소를 위한 젠더파트너십 구축방안." 「한국여성개발원
기타간행물」 (2006):, 36-38.

이창숙.『불교의 여성성불사상』. 서울: 인북스, 2015.

시즈타니 마사오 · 스구로 신죠/문을길.『대승불교: 새로운 민중불교의 탄생』. 서울:
도서출판 여래, 1995.

장필화.『여성, 몸, 성』. 서울: 도서출판 또하나의문화, 2000.

캐롤 길리건, "다른 목소리로." 로즈마리 퍼트남 통/이소영 옮김.『페미니즘 사상』. 서
울: 한신문화사, 2006.

조준호. "불교 경전의 결집과정과 논쟁점." 「불교평론」 44호 (2010): 72-96.

정영식. "한국근대불교에 있어서의 불타담론 - 불타의 생애를 중심으로." 「한국선학」
제29권 (2011): 293-320.

중암 편저.『위대한 여성붓다. 아르야 따라의 길』. 서울: 정우서적, 2011.

최유진. "한국 우란분재의 역사적 전개와 연희 양상." 「민속학연구」 38호 (2016):
91-108.

현담. "초기 불전에 나타난 여성상 연구: 잡아함경을 중심으로." 중앙승가대학교대
학원 석사학위논문, 2008.

Faure Bernard. *The Red Thread: Buddhist Approaches to Sexuality*. NJ:Princeton
University Press, 1998.

Gross Rita. *Buddhism after patriarchy*. NY: State University of NY Press, 1993.

Judith Plaskow and Carol P. Christ. *Weaving the Vision: Patterns in Feminist Spirituality.* NY: HarperCollins Publishers, 1989.

Klein Anne. *Knowledge and Liberation.* NY: Ithaca, 1998.

Sponberg, Alan. "Attitude toward Women and the Feminine in Early Buddhism." ed. by Jose Ignacio Cabezon. *Buddhism, Sexuality, and Gender.* NY: State University of New York Press. 1992.

Tsomo. "Tibetan Nuns and Nunneries." Janice D. Willis edit. *Feminine Ground: Essays on Women and Tibet.* Ithaca, NY: Snow Lion, 1989.

가톨릭교회의 성스러운 어머니, 나자렛의 마리아

: 가톨릭교회의 성모 마리아와 마야왕비 비교 연구 _ 최우혁 미리암

도 안토니오. "관세음 보살과 성모 마리아는 여성의 힘이 되는 신앙 (1)." 「갈라진 시대의 기쁜 소식」 480: 22-24.

_____. "관세음 보살과 성모 마리아는 여성의 힘이 되는 신앙 (2)." 「갈라진 시대의 기쁜 소식」 481: 22-24.

_____. "관세음 보살과 성모 마리아는 여성의 힘이 되는 신앙 (3)." 「갈라진 시대의 기쁜 소식」 482: 22-24.

이은주. "하와와 성모 마리아를 통해서 본 여성의 가치." 「가톨릭 평론」 4 (2016): 206-215.

이재숙. "교회와 여성의 모델로서의 성모 마리아 – 신학적·인간학적 고찰." 「신학전망」 109 (1995): 19-46.

조규만. 『마리아, 은총의 어머니 – 마리아 교의와 공경의 역사』. 가톨릭대학교출판부, 1998.

주교회의 신앙교리위원회. 『올바른 성모신심』. 한국 천주교 주교회의, 2009.

최우혁. "에디트 슈타인의 신학적 인간학에서 Fiat와 Theotokos의 관계." 「종교연구」 60 (2010): 255-278.

최혜영A. "마리아 숭배의 기원: 황제숭배 및 여성성을 중심으로." 「서양고대사연구」 22 (2008): 135-156.

최혜영B. "성서의 여성 리더쉽 – 나자렛의 마리아를 중심으로." 「인간연구」 1(2001):

174-192.

하희정. "신의 어머니가 된 동정녀 마리아." 「기독교사상」 2(2012): 200-211.

De Fiores. Stefano e Meo, Salvatore. *Nuovo Dizionario di Mariologia.* San Paolo, 1986.

De Fiores, Stefano. *Maria Madre di Gesú. Sintesi storico-salvifica. Corso di Teologia Sistematica.* Edizioni Dehoniane Bologna, 1992.

_____. *Maria nella vita secondo lo Spirito.* Piemme, 1998.

_____. *Maria Sintesi di valori, Storia culturale della Mariologia.* San Paolo, 2005.

Francesco Papa. 『복음의 기쁨』. 한국천주교중앙협의회, 2014.

Grün, Anselm/윤선아 옮김. 『내 마음의 거울 마리아』. 분도 출판사, 2011.

Jonson, Ann/황종렬 옮김. 『나자렛의 미리암, 기와 슬기의 여인』. 가톨릭 출판사, 1987.

Newsom, Carol & Ringe, Sharon/이화여성신학연구소 역. 『여성들을 위한 성서주석 신약편』. 대한기독교서회, 2012.

Rahner, Karl/김수복 옮김. 『주님의 어머니 마리아』. 가톨릭출판사, 1992.

Serra, Aristide. *Una spada trafiggerà la tua vita. Quale spada? Bibbia e tradizione giudaico-cristiana a confronto.* Servitium, 2003.

지은이 알림

선일스님

1980년 비구니계를 받았으며, 동국대학교(1985년)와 운문사 승가대학(1989년)에서 공부했다. 이후 초기 불교 원전에 대해 공부하기 위해 인도로 유학, 인도 Pune University에서 빠알리 및 산스끄리뜨어 전공으로 철학박사(2000년)를 받았다. 또한 스리랑카 Peradeniya University에서 빠알리어 삼장을 연구하며 불교학 철학박사(2009년) 학위를 받았다. 빠알리어 경전을 번역하고 보급하는 데 관심이 많으며, 현재 불교문화원 담마랑 원장으로 있다.

고승희

동국대학교 예술대학 미술학과에서 불교미술을 전공했고, 동국대 대학원에서 미술학 석사와 박사학위를 받았다. 현재 서울특별시와 대전광역시에서 문화재 전문위원으로 활동하고 있다. 저서로는『한국의 불화 문양』(지식산업사, 2017)이 있으며, 불교미술에 대한 저술과 강의를 하고 있다.

김신명숙

서울과학기술대학교 강사. 가부장제 문화를 극복하기 위해서는 여성적 신성이 되살아나야 한다는 신념으로 여신학(Goddess Stdies) 분야를 홀로 개척하고 있는 연구자이자 대학 강사. 2013년 국내 최초로 여신학 분야 박사논문을 썼다. 2019년 11월 여성적 신성의 관점에서 한국 여성관음의 역사를 추적한『여성관음의 탄생』을 출간했다. 또 2018년 5월에는『여신을 찾아서』를 출간해 여신의 역사, 여신문화, 여신순례 등을 한국 사회에 소개했다. 과거 강력했던 한국 여신의 역사를 회복하는 일을 생의 과업으로 삼고 있다. 여신이 신앙의 중심에 있었을 때 여성 역시 존중되었고, 성과 계층 모두에서 평등한 사회, 평화로운 사회가 유지됐다고 보기 때문이다.

안양규

서울대학교와 동국대학교를 거쳐 영국 옥스퍼드대학교에서 철학 박사를 받고, 현재 동국대학교(경주캠퍼스) 불교학부 교수이자 한국불교상담학회 회장, 불교문화대(경주캠퍼스) 학장 및 대학원 원장으로 있다. 일본 동경대학교 외국인 연구원, 서울대학교 종교문제연구소 특별 연구원으로 있었다. 주요 저·역서로는 『행복을 가져오는 붓다의 말씀』, 『붓다의 입멸에 관한 연구』, The Buddha's Last Days 등이 있다.

옥복연

미국 코네티켓주립대학교에서 여성학을 공부(석사 학위)하고, 서울대학교에서 여성학으로 문학박사를 받았다. 서울대학교 여성연구소 선임연구원과 국민대학교 강사를 거쳐, 현재 종교와젠더연구소 소장과 성평등불교연대 공동대표를 맡고 있다. 주요 저서로는 『붓다의 길을 걷는 여성』(2015), 『불교와 섹슈얼리티』(2016), 『3.1운동 백주년과 한국 종교개혁』(2019) 등이 있고, 주요 논문으로는 "불교 경전에 나타난 여성혐오적 교리 해석", "붓다의 재가여성 십대제자에 대한 불교여성주의적 분석", "다시 팔경계를 소환하며" 등이 있다.

이미령

동국대학교 불교학과 석사 졸업. 불교칼럼리스트, 경전 이야기꾼, 불교교양대학 강사. 지은 책은 『붓다 한 말씀』, 『고맙습니다 관세음보살』, 『간경수행입문』 등이 있고, 공저로는 『붓다의 길을 걷는 여성들』, 『불교입문』, 『한국 비구니승가의 역사와 활동』 등이 있으며, 번역서로는 『직지』, 『대당서역기』, 『행복의 발견 — 에세이로 읽는 반야심경』, 『기적의 관음경』, 『붓다의 삶이 내게 가르쳐준 것들』 등이 있다.

주수완

불교미술사학으로, 우석대학교 조교수로, 한국을 포함한 아시아 전역에 걸친 불교미술의 기원과 발전, 교류 관계에 대하여 연구하고 있다. 주요 저서로는 『솔도파의 작은 거인들』, Stepping into the Buddha's Land 외 다수가 있으며, 불상, 불화, 불교건축의 양식과 도상 및 제작기법에 대한 다양한 논문을 발표했다. 또한 법보신문사에서 수년간의 연재 및 '선재의 걸음' 등 성지순례와 답사 프로그램을 통해 불교미술사와 인문학 연구의 대중화에 노력하고 있다. 현재 문화재청 문화재 전문위원으로도 활동하고 있다.

최명희

1955년에 태어난 저자는 대학에서 철학을, 대학원에서 자아초월상담심리학을 전공했다. 삼십대 초에 경험한 신비 체험은 30년간 무아의식에 의해서 '자아'를 관조하게 만들었다. 그 결과로 '주인공' 명상법을 개발하였고, 노미(KnowMe) 연구소를 통해 '나'를 알고자 하는 사람들을 돕고 있다. 저서로『자아와 깨달음 심리학으로 통하다』,『무아심리학』,『상징의 심리학』이 있고,『중년의 심리학』을 출간할 예정이다.

최우혁 미리암

서강대학교 강사. 종교학, 성서신학, 영성신학을 공부하였고, 바타칸의 마리아 대학에서 "에디트 슈타인의 마리아론"으로 신학 박사학위를 취득하였다. 서강 대학교 종교연구소 선임연구원으로 서강대에서 강의하며, 가톨릭여성신학회 회원이다. 번역서로는『이놈의 경제가 사람잡네』, 공저『이 시대에 다시 만난 여성 신비가들』, 논문으로는 "초월적 신비체험과 공감의 현상학 — 예수의 데레사(1515-1582)와 텐진 빠모(1943~)를 중심으로" 등이 있다.

표지 그림

작가: 신현경(눈메문화기획 대표)
제목: "우리의 어머니 마하마야", 수묵화(2020)
작품 설명:
마하마야 어머니는 온 만물에 깃들어 우리를 보살피지만 형상이 없다. 그래서 그녀의 몸을 여백으로 처리하고, 진흙/고통 속에서 태어나 물/어두움 속에 잠겨 있다가 물 위의 빛의 세계로 승화하는 연꽃으로 형상화하였다.
마야가 굽어살피는 온 생명은 서로 평등하고 평화로이 야트막한 봉우리들에 모여 사는데, 새봄에 피어나는 산수유, 목련, 개나리, 벚꽃들도 만발하였다. 녹야원의 사슴, 곰나루의 곰, 우리 집 쵸코, 꾸우, 구비도 있고, 서로 손을 잡고 원을 그리며 춤추는 우리 여신들 그리고 마야의 아들인 아기 부처도 함께하고 있다.